THINK TANK
智库论策

人口、消费演变与碳排放
中国现实与国际经验

Demographics, Consumption Evolution,
and Carbon Emissions: China's Reality and Global Perspectives

王新玲　著

上海社会科学院出版社
SHANGHAI ACADEMY OF SOCIAL SCIENCES PRESS

目　　录

第一章　绪论	**1**
第一节　研究背景	1
第二节　研究问题	7
第三节　研究思路和方法	8
第四节　研究方法	10
第五节　研究意义和创新点	12
第二章　理论基础与文献综述	**15**
第一节　相关基础理论	15
第二节　相关文献综述	28
第三节　文献研究述评	38
第三章　中国人口结构变动历程及特征	**40**
第一节　人口结构含义及指标	40
第二节　人口结构熵值法测算	48
第三节　中国人口变动历程及生育政策演变	51
第四节　未来中国人口规模预测	65
第四章　中国消费结构变动历程及特征	**69**
第一节　消费结构界定和衡量方式	69
第二节　消费结构演进历程	73
第三节　影响消费结构的主要因素	92
第四节　消费结构特征	95

第五章　碳排放测算与驱动因素分析 …… 100
- 第一节　碳排放测算方式 …… 100
- 第二节　碳排放相关概念和演变规律 …… 105
- 第三节　碳排放驱动因素分析 …… 117
- 第四节　lasso模型介绍与结论 …… 119

第六章　中国人口结构与居民消费的实证分析 …… 124
- 第一节　概述 …… 124
- 第二节　模型构建与变量界定 …… 125
- 第三节　模型回归结果 …… 129
- 第四节　人口结构影响居民消费的效应分析 …… 135
- 第五节　人口结构影响居民消费的路径分析 …… 137

第七章　老龄化背景下的消费结构与碳排放影响效应 …… 144
- 第一节　问题提出和研究假设 …… 144
- 第二节　模型设定 …… 147
- 第三节　模型结果讨论 …… 149
- 第四节　结论与政策启示 …… 162

第八章　数字经济、人力资本结构与碳排放：基于门槛效应回归 …… 164
- 第一节　问题提出和研究假设 …… 164
- 第二节　模型设定 …… 169
- 第三节　模型结果与讨论 …… 172
- 第四节　政策建议或启示 …… 180

第九章　碳减排的国际经验借鉴 …… 182
- 第一节　概述 …… 182
- 第二节　美国碳减排经验与启示 …… 183
- 第三节　欧盟碳减排经验与启示 …… 191
- 第四节　日本碳减排经验与启示 …… 196
- 第五节　经验总结与借鉴 …… 204

第十章 政策与展望 ·· **208**
　第一节　主要结论 ·· 208
　第二节　政策建议 ·· 209
　第三节　进一步研究展望 ······································· 219

参考文献 ·· **220**

第一章 绪 论

第一节 研究背景

全球气候治理的背景下,碳排放问题已成为事关国家安全的重要战略问题。对国际社会而言,气候变化是威胁整个人类生存和发展的重大环境问题,其影响具有全局性和长期性,气候变化日益成为全球不可逆的主要趋势之一。气候变化不仅导致极端天气事件频繁发生,还不断滋生次生社会经济灾害,冲击社会稳定,推进全球气候治理迫在眉睫。从 1994 年生效的《联合国气候变化框架公约》,到 2005 年的《京都议定书》,再到 2020 年 12 月 30 日联合国气候变化框架公约缔约方大会通过的《巴黎协定》,标志着国际社会多方一道践行全球低碳可持续发展理念的决心。《巴黎协定》以"为了获得长期的、平衡的和可持续的发展"为宗旨,确认了全球应对气候变化的原则,确立了到 21 世纪末全球平均气温较工业化前温升控制在 2 摄氏度以内、努力将温升控制在 1.5 摄氏度以内的目标。

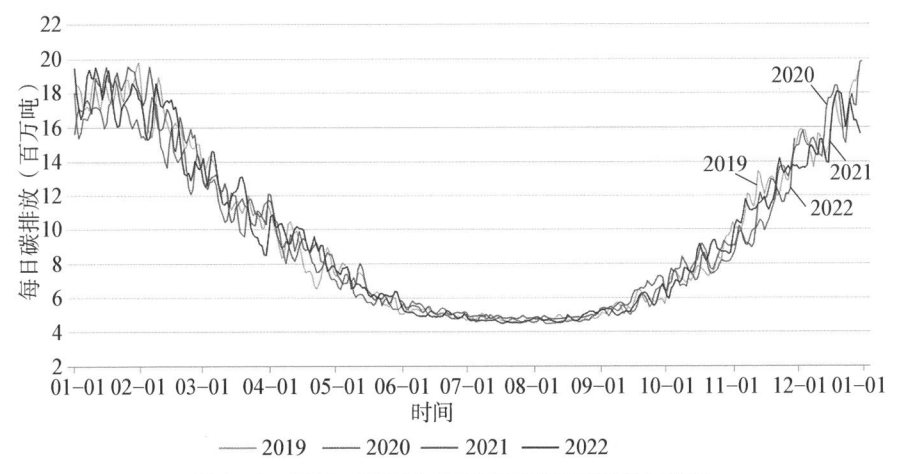

图 1-1 2019—2022 年全球居民消费碳排放量趋势

资料来源:全球实时碳数据(Carbon Monitor)。

中国应对气候变化的工作取得了积极进展,但面临的形势依然严峻复杂(见图1-2)。根据全球碳预算(Global Carbon Budget)2023年的数据来看,中国在全球的碳排放中占比较高。2020年9月,习近平主席在第七十五届联合国大会一般性辩论上宣布,中国将提高国家自主贡献力度,采取更加有力的政策和措施,二氧化碳排放力争于2030年前达到峰值,努力争取2060年前实现碳中和。"双碳"目标是一项非常艰巨的任务,也是中国对国际社会做出的庄严承诺。截至2022年,中国的碳排放总量为121亿吨,是2010年的1.5倍左右,总量问题依然是"双碳"目标不小的挑战。该目标的实现具有重要意义,不仅是中国应对全球气候变化、建设美丽中国的重要战略举措,也是中国加快经济发展方式转型、保障能源安全、实现绿色低碳高质量发展的重要契机。鉴于此,研究碳减排的影响因素和机制原理具有重要的实践意义。

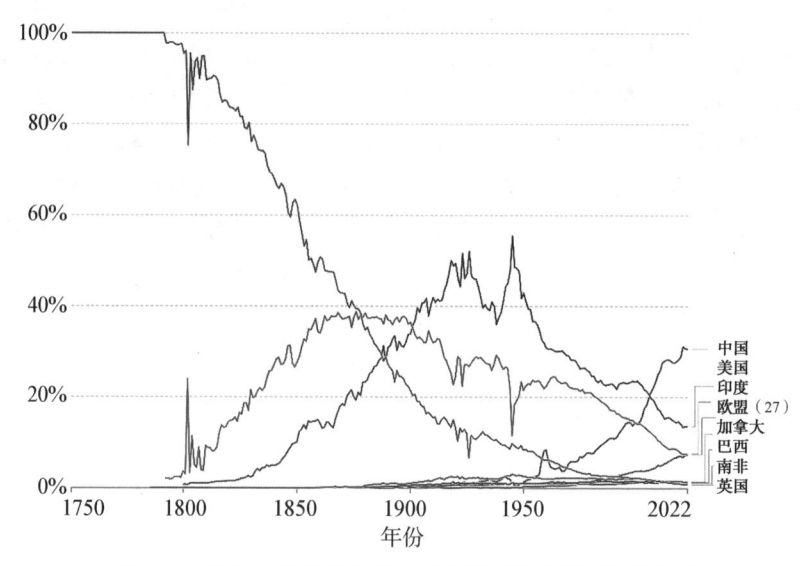

图1-2 2019—2022年全球主要国家碳排放额度贡献比例

资料来源:Global Carbon Budget(2023)。

作为世界上最大的发展中国家和碳排放大国,中国的人口规模和消费水平在全世界都具有一定的代表性。从人口及消费结构变动的视角探索碳排放效应有理论和实践意义。碳排放水平与其所处的社会发展阶段特点密切相关,除地区经济发展水平、能源消费结构和能源利用效率和对外开放和贸易之外,人口的结构性特征亦是不可忽视的关键影响因素。人口作为系统性变量对于碳排放有两条主要传导路径,一是通过人口总量对碳排放产生作用,进而对未来能源需求总量及碳排放来源产生影响,因此,考察人口总量变化趋势对碳排放量的影响有一定的参考价值;二是通过人口的结构性特征对碳排放产生直接及间接的影响。考虑到当前阶段的人口转变特点,详细描绘人口结构特征的变化模式和趋势,能够为碳减排策略提供更丰富的参考和实践基础。具体来说,详细考察人口结构中各年龄组、城乡分布结构、性别结构、产业结构和人口受教育结构等的人口数量及其分布特点,能更精确地把握碳排放的分布格局和趋势变动。从经济学的角度来看,每个经济个体都处于消费和生产的大循环中。不同人口特征的居民在产品消费上存在异质性,整个社会消费品结构在人口结构发生变化时也会随之发生变化。人口结构的变动通过市场机制将消费端个体的消费需求和消费行为传导给生产端,从而间接地影响生产端的能源消费量,最终导致人均能源消费和碳排放量的差异。换句话说,人口通过参与生产和消费过程,对碳排放施加了直接及间接的影响。从遵循经济学中经典的循环流向图的要素流动来看,生产环节中劳动力人口的参与直接促进了碳排放,而在消费环节中,不同年龄段的居民通过其消费活动,直接或间接地贡献于碳排放的产生。因此,在中国当前生育率持续下降、老龄化加速发展和双循环扩内需的现实背景下,深入研究中国人口结构变动与居民消费结构的变动关系,对探索新人口特征下的消费低碳化发展具有重要意义。

  人作为经济活动的参与主体,人口结构上呈现的新特征亟须关注。人口的"结构问题"代替"总量问题"成为影响人口与环境资源、社会经济协调发展的核心突出问题。人的任何经济行为对环境系统也会产生系统性影响,然而人口结构特征的变动在碳排放研究中没有得到相应的重视。在1952年出版的《人口通论》的前言开篇中,法国当代人口学家阿尔弗雷·索维(A. Sauvy)曾这样写道:"只有当我们感觉膝盖疼痛或膝关节动作不灵时,才会想到我们的膝盖。同样道理,只要国家还没有感受到人口过剩或经济不景气的疼痛,就不会引起人们的注意,人口问题长期以来总是被人忽略,而且到现在还是被忽略。"(Sauvy,1952)。中国当下呈现新的人口结构特征。中国在过去30多年实现了经济的高速增长,人民生活水平和质量都有了显著提高,其人口结构也迅速发生转变,从"高出生、低死亡、高自然增长"的初期阶段发展到目前人口增长的"三低"状态,具体表现为总和生育率持续下降、人口老龄化与少子化并存、劳动年龄人口占比下降等,人口的"结构问题"比"总量问题"更突出。得益于20世纪六七十年代出现的一波婴儿潮,如图1-3可见,2000年中国人口年龄峰值出现在10—14岁和30—34岁两段,到2020年年龄峰值出现在劳动年龄人口 30—34 岁及 50—54 岁的两个阶段，使得 15—64 岁的劳动年龄人口比重近年来仍维系近 60% 以上，这可能是中国经济在老龄化为数不多的机遇窗口期。人口老龄化将成为影响中国经济可持续增长的主要问题（庹思伟、周铭山，2020），根据国家统计局的统计数据，2020 年中国常住人口的总规模达到 13.6 亿人，总人口的规模达到 14.1 亿人，同时 65 岁以上老年人口的占比达到 12.6%，人口老龄化程度持续加深。中国本身就是一个人口大国，人口基数大、增长快，在相对较短的时间内完成了传统意义上的"人口转变"——进入"低出生、低死亡、低自然增长"阶段。除了人口年龄结构的转变，人口城乡结构、人口教育结构也出现新变化。中国的人口转变并非只是人口总量的增减变化，也体现为中国人口内部结构的变动，毫无疑问这种变化对中国的社会经济发展有重大的影响，这种结构性的变动不仅影响资源的分配和利用和消费结构的变动，还对环境的负荷和可持续性产生冲击，对整个经济系统和环境系统具有复杂且重要的影响。

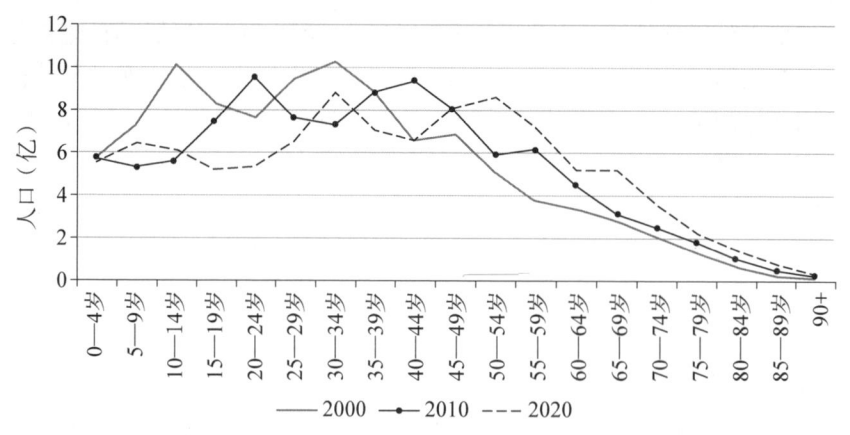

图 1-3 2000—2020 年中国人口结构峰段特征
资料来源：国家统计局。

消费对推动绿色低碳发展和构建高质量发展格局有着重要意义。党的二十大报告指出，"着力扩大内需，增强消费对经济发展的基础性作用和投资对优化供给结构的关键作用"，让消费成为拉动经济增长的第一驱动力。近年来，尽管食品、居住、交通消费支出仍是前三个最大的消费类别（见图 1-4），中国居民的消费支出结构逐年呈现出由基本生活需求向高质量和多样化需求转变的趋势。居民消费结构呈现出新特征（袁志刚等，2009）。其一，消费对经济增长的贡献率稳步提升。近年来中国最终消费对经济增长的贡献率持续超过50%,为实现经济中高速增长提供了有力支撑。其二,在消费规模稳步增长的基础上,人们的消费观念和行为的不断演变显著促进了消费层面、形态、品质以及模式的趋势性变化。这种变化促成了消费结构的跨越式调整,推动了消费领域进入一个全新的升级阶段。消费品质由中低端向中高端转变。居民不再满足于传统的吃饱穿暖等最基本的消费,更关注消费产品和服务的质量和档次,注重食品的"有机""绿色"属性,注重服务体验,逐步迈入"品质消费"时代,中等收入群体已成为中国消费升级和中高端消费市场发展的重要基础。其三,消费形态由传统物质型消费向服务型消费转变。随着消费需求和产品的多样性增加,社会发展阶段不断变化,高度的社会分工和对生活质量的追求使人们对信息、医疗、养老、家政、旅游等新型服务消费需求明显增加。其四,消费方式由线下向线上线下融合转变。"互联网+"为电子商务的快速发展提供了平台和助力,人们的消费观念和消费模式相比过去有了近乎颠覆性的改变。线上服务型消费诸如旅游、医疗、教育、文娱等与"互联网+"的高度融合催生了许多新的经济业态,也带动了电商的高速发展。当前的核心挑战在于,消费供给体系的升级显著滞后于消费需求的演变,导致高品质产品与服务的有效供应尚未满足人们的期待。若要激发消费潜力并推动消费向"绿色"、环保、低碳的方向转型,就必须精确理解居民消费结构的演变及其对环境的影响,以便作出适时的调整。

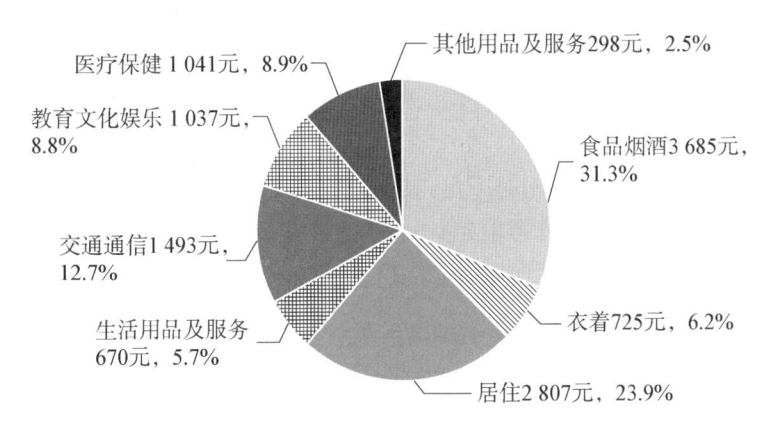

图1-4 2022年上半年全国居民人均消费支出及构成

资料来源:国家统计局。

除了人口、消费的大趋势演变，全球经济数字化发展趋势愈加明显，数字技术与人口、资源及环境的协调有效发展正成为重塑全球经济结构和改变全球竞争格局的关键力量。数字化不仅提供了更高效的资源利用和能源管理方式，还可能影响人类的社会、经济和环境可持续发展。有文献认为数字经济在本质上属性上具有环境友好效应（魏莉莉、侯宇琦，2022），数字经济可以通过改善能源消费结构和加速新能源开发来促进技术进步，降低碳排放强度。因此，数字经济本质上是一种环保、可持续的经济发展模式，对于全球可持续发展具有重要的推动作用。此外，数字经济中的信息技术发展能够降低市场信息的不对称程度，提高市场的透明度和效率，从而促进资源的高效利用；数字技术产生的创新效应和技术效应能够促进资源的优化配置，提高资源的利用效率，从而降低生产经营活动中的能源消耗和碳排放。数字化已经成为中国经济的重要驱动力。随着互联网、物联网、人工智能等新兴技术的发展，数字化技术已经广泛应用于各个领域，特别是在电子商务、移动支付、物联网等领域，数字化技术的应用让人们的生活更加便捷和智能化。同时，随着新技术浪潮的深化发展和中国高等教育的普及，中国的人力资本结构正在发生着巨大的变化。这种变化不仅改变了中国经济的发展方向，也影响了中国人民的生活方式和价值观，向着数字化、智能化和绿色化转变。数字化发展已成为推动生活、工作方式革新和经济社会深刻变革的不可逆力量。它不仅重塑了传统产业结构，催生了新兴产业和商业模式，而且加强了对人口、资源与环境协调发展的重视，为实现经济、社会及环境的可持续发展目标提供了重要支撑。

从现有文献来看，国内外学术界对相关问题的探讨呈现如下特征：其一，目前关于人口结构变动的经济增长效应研究已较为丰富，但对人口结构性的变动产生的环境效应研究相对不足；其二，现有研究对人口结构的考量相对单一，目前多数仅集中在人口年龄结构的环境影响效应研究，而对性别结构、城乡或区域人口结构和人力资本结构等其他人口结构性变量所产生的环境影响效应考察不足，而且，现有的在人口因素与碳排放的环境效应研究存在矛盾的结论，是促进效应还是抑制效应、线性效应还是非线性效应，并未获得相对一致的结论；其三，目前多数研究关注人口、消费、技术和环境系统两两之间的影响效应或机制，忽视了现实层面全球技术、人口和气候因素协同变动的大趋势，这割裂了人口、消费变动与技术发展对环境影响的协同效应。

第二节 研究问题

本书旨在回答以下问题：其一，人口结构变动如何影响经济系统，如何影响消费结构的变动？其二，基于人口新特征下的消费结构又如何影响到碳排放水平？其三，叠加数字经济因素后，人口特征尤其人力资本结构在数字经济对碳排放的影响效应中是否有协同变动效应？国际层面的碳减排经验有哪些？本书旨在尝试对于这些关乎全球和中国绿色治理和可持续发展的关键问题提供新的视角。

从影响机理上讲，人口因素在总量和结构的变化在微观上必然会影响到个体消费决策，继而在宏观上影响到消费总量和结构的变化。理论上，每个消费个体都有意愿获得更好的消费体验，拥有更高的消费能力，但个体收入既定，在面临收入约束的条件下，消费决策的优先序列会受消费偏好的影响有所不同。基于此，为满足不同个体的消费需求最终生成的消费结果往往呈现出层次性，而这种前后排序的选择就是消费结构的必然反映。从消费形成的微观机制角度看，经济理论认为相对于个体欲望的无限性而言，资源总是稀缺和不足的，正由于这种稀缺性的存在，个体面对不同消费品时必须在保证符合支付能力的前提下进行一定的取舍，以满足自己的需求并由此实现效用的最大化。在满足收入预算约束的前提下，消费偏好（效用函数）决定消费者的消费决策及其选择。理想情况下，鉴于个体在不同年龄区间的分布，通过将收入效应、年龄效应及消费偏好等因素扩展应用于对整个人口结构的分析，我们能够勾勒出一个描绘全社会碳消费结构的初步图景。

消费结构不仅是消费经济学的核心问题，还关系到整个国家国民经济的持续、稳定、协调发展。合理的消费结构不仅反映了消费水平、消费层次和质量的提高，且通过市场机制，为产业结构和产品结构的优化提供了重要的导向作用。消费者的每一笔消费，都相当于为最优质的产业和产品投出了"选票"。目前中国的消费结构是如何演变的，影响消费结构的主要因素有哪些，消费结构的规律性和发展趋势有哪些，这些问题的解决都有助于促进消费结构的优化。将人口因素、消费结构和技术的变量纳入对在碳排放效应的讨论，有助于捕捉到气候变化问题中的人文因素，动态地从人口消费视角看环境问题，增强碳减排决策科学性和可操作性。

总之,本书探讨了国内外人口老龄化、数字经济和气候变化三大趋势下的一系列社会经济后果,探索人口与消费、技术及环境的协调发展的经济学机理及其政策应对(见图1-5)。通过多种计量分析模型探索碳排放的影响因素和机制机理,力图提供多维度的定量化信息,从而使得碳减排政策的制定更加科学化、实证化和系统化。在理论层面,本书有效识别了数字经济发展趋势下人口结构与消费结构、产业结构等变量与碳排放的交互影响机制,全面和细致地考察不同的人口与社会经济及能源环境情景下系统的反应行为,实现对相关变量交互效应、门槛效应驱动因素等的定量评估。研究成果以期能为中国实现碳排放与经济协调发展、建设资源节约型和环境友好型社会提供一定的理论支撑,一定程度上拓展了可持续消费理论、环境经济理论和人口经济增长理论的研究成果。本书试图为我国深度挖掘人口红利,实现"双碳"减排目标,提高人口与经济的可持续发展,提供相对具有针对性和可操作性的政策建议。

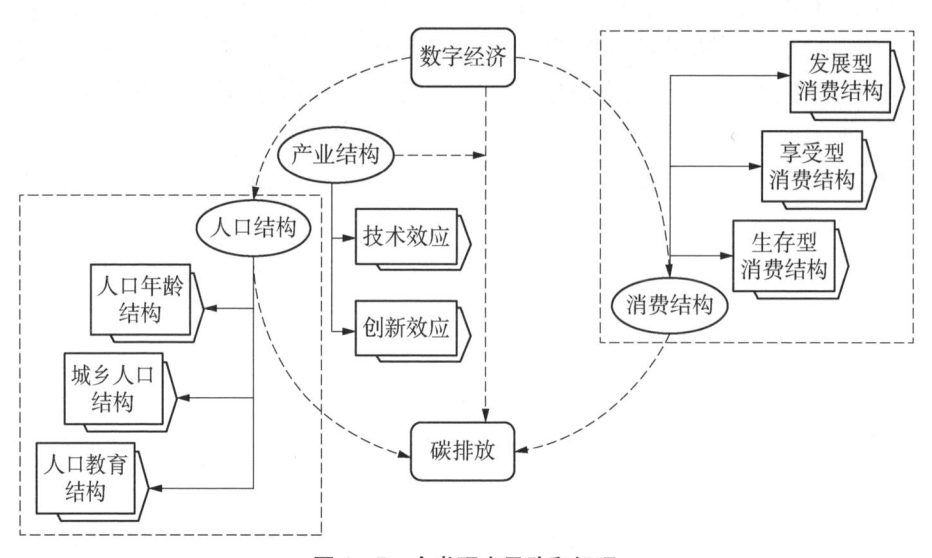

图1-5 全书研究思路和机理

第三节 研究思路和方法

本书主要包括四大部分。

第一部分为"理论基础",包括第一、第二章。第一章即绪论,主要以全球气候治理的背景为出发点,聚焦于国际及国内社会对于碳减排议题的关注,阐述全书的选题背景、研究问题、研究意义及研究框架。第二章是文献综述与理论梳理,回顾与本书相关的基础理论:环境库兹涅茨曲线、生态足迹理论、人口转变理论和经典消费函数理论等,同时详细综述了国内外的相关研究成果,并指出了现有研究的不足和本书试图开拓的方向。梳理并述评研究现状,并从理论上分别对人口结构、消费结构及数字经济与碳排放两两效应关系及机制研究,做了文献梳理和回顾。本部分还运用文献计量学和可视化技术,旨在提供一种更全面且直观的方法来审视现有文献,为后续理论和应用研究提供更有力的支持。

第二部分是"现实梳理",包括第三、第四、第五章,分别梳理国内外人口结构、消费结构和碳排放水平演进历程与现状分析,尤其是国内演变格局。该部分首先分别对以上核心概念进行了溯源,以此廓清本书研究的边界。第三章对人口结构、人口政策变动及人口结构性特征进行了历时性的梳理,并使用熵值法构建了全新的人口结构指数,将人口结构拆解为人口年龄结构、城乡人口结构、性别结构和人口教育结构等,并逐一梳理其趋势变化。第四章,概述消费结构的含义和不同衡量方式,在参考经典文献的基础上,先将消费结构划分为生存型、享受型和发展型消费三大类,之后探讨了消费结构的影响因素。这些因素涵盖了诸多方面,包括但不限于收入水平、人口构成、消费文化、科技创新、产业发展等关键维度。第五章为碳排放测算与驱动因素分析,归纳了碳排放测算的主要常见方法,并基于 Lasso 模型筛选影响碳排放水平的驱动因素。Lasso 回归模型作为相对前沿的计量模型,通过罚项降维在变量多重共线性、参数的稀疏性和可解释性上存在优势,初步筛选的碳排放影响因子也为后续实证分析铺垫基础。

第三部分是"实证探索",包括第六、第七、第八章,这部分是全书的主要计量实证研究部分。这三章是一个有机整体,相互交织,为全书研究提供了可靠的实证研究支撑。该部分的底层逻辑是(1)人口结构变化→消费需求和消费方式的变化→消费结构的变化对碳排放的影响;(2)人力资本结构门槛变量→数字经济发展水平→数字经济对碳排放的影响。第六章首先评估人口结构对消费结构的影响效应。该章在参考标准消费函数模型的基础上将人口和消费的主要变量纳入消费函数模型,以研究人口的结构性变量对消费结构的影响。本章还构建了结构方程模型,引入收入分配、经济增长、产业结构等中介变量,通过其路径系数来衡量变量之间的影响路径及强度。第七章在此基础上进一步研究在既定的人口特征尤其是老龄化背景下，消费结构会如何影响碳排放，为实践层面推进消费结构优化及"双碳"目标的达成提供政策启示。第八章通过引入数字经济作为一个关键变量，在双向效应固定面板的基础上，探讨了数字经济、人力资本结构与碳排放之间的关系。同时，以人力资本结构的水平作为门槛变量，本章进一步分析了区域数字经济发展水平对碳排放影响是否受到人力资本结构水平的门槛效应调节。

第四部分是本书的"政策启示"。第九章将视角扩展到全球层面，深入分析了美国、欧盟和日本在碳减排方面的先进经验和具体实践。第十章为"结论、对策与展望"。该章总结全书，基于前述章节研究发现与国际经验对比，探讨政策应对；总结研究的不足与局限，展望可进一步拓展的研究空间。总体上，本书在思路和框架上，遵循"研究背景—理论基础—实证研究—国际经验—结论与对策"的行文逻辑。为更加清晰地展示本书的框架思路，特附全书框架路线图（见图1-6）：

第四节　研究方法

一、定性分析法

定性分析法主要侧重事物"质"的方面，多基于逻辑学、社会学及历史学等学科，依据事实和经验从事物的属性和内在规定性进行研究，判断事物或现象的性质或预测发展趋势。本书多处使用定性分析，尤其在现实情况梳理和总结部分，在对主要变量的含义界定、发展历程、测度方法、特征及未来趋势上，使用定性分析方法总结不同变量的变动态势；在建议部分，本书也提出了针对性的政策建议，以期可以为相关宏观政策制定提供参考依据。

二、数理计量统计法

计量分析法或定量分析法主要侧重于对事物"量"的方面的研究，主要基于微观或宏观调查统计所得的现实数据，多以统计学、概率论及数学为学科基础，在实证研究上，综合运用多种计量模型：双效应固定面板模型、面板门槛效应模型和结构方程模型等。比如第八章引入数字经济的变量，基于双效应固

图 1-6　全书研究框架路线

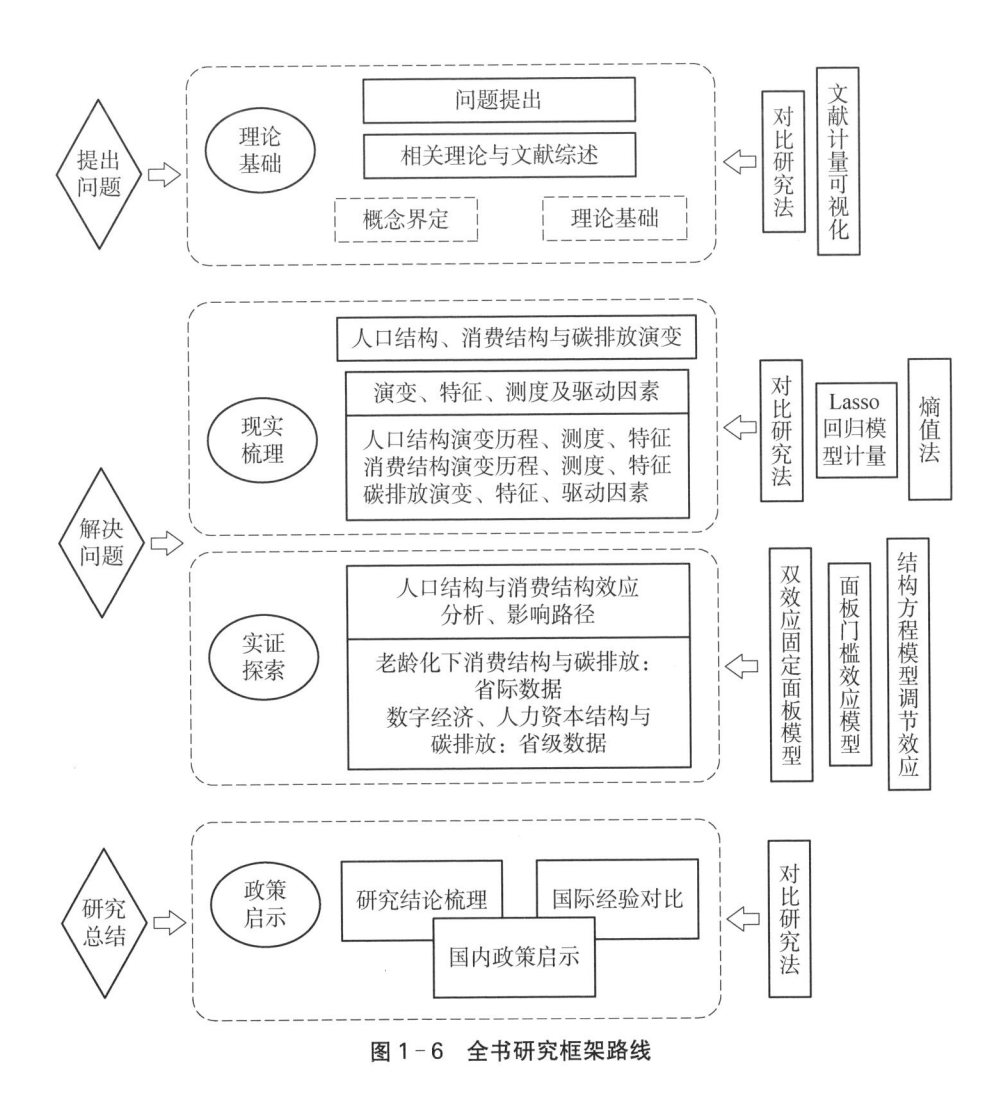

定面板模型研究数字经济、人力资本结构与碳排放;且以人力资本结构水平为门槛变量,使用面板门槛效应模型回归研究区域数字经济水平对碳排放的影响是否存在关于人力资本的门槛效应。在指标测度上,使用熵值法构建综合人口结构等指标,使用 Lasso 回归模型测度碳排放因素。在文献综述时,基于文献大数据,通过文献计量可视化方法,对文献的关键词、研究主题等信息进行量化分析,系统阅读、收集和梳理相关研究成果。

三、比较分析法

比较分析法,也称作对比分析法,主要涉及对两个或更多的数据或实体进行比较。这种方法基于观察和分析它们之间的相似性和差异性,从而深入了解研究对象。本书在分析过程中,综合运用了经济学中的静态和动态分析方法;特别是在现状审视和国际经验研究部分,无论是数据处理还是模型构建,都明显反映了对不同区域、群体或国家间异质性的细致分析。比如本书"现实梳理"部分对人口结构转变、消费支出结构和碳排放的具体数据进行了历时比较,对老龄化和碳排放问题还在国际层面进行了横向比较。

第五节　研究意义和创新点

一、研究意义

中国当下正处在社会转型的关键时期,人口发展和居民消费模式正在经历一场深刻的变革,碳排放外部约束与消费需求相互交错,加大了中国面临的碳减排问题的难度。人口结构的变迁,消费结构的升级,给我们探讨碳排放问题提供了一个新的视角。将人口因素、消费结构的变量纳入对在碳排放效用的讨论,有助于捕捉到气候变化问题中的人文因素,动态地从人口消费视角看环境问题,增强碳减排决策科学性和可操作性;有助于推动经济发展进程中的人口、资源和环境协同高效发展,创建资源节约型、环境友好型和人口均衡型的社会。

本书试图基于人口经济学、消费经济学和环境经济学等交叉学科的研究范式研究碳排放影响因素,构建多类计量模型考察数字化趋势下人口结构、消费变动与碳排放影响效应。理论层面上,本书基于人口视角使用交叉学科的研究范式研究人口、技术与环境系统的协同影响效应,也做出一定理论拓展。在实践层面,深入研究技术背景下人口结构变动对经济和环境的影响,对于制定科学的人口、经济和环境政策具有重要参考意义;有助于推动中国尽早达成"双碳"目标,实现绿色低碳高质量发展。具体来说,有以下意义:首先,有助于完善消费结构和引导产业结构的绿色转型升级,促进消费向更高层次转型,积极培养新消费为主体的新动能,从而实现新旧动力有序转换,推动消费结构的优化升级。其次,有助于引导低碳绿色化的消费需求,提升消费水平和居民幸福感,有助于扩大消费需求,提高居民消费质量,实现国民经济的可持续发展。最后,有助于进一步评估和优化人口政策,以适应可持续发展战略,可以为破解中国消费之谜提供重要参考,也为评估中国过去各个阶段的经济和人口政策提供参考,为当下的碳减排政策提供进一步优化完善的依据。

二、研究创新点

(一) 研究内容创新

目前多数研究关注人口、消费、技术和环境系统两两之间的影响效应或机制,忽视了现实层面全球气候、人口和技术因素协同变动的大趋势,割裂了变量间的协同交互效应;本书将人口、消费、数字技术变量都纳入碳排放效应的研究框架,研究具有一定新意,也避免已有文献因漏估人口—消费—碳排放效应或重要变量而导致的研究偏差;另外,细化研究变量,将人口结构变量扩展为人口年龄结构、性别结构、区域人口结构和人力资本结构,并利用熵值法重新测度,以期弥补现有研究的关注盲区,丰富对人口与经济及环境关系的科学认知。

(二) 研究视角创新

本书采用了跨学科的研究方法,针对研究主题构建了一个多层次、多维度的研究框架,旨在加深相关领域理论的深度,一定程度上推进了跨学科视野的融合;研究数据上涵盖国内省级数据和跨国数据,通过不同层面的数据验证研究假设,提高了研究的可靠性和普适性;研究维度上从理论、历史和现实多个角度进行解答。

(三) 研究方法创新

本书有效弥补了以往研究中实证分析部分的不足和缺乏系统性,运用多种数理、计量工具对研究对象之间的交互关系进行精细刻画和拆解分析。通过恰当应用双效应固定面板模型、面板门槛效应模型、结构方程模型以及 Lasso 回归模型,本书不仅增强了解释力,也提升了预测准确性。

当然,受到篇幅、数据及模型设定的限制,本书在某些领域仍有拓展和深化的空间。首先,由于本书实证研究部分主要依赖于中国各省份的宏观面板数据,这在一定程度上限制了对于居民个体微观效应的深入探讨。未来研究可以利用微观数据,对个体间的差异进行更精细的分类和分析,以期获得更加丰富和精确的微观层面证据。其次,在消费结构的研究方面,当前所采用的变量分类还有进一步细化的可能。宏观数据中对消费支出的粗略分类未能充分体现各种消费层次的差异,因此,未来的研究有机会通过更细致的分类来深化对消费结构的理解。

第二章 理论基础与文献综述

第一节 相关基础理论

一、碳排放相关基础理论

(一) 环境库兹涅茨曲线

环境库兹涅茨曲线(Environmental Kuznets Curve,EKC)理论是经济学和环境科学领域的一个关键理论框架,它描述了经济发展与环境质量之间的非线性关系。该理论起源于 20 世纪五六十年代西蒙·库兹涅茨关于经济增长与收入不平等的研究,后在 20 世纪 90 年代初被扩展应用于环境领域。环境库兹涅茨曲线描述了在经济增长过程中,经济发展初期对环境的影响呈现上升趋势,导致环境污染和破坏逐渐加剧。然而,随着经济的持续增长,达到某一特定点,即"环境库兹涅茨点"(Environmental Kuznets Point,EKP),之后环境污染和破坏开始呈现下降趋势。

EKC 的发展历程可以概括为以下几个阶段:

(1) 初期研究阶段(1956—1969 年)。环境库兹涅茨曲线的概念还未被正式提出,学者们的研究重点主要集中在经济增长与环境退化之间的关系上。这个时期的研究为后续库兹涅茨曲线理论的发展奠定了基础。

(2) 环境领域应用阶段(1970—1999 年)。环境库兹涅茨曲线概念首次被提出,标志着学者们对经济增长与环境退化之间关系的探讨进入了一个新的阶段。在这一时期,研究者深入分析经济发展与环境破坏之间的动态关系,而且也逐渐意识到在经济发展过程中环境问题的严重性,不仅进一步完善了该理论的基本框架和假设,还开始探索将该理论应用于解决实际环境问题的可能性。这一时期的研究成果为理解经济增长与环境保护之间复杂关系提供了重要的理论基础。

（3）修正发展阶段（21世纪初至今）。该理论的进一步发展还包括对不同国家和地区EKC适用性的深入探讨，以及探索在不同经济发展阶段如何有效实施环境政策，以促进可持续发展。随着时间的推移，更多的实证研究揭示了环境库兹涅茨曲线理论的局限性，表明它并非普遍适用于所有环境指标和国家。特别是对于二氧化碳排放等全球性问题，环境库兹涅茨曲线可能不呈现倒U形，而是N形或其他形态。学者们进一步探讨了影响环境库兹涅茨曲线形态的多种因素，如技术进步、政策干预、国际贸易和环境规制的强度等。这个阶段的研究不仅批评了环境库兹涅茨曲线理论的一些基本假设，也提出了多元化的视角和方法，以更准确地描述经济发展与环境质量之间的复杂关系。

环境库兹涅茨曲线的重要贡献之一是让政策制定者认识到，经济增长和某些环境质量指标的关系并不只是单纯线性正相关或者负相关，而是呈倒U形曲线关系。这个理论为我们认识中国经济增长与环境质量的变动关系提供了新的视角。也就是在环境与经济的发展进程中，两者并非同步发展，在经济增长的初期阶段，随着工业化加速和生产活动增多，污染物排放增加，环境质量相应恶化。然而，当人均收入超过某一临界点后，这个趋势会发生逆转。具体来说，在经济增速处于较低水平的情况下，环境污染也不突出，生态安全系数比较高；当经济增长速度高速增长时，环境污染情况会更加严重，生态安全系数降低。随着经济的持续增长，尤其是当经济达到某个关键的转折点，进入高收入阶段后，人们的收入水平提升，环境保护的意识和需求随之增强。这时，政府和个人更加倾向于投资环境保护措施和清洁技术，促进环境污染问题的有效解决。因此，环境质量开始得到改善，生态安全系数上升，展现出倒U形的变化趋势。

现有研究大致从以下方面阐释对环境库兹涅茨曲线产生的原因。第一种认为两者之间倒U形的关系是经济增长规模效应、结构效应和技术效应影响下的产物。第二种是经济发展中资源约束所导致的环境压力。Grossman（1995）认为，经济规模的不断扩大，对于资源投入提出了更高的要求。随着经济规模的扩大，能源密集型的重工业不仅消耗大量能源，而且在粗放式的工业化过程中还会产生大量废弃物，导致环境质量日益恶化。然而，经济发展至一定阶段，随着产业结构的调整和升级，能源密集型重工业的比重下降，而服务业和技术密集型产业的比重提升，环境污染有了明显的下降趋势。这种产业结构的变动不仅促进了技术的进步和效率的提升，也为环境质量的改善提供了可能。

随着经济活动的加剧和深入,二氧化碳及其他温室气体排放量的具体测量数值被纳入环境污染讨论的范畴中,这导致了环境库兹涅茨曲线理论的进一步扩展,形成了特别针对碳排放的环境库兹涅茨曲线,即碳排放环境库兹涅茨曲线(Carbon Emissions Environmental Kuznets Curve,CKC)。Stern(2007)表示,尽管有关研究证实部分国家人均二氧化碳排放和人均 GDP 之间的关系是符合环境库兹涅茨曲线假说的,部分污染物也出现了与环境库兹涅茨曲线假说相一致,但对于气候变化这一更为复杂的全球性问题,环境库兹涅茨曲线假说是否成立,目前仍然缺乏决定性的证据。虽然关于碳排放环境库兹涅茨是否存在的问题尚未有定论,但从理论层面对碳排放环境库兹涅茨及其特性的分析和探讨,对于理解碳排放变化趋势及其对经济发展和环境政策的影响仍具有重要价值。

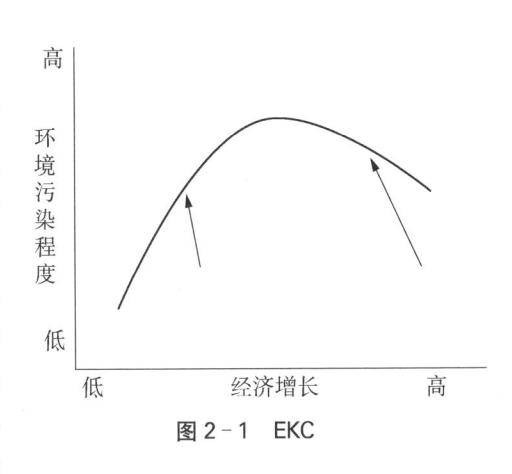

图 2-1 EKC

环境库兹涅茨理论作为探讨经济增长与环境质量之间关系的一个重要理论框架,在学术界引发了广泛的讨论和研究。这些研究大多从不同角度深入探索 EKC 理论的适用性和局限性,包括经济结构、国际贸易、市场机制、消费需求偏好以及收入弹性等多个维度。许多研究聚焦于环境库兹涅茨曲线是否存在一个明确的拐点,即经济增长到达某一水平后,环境质量是否会随之改善,以及这种转变的条件是什么。在此过程中,消费作为居民收入和影响生态环境的一个重要变量,很自然地被列入环境库兹涅茨曲线的研究领域,具体探讨经济发展和环境影响的变动关系,验证消费和环境之间是否契合倒 U 形曲线关系。在经济发展的较低阶段,消费水平相对较低,生存需求成为首要考虑,这个阶段消费对环境的需求弹性较为刚性,即环境污染和消费水平的增长同时存在。随着经济继续向前发展,人们的生活水平不断提高,消费需求开始向更高层次转变,这时消费对环境需求弹性系数将逐渐增大,逐步进入一个更加注重"绿色环保"的时代。随着经济的进一步加速发展,消费水平的提升、消费结构的快速升级、污染治理技术的改进、居民环保意识的增强以及环保技术效率的提高等多重因素共同作用下,消费环境库兹涅茨曲线的拐点出现,即环境质量开始随着消费水平的提高而改善。居民对于高环境质量的要求呈现出增强的弹性,体现了在经济发展到一定阶段后,人们不仅追求物质消费的提升,也开始注重消费质量和生活质量的提高,包括对环境质量的要求。当收入水平继续提升时,由于消费者收入差距拉大,消费将进入一个新的"绿色"区间。这时,在消费不断增长的情况下,将跨越曲线拐点,进一步减少对环境的污染。

Kwon 和 O-Sung(2001)指出,在经济个体效用方面,当环境舒适度对物质消费的边际替代弹性超过 1 时,表明该经济正处于 EKC 曲线中环境状况改善的阶段。这意味着,随着经济的发展,人们开始更加重视环境质量,愿意用更多的物质消费去换取更好的环境舒适度。消费环境库兹涅茨曲线反映出一个国家或地区居民的消费水平与环境质量之间呈非线性关系。Farzanegan 和 Markwardt(2012)、张彩云和张运婷(2015)的研究进一步加深了我们对消费 EKC 存在性的理解。其研究认为,随着经济发展,消费行为与环境质量之间存在倒 U 形的关系,即消费环境库兹涅茨。在经济初期,环境保护被视为"奢侈品",因为政府和社会更关注满足基本消费需求和就业。随着收入提高,人们开始追求更高的消费水平和更好的环境质量。当达到一定的收入水平,环境保护变成了"普通品",居民对环保的需求增加,从而推动了污染水平的下降。这证明了经济增长和消费结构调整可以促进环境质量的改善。自改革开放以来,随着中国经济的快速增长、居民收入的提升以及环境质量的逐步改善,环境库兹涅茨呈现出向左下方移动并最终趋向平缓的趋势。这个变化反映了随着经济发展,环境污染先增后减的过程。然而,围绕环境库兹涅茨理论,学术界存在较大争议,争论主要集中在倒 U 形曲线的存在性及环境污染的主要影响因素上。由于不同国家和地区在经济发展阶段、污染物的类型、环境治理政策、制度背景以及其他复杂因素等方面具有差异,使得它们在环境库兹涅茨曲线上的具体位置和形态呈现多样性。环境库兹涅茨模型的适用性和准确性因此受到质疑,需要考虑到各国不同的国情和特定条件。

(二)绿色低碳消费相关理论

绿色低碳消费的概念起源于 20 世纪 70 年代的欧洲,当时环保意识逐渐加强,人们开始关注环境保护和可持续发展问题。80 年代,绿色低碳消费开始在欧美等地得到推广和普及。如今,绿色低碳消费已经成为全球关注的焦点,越来越多的人开始意识到绿色和低碳消费的重要性和必要性。

表 2-1　　　　　绿色低碳消费相关理论梳理总结

概念	含义	渊源	发展历程	应用	点评	现状	测度方法/方法
可持续消费	消费方式和行为的变革,以减少对环境和资源的负面影响为目标	消费者和环保组织对传统消费方式的批评和倡导	20世纪80年代后期至今	企业和个人的可持续发展	可持续消费有助于环境保护和可持续发展,但需要全社会共同努力推广	仍在积极推广,但需要更多的政府和企业支持	生态足迹、碳足迹等
绿色消费	消费环节中减少对环境和资源的负面影响,以推动环保产业发展为目标	20世纪70年代,由绿色和平组织提出	20世纪80年代至今	企业和个人的可持续发展,推动环保产业的发展	绿色消费有助于环境保护和可持续发展,但需要消费者的积极参与和政府和企业的支持	正在积极推广,但需要进一步提高消费者的环保意识	绿色认证、环境标志等
低碳经济	实现经济增长与环境保护之间的平衡和协调的经济模式	气候变化和环境污染问题的加剧	21世纪初至今	各国政府和企业的可持续发展	低碳经济是全球经济发展的趋势,是实现可持续发展的重要手段	全球范围内正在积极推广	碳排放测量、生态足迹等
生态足迹理论	描述人类活动对生态系统的影响的理论	20世纪90年代初	20世纪90年代至今	环境保护和可持续发展	生态足迹的应用有助于加强环保意识和可持续发展,但生态足迹的计算方法和指标体系不够完善,容易受到不同国家和地区的政治、经济、文化等因素的影响	已经被广泛应用,但需要进一步完善计算方法和指标体系	生态足迹测量方法
环境库兹涅茨曲线	描述环境污染与经济增长之间关系的经济学模型	20世纪50年代	20世纪60年代至今	环境保护和可持续发展	环境库兹涅茨曲线有助于评估环境状况和制定政策,但模型存在一定的局限性,例如计算方法和数据采集的不确定性等	已经被广泛应用,但需要注意其局限性和前提条件	环境经济学方法、统计分析方法等

1. 绿色消费

绿色消费的应用范围广泛,包括食品、衣物、家居、电子产品等各个领域。

例如，选择有机食品、环保家居电器、节能灯具、可持续、耐用的衣物等都是绿色消费的实践。在电子产品领域，消费者可以选择符合能效标识和环保认证的产品，以减少对环境的影响。在家居用品领域，消费者可以选择环保材料和绿色家居用品，以减少有害物质的释放。

绿色消费是一种符合可持续发展理念的消费方式，对于减少环境污染、资源浪费、推动经济可持续发展有重要作用。但是，目前绿色消费在国内仍处于发展初期，消费者在购物时往往更注重价格、品牌等因素，环保因素并不是首要考虑因素。同时，由于缺乏权威的认证机构和标准，一些企业为了追求利润，滥用绿色标签，虚假宣传，导致绿色消费的真正意义被淡化。因此，消费者需要通过了解商品的标识和认证，选择真正符合环保、节能、低碳要求的商品和服务。

随着环保意识的逐步加强，绿色消费在国内逐渐得到推广和普及。政府也出台了一系列环保政策和法规，以鼓励和引导绿色消费的发展。例如，推广节能减排、鼓励可再生能源利用、加强废弃物处理等方面的政策措施，都是为了促进绿色消费的发展。未来，随着技术的不断进步和消费者环保意识的逐步提高，绿色消费将逐渐成为一种主流的消费方式，发挥着越来越重要的作用。同时，企业也应该积极推行绿色生产方式，促进绿色消费的发展，实现经济、社会和环境的可持续发展。

2. 生态足迹理论

生态足迹理论，由加拿大不列颠哥伦比亚大学的 Willian E. Rees 教授和 Mathis Wackernagel 在 1996 年提出，是衡量城市生态系统健康的关键指标。这一理论通过定量分析人类对自然资源的使用程度，来衡量人类活动对环境的影响。作为一种刻画人与自然关系的新方法，生态足迹被用于评估各国和地区之间经济发展的差异及其环境影响。

生态足迹衡量人类活动对地球资源的消耗和对环境产生的影响，涵盖衣、食、住、行等方面。该方法以人均生物能占用为基准，通过计算为维持人类生活所需的土地和水域面积来评估其对自然资源的使用量。生态足迹的核心在于估算在当前技术条件下，维持一定人口所需的生产性土地和水域，以及处理消费和生产活动产生的废物所必需的面积。

生态足迹作为一种新的经济计量方法，将土地面积与人口规模相联系，通过计算人均土地面积所对应的人口数，从而衡量一个地区的人口承载力状况。生态足迹不仅反映了个体或地区的资源消费水平，还能衡量地区的资源供应状况与消费情况的匹配程度。通过分析不同时间点的生态足迹变化,可以揭示地区人均资源消耗和资源利用效率的情况。生态足迹的大小受到人口规模、收入水平、技术创新和劳动生产率等多种因素的影响,因而能够有效对比人类需求与自然界供给之间的关系,成为评估地区间可持续发展水平的关键指标。

除了作为一个地方或者区域可持续发展状况的最重要的指标之一,生态足迹还经常被用来评估一个地区或者一个国家生态利用情况是否处于合理环境承载能力范围,以此衡量它对环境的损害程度。若一个地区的生态承载力低于该地区的环境承载能力,即资源负荷超出当地环境承受能力的状态,则在特定区域内生态安全系统可能出现风险,生态环境可持续发展能力差,甚至出现生态赤字;反之,如果生态足迹小于环境承载水平,则该区域内生态系统风险水平较低,具备可持续发展的条件。

随着人们对气候变化的认识不断提高,在生态足迹概念的基础上引入了"碳足迹"的概念。碳足迹衡量的是与个人、建筑、企业或国家的活动相关联的二氧化碳排放总量。它涵盖了直接排放,如化石燃料在制造、供热和运输过程中的燃烧所产生的排放,以及间接排放,即生产和消费商品及服务所需电力等产生的排放。重要的是,碳足迹的计算与国家报告的人均排放量不同,它侧重于消费导致的温室气体排放,而非生产过程中的排放。在发达国家,交通和家庭能源消耗是构成个人碳足迹最主要的部分。例如,20世纪头10年,美国的总排放量中约有21%源于这些活动。个人碳足迹包含"主要"与"次要"两部分。"主要"碳足迹涵盖个人直接控制下的排放,如交通和家庭能源使用。"次要"碳足迹则指与消费商品和服务相关的碳排放,包括粮食生产的排放。例如,肉类生产相比蔬菜和谷物需要更多能量和资源,因此,高肉类消费的饮食会导致较大的"次要"碳足迹。此外,消费品的制造和运输也是次要碳足迹的重要组成,反映了生产过程和物流对环境的影响。

3. 低碳经济

低碳经济是指在保证经济增长和社会进步的前提下,通过降低碳排放、提高能源资源利用效率和发展低碳产业等措施,实现经济社会的可持续发展。低碳经济的目标是实现经济增长与环境保护之间的平衡和协调。低碳经济模式代表了一种经济发展的新范式,此模式旨在解决经济活动中碳排放过量与环境退化问题,通过实现经济增长与环境保护的协调,推动社会向可持续性转型。

低碳经济的概念起源于国际社会对全球气候变化问题的关注。随着二氧化碳等温室气体的排放不断增加,对气候和生态环境造成了严重的影响。低碳经济作为一种全新的经济模式,旨在通过降低碳排放、提高能源资源利用效率和发展低碳产业等措施,实现经济社会的可持续发展。低碳经济是应对气候变化、保护生态环境、促进经济发展的一种重要方式。

低碳经济的应用范围广泛,涵盖了能源、交通、建筑、制造业等多个领域。例如,可再生能源的开发和利用、节能减排技术的推广、绿色交通的发展、低碳建筑的建设、绿色制造的实现等都是低碳经济的重要实践。此外,低碳经济的实践还需要各行各业的积极参与和投入,包括政府、企业、个人和社会组织等多方力量。

具体来说,政府可以通过制定支持低碳经济发展的政策措施,引导企业和市场朝着低碳方向发展。企业可以通过提高资源利用效率、推广清洁生产、开发绿色产品等方式,实现低碳发展。个人可以通过减少浪费、选择低碳出行、购买绿色产品等方式,积极参与低碳生活。社会组织可以通过宣传教育、组织公益活动等方式,推动低碳理念的普及和实践。

低碳经济的实践需要各方的支持和合作。政府需要制定相应的政策,鼓励和引导企业和市场发展低碳经济。企业需要加强技术创新和产品研发,推广清洁生产和绿色供应链。个人需要增强环保意识和低碳消费观念,积极参与低碳生活。社会组织需要宣传低碳理念,组织公益活动,推动低碳发展。只有各方积极参与,才能共同推动低碳经济的实践和发展,实现经济、社会和环境的可持续发展。随着全球气候变化问题的加剧、技术的不断发展和经验的不断积累,低碳经济将成为全球经济发展的重要趋势。

4. 可持续消费

在1992年联合国环境与发展大会上,"可持续消费"的概念首次被提出,标志着国际社会开始关注消费模式对环境和发展的影响。随后,1994年联合国环境署(UNEP)发布的《可持续消费的政策因素》研究报告中,对可持续消费给出了定义:旨在满足人类基本需求并提升生活质量的同时,最小化自然资源和有毒材料的使用,以及在服务和产品的整个生命周期中产生的废物和污染,确保不损害后代的需求。该定义强调了可持续消费不仅仅关注消费终端,而是一个系统性的内容,涵盖生产、分配、流通和消费的每一个环节,对环境和社会均产生深远影响。这个观点在同年在挪威奥斯陆举行的可持续消费专题讨论会上得到了进一步强调。会议指出,可持续消费是一个跨领域的议题,需要通过促进资源效率提升和减少废物产生的方式,实现经济、社会和环境的协调发展。

在全球范围内开展广泛的可持续消费行为与环境教育已经成为各国政府及社会共同面临的重要课题之一。学术研究聚焦于从家庭与人口维度,分析消费行为变化对资源使用和环境影响的效应。消费模式与环境保护之间的相互作用成为核心议题。Spangenberg(2001)着重指出,"21世纪议事日程"的框架将世界富裕消费者的消费模式界定为不可持续消费,提出了一个环境空间评估方案,以分析家庭消费结构的环境效应,家庭消费结构中的食物、住房和机动车消费被列为降低家庭消费污染重点领域。Moll等(2005)引入了"家庭代谢"概念,探讨了在荷兰、英国、挪威和瑞典等国关于消费可持续性发展模式的可能性,并尝试识别可行的可持续家庭消费模式。研究发现,食品、交通和娱乐消费对环境负载的影响最为显著,且不同家庭的消费特征在支出分配上存在明显差异。此外,家庭结构在决定消费过程中碳排放量与经济活动之间的关系方面发挥关键作用,而这种关系又依赖于家庭的收入水平和社会地位。因此,针对性地分析不同家庭类型对降低环境负荷的消费选择具有重要的参考价值。在全球范围内,国家开始越来越多地关注消费领域的可持续性,包括消费模式与环境保护的关系、消费者行为,以及消费价值观等方面。Koning等(2015)通过研究越南中产阶级的消费模式,为可持续消费模式的识别提供了新的视角,强调了消费者意识、知识和态度在推动可持续消费模式中的重要性。随着经济全球化的深入,各国逐渐重视发展符合本国实际情况的可持续消费体系。中国学者也积极参与到可持续消费的研究中,虽然主要集中于理论探讨,但为理解可持续消费的复杂性提供了宝贵的学术贡献。这些研究工作为全球推进可持续消费模式、平衡经济发展与环境保护提供了重要的理论和实践基础。

二、人口相关基础理论

(一) 人口转变理论

20世纪三四十年代,西方国家率先提出了人口转变理论。该理论于60年代发展壮大,是宏观人口经济学领域的核心理论,其主要贡献人物包括汤普森、兰德里以及诺特斯坦等。该理论体现出人口变动和经济发展之间存在密切关联。人口转变理论是人口学中的重要理论之一,指的是随着经济社会的发展，人口出生率和死亡率逐渐下降，由此引起人口结构和人口质量的变化，形成人口结构从高出生率和高死亡率阶段转变为低出生率和低死亡率阶段的演变。人口转变理论的发展渊源可以追溯到20世纪40年代。当时，美国社会学家弗兰克·温斯顿·威尔斯（Frank W. Notestein）提出了"人口转变"这个概念，用来描述随着经济和社会的发展，人口出生率和死亡率的变化趋势以及由此引起的人口结构和质量的变化。随后，人口转变理论逐渐成为人口学研究的重要理论之一，并被广泛应用于人口预测、社会发展规划等领域。

人口转变的含义，按照吴冠中（1997）的界定，是指人口发展所历经的各个过程，主要是高自然增长率、低自然增长率，以及高出生率等，体现的是在经济社会发展期间人口的变动趋势。西方社会的工业革命标志着社会和人口发展的重大转折，兰德里基于欧洲的人口数据，于1909年详细总结了这个过程。他将人口发展分为三个阶段：原始时期，以高生育率填补高死亡率引起的人口损失；中期阶段，生产力和医疗卫生水平的提升导致死亡率降低，生活资料的增加和对生育行为正规性的重视使出生率下降；现代阶段，城市化、工业化和现代化的快速发展伴随着人们生育观念的变化，生育水平降低。兰德里将这个人口变化过程称为人口转变，它揭示了随着社会进步，人口结构和增长模式如何逐步演变。

在研究人口转变的过程中，汤普森将其视野扩展至更广泛的地区，并基于1908—1927年多国的人口数据，从空间维度对人口发展模式进行了分类，将其划分为三种类型：首先，西欧、北欧和美国等地区的人口死亡率和出生率均呈现快速下降趋势，导致人口增长率逐渐降低，人口发展趋于稳定，最终导致人口变动规模逐步缩减；其次，西班牙、意大利和中欧等地的人口死亡率和出生率同样明显减少，但相较于出生率的下降，死亡率的降低速度较慢，结果使得人口增长率持续上升；最后，亚非等地区不同于前两类，这些地区的生存资源在很大程度上受到人口死亡率和出生率的制约，导致这些地区的人口死亡率、出生率及增长率均处于相对较低水平。

一般来说，人口转变理论包括四个阶段：第一阶段是高出生率和高死亡率阶段。在这个阶段，人口增长率较低，但人口数量稳定。第二阶段是死亡率下降阶段。随着医疗技术的发展和生活水平的提高，死亡率开始下降，但出生率仍然较高，人口增长率开始提高。第三阶段是出生率和死亡率均下降的阶段。在这个阶段，人口增长率达到最高点，但随着计划生育等措施的实施，出生率开始下降。第四阶段是低出生率和低死亡率阶段。在这个阶段,人口增长率开始下降,但人口结构已经发生了变化,老年人口比例增加,而年轻人口比例减少,形成老龄化社会。

人口转变理论提供了一种解释人口结构变化的理论框架,有助于政府和决策者理解人口变化趋势,制定相应的政策和规划。该理论通过对人口出生率和死亡率的变化趋势的研究,为人口预测提供了一种可靠的方法。该理论也预见性地强调了人口质量的重要性,认为随着经济社会的发展,人口结构和人口质量的改善是人类社会发展的必然趋势。但是,该理论也存在着一些缺陷。例如,人口转变理论存在着一些假设,如高出生率和高死亡率阶段人口数量稳定等,这些假设在现实中并不完全成立,因此需要对这些假设进行修正;人口转变理论过于简化了人口变化的复杂性,实际上人口变化受到多种因素的影响,如经济、社会、政治等因素,这些因素之间的关系非常复杂,需要进行更深入的研究和分析;人口转变理论忽视了人类对环境的影响,人口数量的增长对环境的影响也是非常重要的,需要进行更加综合的分析。

(二) 适度人口与人口红利理论

适度人口理论探讨的核心在于确定一个国家或地区的最佳人口数量,即在特定的自然资源、生产技术和资本存量条件下,能够实现产业最大生产率和人均收入最高的人口规模。这个理论认为,既不是人口数量越多越好,也不是越少越好,而是存在一个最优的人口规模,能够使得国家或地区达到经济效益最大化。埃德文·坎南是早期适度人口理论的代表人物之一,他在1888年的《基础政治经济学》中首次明确提出了人口适度的概念,并用最大生产率作为衡量适度人口的标准。他认为,在一定的土地上,在一定时期内,能够达到产业最大生产率的人口数量是确定的。坎南进一步在1914年的《财富论》中,以最大收益为标准,讨论了满足适度人口的条件。他指出,一个国家的自然资源、生产技术和资本存量决定了一个与人均收入最高相对应的最佳人口规模。在其他条件不变的情况下,任何偏离这个最佳规模的人口变动,都会导致人均收入的下降。根据坎南的理论,如果人口增加导致人均收入上升,则说明该国人口规模不足,有能力和需要增加人口直至达到最优水平;相反,如果人口增加导致人均收入下降,则表明该国人口过剩,需要通过减少人口来达到人均收入最大化。

适度人口问题是社会经济学领域的一个核心议题,它探讨了在特定国家的工业和农业生产潜力允许的条件下,能够实现最高生产率的人口数量。纳特·威克塞尔强调,适度人口规模是动态变化的,随着新发明、科技进步以及工农业生产力的提升,适度人口的规模也会相应调整。适度人口旨在满足社会需求,并促进人民生活水平的不断提高。卡尔·桑德斯认为,人口规模受到经济因素的制约,并且人口的变动与经济的变动相适应。一个国家的理想人口规模,应以居民能够达到最高生活水准为前提,这取决于该地区的自然条件和社会因素。理想人口密度由应用技术和知识水平决定,随着生产方法的改进,人口密度也会相应调整。最佳人口规模是指能够提供最大人均收入的人口数量。任何超出或低于这一最佳水平的人口变动,都可能导致人均收入的减少。

人口红利是指一个国家人口年龄结构变化引致的经济增长。年龄结构的变化通常是由该区域内生育率和死亡率的下降引起的。所以,人口红利通常出现在一个经济快速增长的国家。一个低出生率和低死亡率的经济体更容易获得人口红利,从随之而来的劳动人口生产力的提高中受益。随着出生登记人数的减少,与工作人口相比,年轻受抚养人口的比例正不断减少。若需要支持的人减少,而劳动力人口数量上升,则一个经济体的资源就能被释放出来并投资于其他领域,从而助推一个国家的经济发展和其人口的未来繁荣。

人口红利理论阐述了一个国家在经历人口转型过程中,如何通过人口结构的变化获得经济增长的潜在优势。人口转型指的是一个国家或地区从高生育率和高死亡率的农业经济社会,向低生育率和低死亡率的城市工业社会的转变。在这个过程中,生育率的下降先于死亡率的下降,导致劳动年龄人口比例增加,而依赖比例(即非劳动年龄人口比例)减少。这种人口结构的变化,特别是劳动力人口的相对增加,为经济提供了一次性的、短暂的增长机会,这就是所谓的"人口红利"。在这个阶段,劳动力供应增加,如果能够得到充分的就业和有效的利用,将导致生产率提升和经济增长加速。

该理论反映了人口结构变化对经济增长的积极影响,主张人口红利主要源于劳动力人口比例的增加和生产力的提升,进而提高人均收入。在人口转型过程中,发生从高生育率和死亡率的农业经济向低生育率和死亡率的城市工业社会转变,生育率的下降导致劳动力增长速度暂时快于总人口增长速度,从而在一定时期内加速了经济增长,这就是所谓的第一阶段人口红利。该阶段可持续五十年或更久。随后,随着人口老龄化,通过投资于各种理财工具,可实现第二阶段的人口红利。这个阶段在理论上可以无限期持续。人口红利的实现,不仅依赖于储蓄、劳动力供应、人力资本和经济增长,还取决于政府是否能在教育、卫生、治理和经济领域采取恰当的政策。此外,一个国家所获得的人口红利量与该区域年轻劳动力的生产力水平密切相关,而生产力水平又受到教育水平、就业实践、生育时间和频率以及对劳动力有益的经济政策的影响。同时,人口红利也与老年人口的生产力有关,受税收优惠、社会保障以及养老金和退休政策的影响。

三、消费相关基础理论

消费是衡量宏观经济的重要变量。关于消费的研究著述颇丰,消费方面理论观点已经相对系统化。消费函数理论是研究消费问题的基本理论,其发展最早可追溯到1776年亚当·斯密(Adam Smith)的《国富论》一书。他开创性地提出"消费是一切生产的唯一目的,而生产者的利益,只是能促进消费者的利益时,才应当加以注意";1936年凯恩斯(John Maynard Keynes)在《就业利息和货币通论》中提出了消费函数概念,认为消费是人们收入水平的函数。凯恩斯的消费理论为消费函数理论的研究和发展提供了基础和方向。凯恩斯认为,随着消费者收入的增加,其消费支出也会相应地增加,但是人们所增加的收入不会全部用于消费,而是以一定的比例转化为消费,且这个比例会随着收入的增加而不断降低,即消费增加的速度要远远慢于收入增加的速度,以致消费支出所增加的额度在收入增加的额度中的占比会逐步下降。凯恩斯由此提出著名的边际消费倾向递减规律。

消费理论发展经历了四个阶段(见表2-2):短期消费理论、动态跨期消费、不确定条件下的消费理论和行为消费理论。最初的短期静态消费理论诞生于20世纪四五十年代,主张在短期内,假定个人的收入水平保持不变,其消费需求相对固定,消费行为不会因外界因素显著变化。这个阶段的理论强调消费习惯和行为的稳定性(Fisher,1956)。随后,消费理论进入动态跨期消费的研究。该理论的起源可以追溯到20世纪60年代,主要是由美国经济学家米尔顿·弗里德曼(Milton Friedman)和弗兰科·莫迪利安尼(Franco Modigliani)共同提出的。其内涵定义是个人将消费行为分散到多个时间段,以平衡现在和未来的消费需求。这个理论主要关注个人的消费行为和时间的关系,认为个人会考虑到未来的消费需求,从而在现在和未来之间寻求一种平衡。接着进入第三阶段——不确定条件下的消费。该理论的起源可以追溯到20世纪70年代,美国经济学家约瑟夫·斯蒂格利茨是主要贡献者之一。这个阶段的理论着眼于在信息不完全或存在不确定性条件下的消费行为，探讨个人如何在不确定性中做出消费决策，以寻找最优消费策略。随后，理论演化至行为经济学和消费决策理论（Duxbury，2005；Cheema，2006），这个新阶段融合了心理学的见解（Tversky，1981，1992；Van Dijk，1996；Van Putten，2007），深化了对消费者决策过程的理解（Kivetz，2002；Heilman，2002），特别是在非理性因素影响下的消费行为分析，揭示了消费决策背后的复杂性和多样性。该理论可以追溯到20世纪80年代，由以色列心理学家丹尼尔·卡尼曼（Kahneman，1979，1984）和美国经济学家理查德·塞勒（Thaler，1985，2008）提出。此理论强调，个人的消费决策受到多种内在和外在因素的共同作用（Soman，2001ab，2002），从而形成了对消费行为影响的更全面理解。

表2-2　　　　　　　　　　主要消费理论

阶段	分类	代表性理论（假说）
第一阶段	短期静态消费	杜森贝里的相对收入假说、凯恩斯绝对收入假说
第二阶段	动态的跨期消费	弗里德曼的持久收入假说、莫迪利安尼的生命周期假说
第三阶段	不确定条件下的消费	霍尔的随机游走假说、利兰德等的预防性储蓄理论、斯蒂格利茨的信息不对称条件在消费决策中的影响研究
第四阶段	行为经济学、消费决策	理查德·塞勒的心理账户理论、行为消费理论

这些理论在实践中不断发展和完善，其中一些理论在经济学和行为科学领域得到了广泛的应用。例如，短期静态消费理论在解释个人消费行为和市场需求方面有一定的研究价值；动态的跨期消费理论在探讨个人如何平衡现在和未来消费需求方面有较大的应用价值；行为经济学、消费决策理论则在探讨消费者的心理和行为模式对消费行为的影响方面有较大的应用价值。

第二节　相关文献综述

有关人口及人口年龄结构与碳排放的现有文献，主要涉及学科有人口经济学、环境经济学、资源经济学。现有文献对人口因素的研究主要关注于人口规模、人口年龄结构、30—49岁年龄段人口比重以及老龄化问题，部分研究还涵盖了人口流动和人口增长等方面。采用的研究方法包括STIRPAT扩展模型、因素分解法、空间面板回归分析、空间回归模型以及格兰杰因果检验等,涵盖了从统计分析到空间数据处理的多种技术。这些研究视角广泛,不仅涉及人口因素本身,还包括消费模式、产业结构和能源结构等关键领域,展现了人口因素对经济和环境影响的多维度分析(见图2-2)。

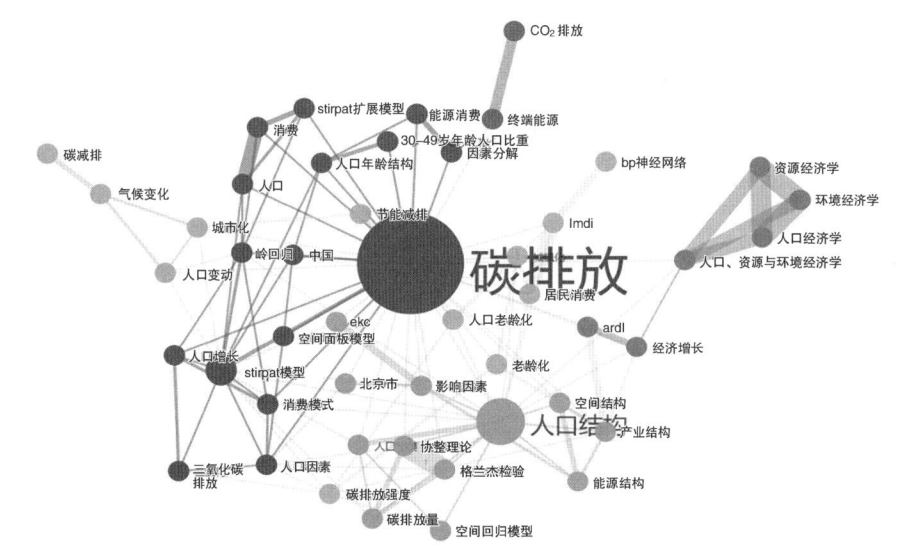

图2-2 2000—2022年人口与碳排放研究主题文献图谱演示

注:网络图谱显示参数:Strength=-500;MaxDistance=300;Isolates=true;聚类算法结果:NodeCount=50;EdgeCount=155;ClusterCount=4;Modularity=0.1636;Resolution=1。

一、人口与碳排放相关研究

人口的结构性因素对碳排放的影响结论并不一致。部分研究认为人口结构因素与碳排放量并不存在统计上的显著关系,Zhou和Li(2016)采用拓展的STIRPAT模型,利用1990—2012年平衡的省级面板数据,在国家和区域层面重新评估人口和收入变化对中国能源相关二氧化碳排放的影响,发现人口变化并非中国二氧化碳排放增长的主要驱动力,且年龄结构的变化对能源使用的影响在统计上并不显著,仅能证实导致中国东部排放量的增加。国外学者在对伊朗西北部马哈巴德市不同家庭人口特征对节能和二氧化碳排放的影响研究中,采用偏最小二乘结构方程模型(PLS-SEM)探讨了家庭人口特征对节能行为和二氧化碳排放量的影响。该研究纳入了家庭年龄、家庭规模、教育程度、收入分位、性别和节能措施等六个变量。结果显示，除教育程度和收入水平外，家庭年龄、家庭规模与二氧化碳排放量存在显著相关性。Li和Zhou（2019）通过应用面板协整模型和完全修正的普通最小二乘法估计，检验了二氧化碳排放与人口特征变量（抚养比、性别比、高等教育程度比、产业就业率、城镇化率和平均家庭规模）之间的长期关系。结果表明，二氧化碳排放与人口结构在国家层面和区域层面均存在长期关系；抚养比对中国及其三个子区域的二氧化碳排放具有负向影响；性别比例与二氧化碳排放之间存在正相关关系；高等教育程度对华东地区二氧化碳排放有正向影响。在中国华东和华中地区，工业就业率与二氧化碳排放量呈正相关；在国家层面和区域层面上，平均家庭规模与二氧化碳排放量呈负相关。

老龄化对碳排放的影响结论也存在差异。主要分歧点在于是否显著相关，其次是在线性相关上也存在争议点。不少学者都得出人口老龄化和碳排放之间呈非线性倒U形曲线关系，究其原因，或许是早期老年低碳简单的生活方式对应着碳排放量的下降，但是随着老龄人口数量增多，寿命周期变长，自理能力相应变差，社会医疗保障、护理成本的压力升高，从而有可能导致碳排放量的上升（刘辉煌、李子豪，2018；李飞越，2016）。Guo（2023）基于1995—2019年平衡省级面板数据，采用STIRPAT模型定量研究了老龄化对中国区域发展不同阶段二氧化碳排放的影响，并采用队列模型和情景分析预测了到2050年的人口变化和二氧化碳排放。研究发现，1995—2019年中国二氧化碳排放量显著增长，到2050年将呈倒U形增长，峰值出现在2030—2040年；研究还发现中国老龄化人口每增长1%，二氧化碳排放量就会增长0.62%。但也存在较大的区域差异，东部地区的老龄化促进了二氧化碳的减少，而中西部地区则促进了二氧化碳的排放，建议在低碳战略中推行以老龄化为导向的可持续发展的政策。部分研究发现两者为线性关系。吴昊和车国庆（2018）的研究发现，从全国层面来看少儿抚养比与碳排放之间存在显著关系，但为负相关关系；劳动年龄人口的比例与二氧化碳排放存在正相关关系；老龄化人口比例与碳排放之间也存在正相关关系。老龄化的影响在不同区域也存在差异，东部地区老年人口比重上升显著增加碳排放水平。

研究方法上来说，STIRPAT模型在研究碳排放问题上认可度比较高。Wang等（2017）采用STIRPAT模型，基于面板数据研究人口规模、人均消费、能源强度、城市化和人口老龄化对二氧化碳排放的影响。Chen（2014）基于

STIRPAT模型和灰色相关度分析(基于灰色系统理论)将人口动态对二氧化碳排放的影响进行了非线性回归分析,结果表明二氧化碳排放量与人口规模和人均GDP呈正相关,与能源强度呈负相关。也有学者使用其他模型,Wei等(2018)使用可计算一般均衡(CGE)模型,探索年龄和性别特定的劳动力参与率是否以及在多大程度上影响区域和全球经济以及相关排放。

二、消费与碳排放相关研究

彭希哲和朱勤(2010)基于STIRPAT扩展模型研究人口结构、居民消费和技术进步因素在碳排放中的作用等,发现在中国居民消费和人口结构变化对碳排放的影响已超过人口总量和消费规模,显示了非总量因素的重要性。居民消费水平的上升、消费结构的转变与碳排放的增加高度关联,预测未来居民消费结构的转变模式将对中国碳排放产生重要影响。有学者在有关消费者需求的环境影响的政策论述中假设消费者主权的经济模型,探讨了一个以消费为基础的环境问题(温室气体排放)的社会根源,并考虑了旨在减缓全球变暖的碳税提案的社会影响(Lutzenhiser,1993)。Heinonen(2011)从消费角度对两个大都市的碳足迹进行了详细分析,基于生产和消费的二氧化碳排放量显示出巨大的差异:2002年、2005年和2007年消费型二氧化碳排放量分别仅为生产型二氧化碳排放量的31.02%、24.77%和31.04%,生产和消费活动对碳排放具有双重影响,因此不仅要注重生产技术和能源效率的提高,还要注重经济体系结构和贸易中以降排减排导向政策的调整为主。历史趋势分析表明,2002—2005—2007年基于生产和消费的二氧化碳代谢均呈现增加趋势(Yang et al.,2015)。虽然越来越多的文献研究了消费者如何在食品、住房和交通等关键消费领域减少碳足迹,但仍缺乏一个在所有消费领域构建这些选择的整体框架。Schanes等(2016)提出了一个创新且系统化的框架。该框架基于温室气体排放的关键影响模式,旨在推动更有效的气候变化缓解措施。Xu等(2016)运用向量自回归模型,分析了影响各行业二氧化碳排放量变化的因素。针对大多数研究聚焦于省级或国家级碳排放估计,而城市层面碳排放研究不足的现状,Jing等(2018)提出了一种自上而下的中国城市规模能源相关碳排放估算方法。该方法利用全球环境扩展的多尺度投入产出模型,能够从生产和消费的双重视角,准确追踪和分析多尺度经济系统中的碳排放流动。这种方法为城市层面的碳排放估计提供了新的工具,有助于更细致地理解和管理城市的碳足迹。

同时,其他研究开始关注消费结构和工业化升级对碳排放的影响,特别是在经济发展的不同阶段。Tian 等(2019)的研究聚焦于西南经济区(包括重庆、四川、广西、云南、贵州)这个处于工业化中期阶段的地区,旨在探讨在产业结构转型期间如何有效减少二氧化碳排放。通过对这个特定经济区域的分析,该研究提出了产业升级和结构调整的策略,以促进低碳发展和环境保护。

居民消费结构变动对于二氧化碳排放影响的量化测度方法,主要是:其一,可采用面板估计、工具变量等实证计量方法,如空间模型、建立多元线性或者非线性模型,分析消费结构中各支出对环境直接或者间接的作用关系。比如,通过构建多阶段动态系统动力学模型进行模拟和预测,或者通过建立多元回归模型测算居民生活消费碳排放强度和人均消费量。其二,运用生态足迹方法确定居民消费结构在生态系统中的作用。其三,按污染系数来衡量不同消费品的污染含量。其四,根据居民人均可支配收入和家庭规模衡量不同收入水平下的消费水平,进而估算居民人均消费所产生的温室气体排放。这种方法已被应用于生活能源消费的碳排放的研究中,且趋于成熟,不同的能源按使用量计算所需的单位能源的碳排放量。该方法可以准确地反映出各种能源使用情况及碳排放情况。其五,根据投入产出表计量居民消费结构变动对碳排放产生的间接效应。该方法是以居民为主体进行碳排放核算,能够有效反映各部门生产活动中产生的碳排放情况。这种方法在居民消费结构或者消费品的间接碳排放的计量研究中比较普遍。其六,运用生命周期分析方法(LCA)来定量衡量居民消费结构变化对于碳排放的作用。

三、人口结构与消费相关研究

有关人口年龄结构与消费的经典研究可追溯到 1970 年,当时美国经济学家莫迪利安尼首次在消费函数理论中加入人口年龄结构作为研究变量。之后,国内外的研究愈来愈多地关注人口年龄结构在消费现象中的影响效应问题(冷建飞、黄施,2016),很多研究聚焦于人口年龄结构对居民消费总量或消费率的影响,研究方法多是利用老年抚养比、少儿抚养比作为人口年龄结构的主要代理变量,研究抚养系数与居民消费支出的效应关系。目前的研究结论还未达成一致。总体看来,主要有以下几点:

第一种观点认为中国"少子化"与消费负相关,但人口"老龄化"与消费正相关。持该研究结论的在人口与消费的研究中相对较多。郑妍妍等（2013）基于1988—2007年微观调查数据——中国家庭住户收入调查（CHIPS），利用2007年投入产出表，发现少儿抚养系数的降低减少了城镇家庭的消费支出，而老年抚养系数的升高增加了城镇家庭的消费支出，即与消费正相关。但两者加总后总效应为负。郑长德（2007）研究了各地区人口增长结构对储蓄率的影响，基于对1989—2005年省际面板数据的建模分析，发现少年抚养比与储蓄率负相关，老年抚养比与储蓄率正相关。有研究发现，经济不发达地区的居民消费率更容易受抚养比变动的影响，少儿抚养系数和老年抚养系数分别与居民消费呈负相关和正相关的变动关系，但在经济发达地区抚养系数均不显著（林志鹏，2012）。祁鼎、王师等（2012）对家庭跨期消费建立模型，选取2005—2010年的中国省际面板数据，利用动态面板GMM方法进行估计，发现老年抚养比与消费正向相关，老年抚养系数的提高对消费具有促进作用。

第二种观点认为中国"少子化"与"老龄化"都与消费正相关，或都与消费负相关。基于2000—2012年省级农村面板数据的研究发现，"少子化"和"老龄化"都与农村居民消费水平正向相关，"老龄化"的影响系数更高、影响程度更强（陈晓毅，2015）。李承政、邱俊杰（2012）基于生命周期理论，构建储蓄率模型倒推出消费率模型，利用中国农村2001—2009年省际面板数据，发现农村少儿抚养比和老年抚养比的提高都会引致居民消费率的提高。李春琦和张杰平（2009）建立了动态宏观分析模型以分析中国老龄化现象和农村居民消费不足的问题，基于中国1978—2007年年度数据的实证分析发现，少儿抚养比与老年抚养比的上升显著抑制了居民消费。王宇鹏（2011）研究居民平均消费倾向与老龄化变动的关系，基于最优跨期理论研究发现，在控制其他因素的情况下，老年人口抚养系数与城镇居民平均消费倾向成正比，少儿人口系数未发现显著影响。该文章还认为，近年来城镇居民平均消费倾向下降的原因之一在于消费习惯。

第三种观点认为人口老龄化与消费负相关。张乐、雷良海（2011）的研究结论与生命周期假说并不一致。他们利用1989—2008年各省份的面板数据研究，发现老年抚养比与居民消费率反向相关，少儿抚养比则相反，从区域看，相比中西部地区，人口老龄化对东部地区居民消费存在更强的抑制作用。毛中根等（2013）认为老龄化通过影响劳动生产率、储蓄率、经济增长等间接途径影响消费需求的变动，实证分析得出老年抚养系数的提高与居民消费率负相关，少儿抚养系数的提高与居民消费率正向相关的结论，而且人口老龄化对消费的抑制作用在城市比农村更明显,对东部地区的影响效应也比中西部地区高。唐东波(2007)的研究发现,人口年龄结构指数对居民储蓄率存在显著的扩张性效应。

第四种观点认为人口老龄化与消费在统计上不显著相关或关系不确定。有研究基于1989—2004年的省际面板数据,基于动态面板广义矩估计方法,发现中国老年抚养系数与居民消费率的关系在统计上并不显著,中国居民消费率的偏低可能与消费文化有关,人口年龄结构在其中发挥的作用不大(李文星等,2008)。基于生命周期假说为基础的理论模型的研究也发现,老龄化水平与城镇居民消费率在统计上并不显著相关,但老年抚养比显著抑制农村地区的居民消费率(陈冲,2013)。

一般来讲,人口自然变动主要是由于人口出生率、人口死亡率叠加变化导致的人口总量、年龄结构(抚养系数变化)和出生性别结构的相应变动;在现有学术研究中,尽管基于不同的研究方法和数据源,对人口年龄结构变化与居民消费及消费结构的关系尚未形成统一的结论,但这些研究无疑丰富了我们对于人口结构与消费关系的理解(见表2-3)。各种研究方法和数据的选取差异,反映了人口结构与消费关系复杂性的不同维度,也对后续实证研究部分的设计和分析提供了重要启示。

表2-3　　　　　　　　抚养比与消费结构相关研究及结论

文献	研究对象	研究发现	主要方法	主要结论
李洪心和高威(2008)	基于灰色关联度方法,考察人口老龄化与消费结构的效应关系	建议积极发展"银色市场",有必要调整现有的产业结构	灰色关联度方法	老年人口在医疗保健、交通和通信项目上和教育文化娱乐服务倾向花费更多,而在食品、服装、家庭设备用品等方面消费下降
张扬(2013)	研究四川省的人口老龄化与消费结构的影响效应关系	人口老龄化对医疗保健的显著影响上计量结果一致	偏最小乘法和灰色关联分析方法	老年人口在医疗保健、交通和通信项目上和教育文化娱乐服务倾向花费更多,而在食品、服装、家庭设备用品等方面消费下降
包玉香(2012)	基于新古典经济增长模型构建模型研究人口老龄化与经济发展的影响效应	人口老龄化对区域经济的影响取决于人口老龄化的程度和地区经济发展所处的阶段	新古典经济增长模型	人口老龄化越严重,带来的负面影响就越大,区域发展也就越受制约

续表

文献	研究对象	研究发现	主要方法	主要结论
向晶(2013)	分析人口结构调整与消费结构效应关系	未来消费升级的重点体现在教育文化娱乐和交通通信支出上	扩展的线性支出系统模型	抚养系数的升高可能会对教育文化娱乐和交通通信支出产生挤压效应,抚养负担的加重会提高人们在食品、衣着和医疗保健等基本生活需求上的支出
朱宁振(2013)	分析少儿抚养系数的下降对不同消费类别的项目有不同的影响	少儿抚养系数的下降对教育文化娱乐、交通通信项目上的消费需求呈反向关系	理想需求模型(AIDS)	老年抚养系数与居民对食品、衣着类商品的消费需求负向相关
樊茂清和任若恩(2007)	构建异质性偏好模型,研究不同人口特征对消费结构的影响效应	能源消费和家庭规模成正比,能源消费在不同年龄组有明显不同的消费弹性	异质性偏好模型	户主年龄在35—44岁的家庭表现出最高食品消费支出;户主年龄在20—34岁的家庭表现出电子、计算机等的消费偏好;户主年龄越高,家庭服务类消费也越高
郝东阳(2011)	利用中国居民收入调查数据和中国综合社会调查两个微观数据集,分析家庭人口结构变化对储蓄率和城乡消费结构变化的影响	年轻家庭教育支出上明显高于老年人为主的家庭,而老年人口为主的家庭在卫生医疗保健的支出要高于年轻家庭	中国居民收入调查数据和中国综合社会调查	在高年龄家庭中消费结构与户主年龄在统计上显著性很弱,低年龄家庭在教育娱乐的消费支出更多。此外,消费结构中医疗保健支出的边际消费倾向为正,服装支出的边际消费倾向为负

四、数字经济与碳排放相关研究

从现有文献上看,围绕数字经济和碳排放的相关关系的研究自2001年以来逐渐受到学术界的关注,尤其在2022年成为相关碳排放领域的热点之一[①]。

根据图2-3的主题文献图谱节点的大小可以大致看出研究主题的分布。

---

① 文献总数:384篇(2009—2023年),仅2022年就有197篇;检索条件:知网(主题%='数字经济 碳排放' or 题名%='数字经济 碳排放')

图 2-3　2001—2022 年数字经济与碳排放研究主题文献图谱演示

注：网络图谱显示参数：Strength＝－500；MaxDistance＝300；Isolates＝true；聚类算法结果：NodeCount＝50；EdgeCount＝155；ClusterCount＝4；Modularity＝0.1636；Resolution＝1

结合表 2-4 的文献梳理，发现关于数字经济与碳排放关系的学术讨论主要聚焦于两个方面。第一，探讨数字经济对碳排放的影响方向，即数字经济是促进碳排放量的增加，还是起到了抑制降低碳排放的作用，同时考察这种影响是否存在非线性调节作用。第二，基于因果识别，深入分析具体的影响机理和路径。目前多数文献支持前者对后者具有显著抑制作用（杨刚强等，2023）。部分文献指出，数字经济本质上具有促进环境友好的效应，主要是通过改进能源消费结构和加快新能源技术的开发来推动技术进步，进而降低碳排放强度。例如，胡昊（2022）的研究表明，数字经济通过技术创新和能源结构的优化实现了碳减排效应，并且这种效应还具有空间溢出的特性。进一步地，李治国和王杰（2022）的研究发现，数字经济对于碳排放的影响存在明显的空间效应异质性，即在本市，数字经济对碳排放的影响表现为倒 U 形关系，而在邻近市，则展现为正 U 形关系。这表明，数字经济的碳减排效应不仅与技术创新和产业结构优化有关，还受到地理位置和区域间互动的影响。在中介效应方面，大多数研究认同产业结构调整和技术创新在数字经济与碳排放关系中起到了重要的中介作用。此外，还有研究指出，环境政策和规制、贸易开放度、外资引入以及经济结构的调整也是影响碳排放的关键因素。特别是在城市层面，低碳试点政策、创新政策或可持续发展政策被认为具有显著的碳减排效应（见表2-4）。

表2-4　数字经济与碳排放研究主题相关研究及结论

影响因素	研究发现	文献/研究者
环境政策和环境规制	显著降低了试点地区的碳排放量	张彩江等,2021
低碳城市试点政策和创新型城市试点政策	对城市的碳减排效应；低碳城市和创新型城市双试点较于低碳城市单试点和创新型城市单试点,在碳减排方面表现更为优异,二者的协同作用能进一步减少碳排放	张华,2020；苏涛永等,2022
资源型可持续发展政策	通过技术选择和财政扶持路径降低了资源型城市的碳排放水平	张艳等,2022
环境规制	未能显著降低碳排放	Sinn,2008
产业结构升级	产业结构升级在东、中部地区对碳排放存在显著抑制效应,但西部地区不明显,存在空间差异	赵玉焕等,2022
经济结构调整	经济结构的优化调整,包括产业结构、要素结构和能源结构的调整,对于本地及空间相关地区的碳排放绩效总体上产生了正向的结构性促进效应	邵帅等,2022
外资引入	外商直接投资对中国制造业碳排放存在显著抑制效应,但对于资本密集型和劳动密集型制造业影响的表现不同,外资引入和技术进步偏向的交互项与碳排放呈显著正相关	李新安、李慧,2022；孙焱林等,2015
区域一体化	区域一体化政策对高等级城市的碳排放减少促进作用大于普通城市。影响机理是通过产业结构的升级和城市技术水平的提高显著抑制城市碳排放,且在一定程度上,城市间经济联系的增强也会导致城市碳排放的增加	郭艺等,2022
数字经济、产业结构	研究发现,数字经济可以显著减少碳排放,但存在异质性,且产业结构升级在数字经济传导发挥中介效应	谢文倩等,2022
数字经济	数字经济有助于提高碳生产率,对中西部地区的作用大于东部地区,通过区域技术创新和优化产业结构两个方面影响碳生产率	余姗等,2022
绿色技术创新	绿色技术创新有助于降低城市层面的碳排放,中介驱动因素是结构优化效应和节能效应作用于碳排放	古惠冬等,2022
数字经济	数字经济与省级碳排放强度之间的关系呈现倒U形,数字经济对碳排放强度存在区域性特征,但不存在空间效应	张争妍、李豫新,2022

当前研究成果突出了数字经济对于推动碳减排和环境保护的重要作用，并指出了在追求这一目标时必须充分考虑技术进步、政策支持、经济发展和社会参与等多维度因素的复杂性。尽管已有文献在数字经济与碳排放关系方面进行了丰富的初步探索，但随着数字技术的不断深化和碳减排措施的进一步实施，未来的研究需更加深入地探讨这两者之间的具体作用机制，从而为制定有效的政策提供科学依据。

第三节　文献研究述评

目前，经济学界对人口结构变化与经济增长之间的关系研究已经相对成熟，但关于人口结构变化对环境影响的研究尚显不足。比如，人口老龄化对环境的潜在影响的相关研究还有很大拓展空间。现有研究对人口结构的考量相对单一，目前多数仅集中在人口年龄结构的环境影响效应研究，而对性别结构、城乡或区域人口结构和人力资本结构等其他人口结构性变量所产生的环境影响效应考察不足。人口结构的维度很丰富，可以继续探讨年龄结构、性别结构、教育结构、职业结构、地域结构、民族结构、婚姻结构和社会保障结构等不同角度。

同时，对于人口因素与碳排放的环境效应研究上存在矛盾的结论，是促进效应还是抑制效应，是线性效应还是非线性效应，并未获得相对一致的结论。比如，在人口结构变动对环境的影响方面，一些研究认为，随着人口老龄化的加剧，老年人的消费需求会减少，从而降低了环境压力。另外一些研究则认为，随着人口老龄化，老年人的医疗和养老需求增加，会导致环境压力增加。这些矛盾的结论需要靠进一步的研究来解决。

此外，尽管当前学术界已对数字经济与碳排放量之间的关系进行了初步的探讨，但随着数字技术的快速发展及碳减排措施的深入实施，这两者之间的影响效应及其相互作用的路径和机制仍需进一步研究。目前，大多数研究集中于探索人口、消费、技术和环境系统之间的二元关系，较少考虑到全球技术发展、人口变动和气候变化等因素的综合协同效应，未能充分揭示这些因素对环境影响的整体效应。例如，人口变化和技术进步如何共同作用于全球气候变化的过程、消费模式和技术革新在碳排放动态中可能存在的交互作用，以及不同人口结构如何通过特定机制影响碳排放，都是亟待深入探索的重要课题。

对这些问题的探讨不仅可以丰富我们对数字经济、人口动态和技术革新与环境可持续性关系的理解,而且对于制定有效的气候变化应对策略和推动绿色低碳发展具有重要意义。

总之,现有的大多数研究都着眼于总量这个范畴,现有文献对消费和人口的考察存在"加总谬误"问题,常将人口和消费的整体水平作为控制变量,以人口规模、人口密度及消费水平等作为代理指标。尽管这充分考虑了总人口、总消费规模的影响,但忽略了结构性因素对人均碳排放的影响。观察表明,在许多发展中国家,人均碳排放的增速超过了碳排放总量的增速,暗示在构建碳排放模型时,需同时考虑影响碳排放量结构性因素的重要性。此外,消费是经济社会循环流动系统中社会再生产的终点和新起点。以往的研究对消费的结构性因素关注不够。随着中国消费模式的不断升级,探究消费需求与碳排放、环境保护之间协调发展的关系将成为一个重要课题。

第三章 中国人口结构变动历程及特征

第一节 人口结构含义及指标

人口结构一般是指在某一时期某一地区的人口数量和人口组成的总体情况。人口结构从广义上讲包括各类人口的结构性指标,比如人口总量、性别比例、年龄结构、城乡结构、民族结构、教育结构和产业结构等方面。人口结构是一个地区经济和社会发展的重要指标,对该地区的未来发展方向和政策制定具有重要的参考价值。

表3-1　　　　　　　　人口结构主要指标及计算方式、影响

指标	含义	计算方式	趋势变化	影响
人口总量	某一时点某一地区的总人口数	人口普查;统计预测	增长或减少	影响一个地区的经济和社会发展
性别比例	男性人口和女性人口的比例	男性人口数÷女性人口数	多年来男性人口数多于女性人口数,但近年来有所改善	影响社会经济和稳定
年龄结构	某一时点某一地区不同年龄段的人口比例	不同年龄段人口数÷总人口数;划分为儿童组(0—14岁)、成年组(15—64岁)和老年组(65岁及以上);或少儿抚养比和老年抚养比	老龄化趋势明显,青壮年人口比例下降	影响教育、养老、医疗等方面的需求和资源分配
城乡结构	城区人口和农村人口的比例	城区人口数÷农村人口数	城市化进程加快,农村人口减少	影响城市和农村的发展差异和资源分配

续表

指标	含义	计算方式	趋势变化	影响
民族结构	某一地区、某一国家不同民族的人口比例	不同民族人口数÷总人口数	根据不同地区和国家有所不同	影响社会和政治稳定
教育结构	某一时点某一地区不同教育程度的人口比例	不同教育程度人口数÷总人口数;具体根据受教育人口比例、学历结构等测算	教育程度普遍提高	影响劳动市场、经济发展和社会稳定
产业结构	某一时点某一地区各产业从业人口的比例	不同产业从业人口数÷总从业人口数	第三产业的比例逐渐增加,第一、二产业比例逐渐减少	影响经济结构转型和就业市场的变化

从人口总量上看,根据最新数据,人口增长已进入下降通道,导致总人口增速放缓,2022年中国人口出现61年来首次负增长(见图3-2),平均人口增长率的曲线已经达到了横轴下方。2022年末,全国人口为141 175万人,相较2021年减少85万人(见图3-1)。人口年平均增长率呈下降趋势,2022年下降至-0.60‰。此外,家庭规模逐步变小,平均每个家庭户的人口为2.62人。

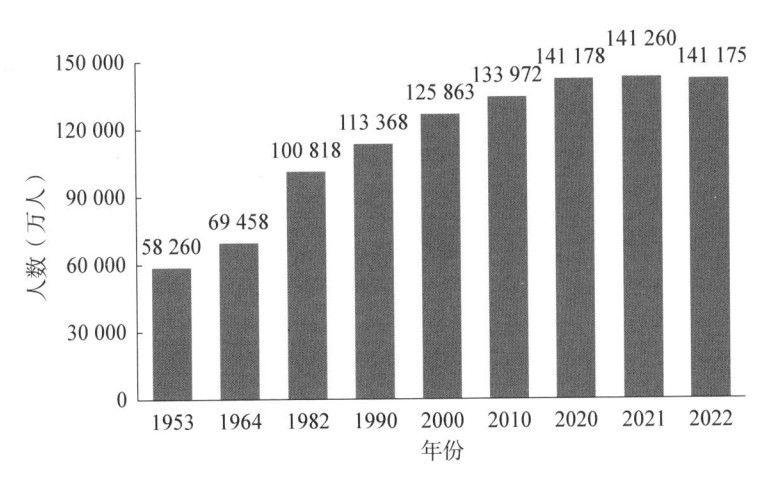

图3-1 全国人口总量(第七次人口普查)

资料来源:国家统计局。

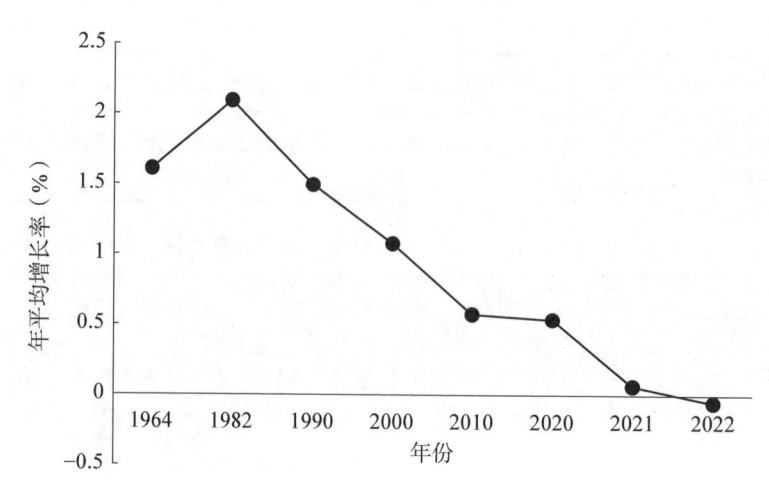

图 3-2　全国人口年平均人口增长率
资料来源：国家统计局。

中国的人口结构正经历着明显的老龄化趋势和少子化现象，同时，人口资本结构也在不断优化。高等教育人口占比不断上升，整体教育质量提升。高学历人力资本的积累有助于推动技术创新和产业结构升级，促进经济增长。根据教育部发布的《2019年全国教育事业发展统计公报》推算，高校毛入学率从1999年的7.6%上升到2019年的51.6%。这些高学历人才的积累为技术创新和产业升级提供了坚实的人力基础，促进了经济的快速增长。此外，人口城乡结构更加均衡，城镇化进程加快，城镇人口占比大幅攀升，中国稳步推进新型城市化，取得了突破性发展。在城镇化进程中，中国的城镇居民人均可支配收入已经连续多年保持两位数增长，城乡收入差距也在不断缩小，收入结构也不断优化。在这些基础上，人口产业结构逐渐由第一产业为主导向"三、二、一"现代型的人口产业结构过渡，加速推动经济增长——服务业的快速发展为经济增长注入了新的活力。接下来我们从人口年龄结构、城乡结构和人口教育结构逐一梳理下中国人口结构的变动态势。

一、人口年龄结构

人口年龄结构描述了各个年龄组在总人口中的比例分布。年龄组的分段方式多种多样，常用的包括按照1岁或5岁区间等距离分组，或按照特定长度的年龄段分组。从人口特征来看，国际上通常采用不等距三段式划分，即0—

14 岁、15—64 岁和 65 岁及以上,分别对应少年儿童组、劳动年龄组和老年人口组。一般情况下,由于 0—14 岁的少年儿童尚未进入劳动市场,65 岁及以上的老年人已经退出劳动市场,因此他们都需要年龄人口的照料和支持,被称为被抚养人口,对应的劳动年龄人口则是抚养人口。

少儿抚养比(Child-age Dependency Rate,CDR),又称少年儿童抚养系数,是指人口中少儿人口数(P0—14)与劳动年龄人口数之比(见式 3-1),即每 100 名劳动年龄人口负担的少儿人口数。相应地,老年抚养比是指老年人口组人口数(P65+)与劳动年龄人口数之比,即每 100 名劳动年龄人口负担的老年人口数。两者的加总即为总抚养比,而人口抚养比的变动是人口自然变动的重要组成部分。不同的人口出生率和死亡率引起的人口转型也会形成不同的人口年龄结构。

$$少儿抚养比 = \frac{0—14 岁少儿人口数}{劳动年龄人口数} \qquad 式 3-1$$

按联合国分类标准,中国已经进入"中度老龄化"社会。中国老龄化趋势日趋显著,老龄人口的数量增速加快,占比持续增长。中国第七次全国人口普查数据显示,60 岁及以上人口的比重上升 5.44 个百分点,占比达 18.70%。2021 年,65 岁及以上人口突破 20 056 万人,首次达到 14.20%。中国新出生人口数量占比逐步降低,少子化将进一步加速中国的老龄化进程。随着时间的推移,中国的人口年龄结构发生了明显的变化(范叙春、朱保华,2012)。具体来说,中国的儿童人口比重从 1953 年的 36.3%下降至 2018 年的 16.9%,年均变化速率为-1.2%,这意味着随着时间的推移,中国的儿童人口比重逐渐下降(见图 3-3)。相反,中国的老年人口比重从 1953 年的 4.4%上升到 2018 年的 11.9%,年均变化速率为 1.1%,老年人口比重逐渐上升。此外,人口总量将持续减少,老龄人口占比持续增长。0—14 岁人群占比总体呈下降趋势,尽管在 2010 年到 2021 年有所增加,但与老年人口比例增长相比,这个增长显得较为微小。

少儿抚养比整体上呈下降趋势,从 1953 年的 61.2%下降至 2018 年的 23.7%,年均变化速率为-2.3%(见图 3-4)。抚养比的变动大体上呈现三个阶段:(1)高少儿抚养比阶段:1953—1964 年。在该阶段,随着经济复苏、医疗技术进步加上"多子多福"的传统生育观念深入人心,1953—1957 年迎来第一次人口出生高峰期,人口总量开始膨胀,少儿抚养比重显著上升。在人口金字塔上则表现为顶尖、底宽的年轻型形态。(2)高劳动年龄人口比阶段。从 20

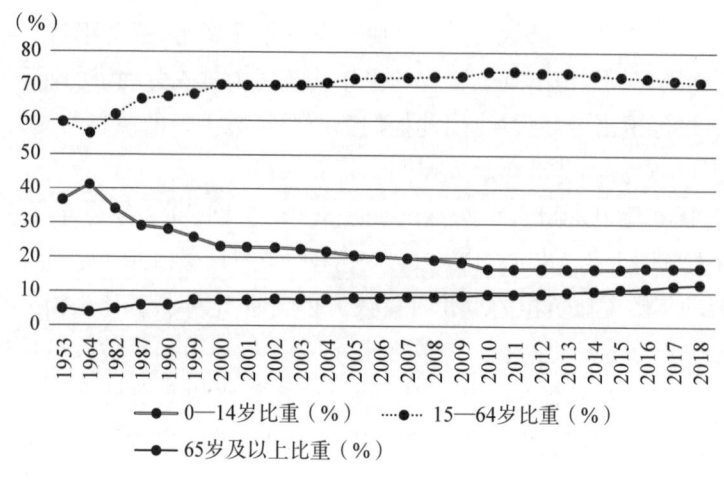

图3-3　1953—2018年中国人口年龄结构
资料来源：国家统计局。

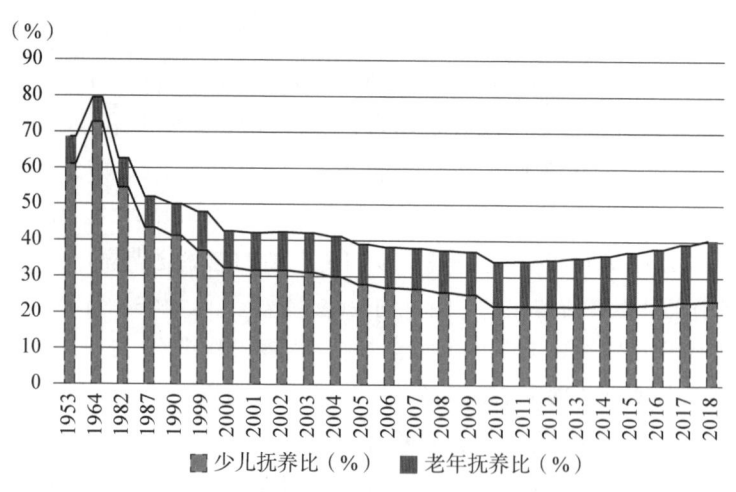

图3-4　1953—2018年中国少儿、老年抚养比
资料来源：国家统计局。

世纪60年代中期到2000年,伴随着前一时期人口高峰期出生的人口先后步入成年,中国进入高劳动年龄人口比阶段。在人口金字塔上则表现为中间宽、两边窄的成年型形态。(3)高老年抚养比阶段。从2000年至今进入高老年抚养比时期。根据2000年"五普"数据,中国60岁及以上老年人占总人口的比例已高于10%,而65岁及以上老年人口已达到8811万人,占总人口的比重为7%,按照联合国的标准,中国早已进入老龄化社会。中国0—14岁人口比重不仅低于印度(27.4%)、南非(28.8%)和巴西(21.4%)等发展中国家,也低于美国、英国等发达国家(见图3-5)。65岁及以上人口比重最高的国家是日本,占27.5%,其次德国、美国、英国,中国的老龄化水平紧跟这几个发达国家之后。2018年,15—64岁人口比重最高的国家是中国,占71.2%。这与依据"七普"数据绘制的人口金字塔图相互印证,人口结构表现为明显的顶部渐宽底部渐窄的老年型形态,但中间劳动年龄人口还算相对充裕(见图3-6)。

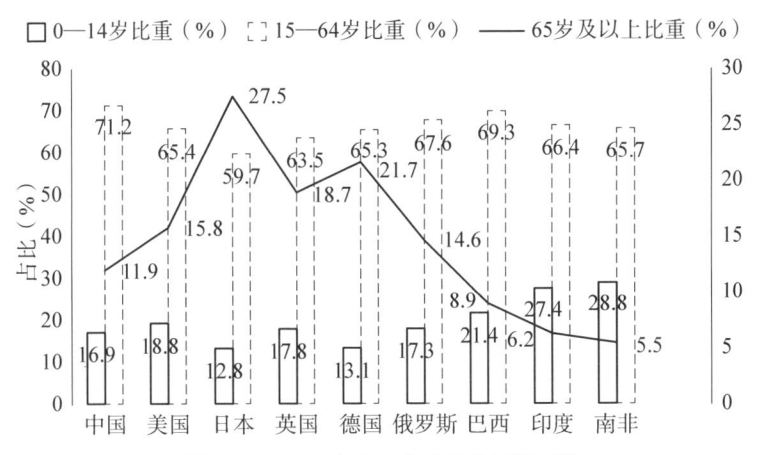

图3-5 2018年人口年龄结构国际对比

资料来源:《2019年国际统计年鉴》。

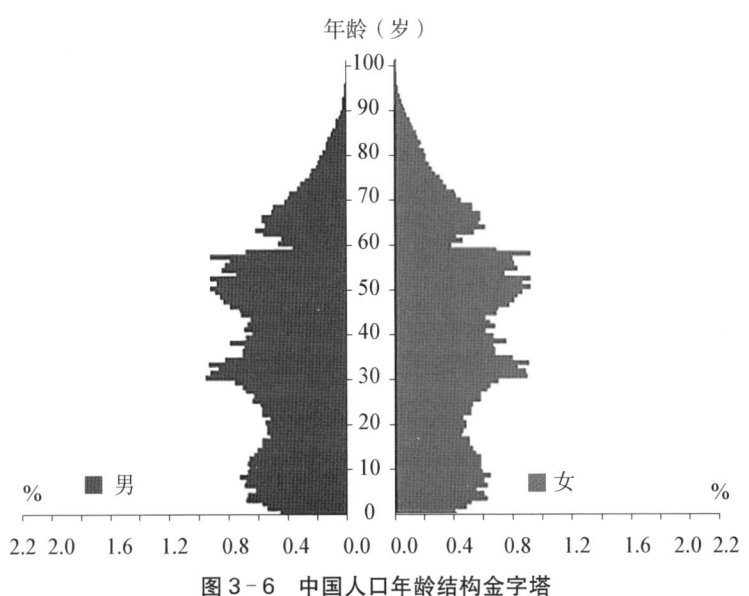

图3-6 中国人口年龄结构金字塔

资料来源:第七次人口普查;国家统计局。

二、城乡人口结构

中国城乡人口结构格局不断优化,呈现动态变化。城乡人口流动的趋势也呈现出新的特点。首先,城市人口向大城市集聚的趋势更加明显,一线城市和部分二线城市吸引了大量人口。其次,农村人口向小城镇和中小城市转移的趋势逐渐加强。依据中国各地的城镇化规划推测,未来将有2亿农村人口转移到城镇,90%的农村人口流向大型、中型和小型城市。大型城市是最主要的农村人口流入地区,到2050年大型城市人口占全国总人口的44%,其后是城镇(12%)、特大城市(12%)、小型城市(11%)。特大城市和大型城市数量几乎翻番,中小型城市数量萎缩。城市群成为中国城镇化的主要载体,城镇人口持续向特大城市和县市域两端集聚。城镇人口比重不断增加,到2022年将上升15.54个百分点,占比65.22%(见图3-7)。从地区上看,中西部地区人口向东部地区流动。在2010年到2022年这段时间内,东部地区人口所占比重上升2.15个百分点,中部地区下降0.79个百分点,西部地区上升0.22个百分点,而东北地区下降1.20个百分点。在此基础上,人口流动近年速度放缓,且呈现出就地就近流动、城乡双向流动等新趋势,这些变化反映了中国城乡人口流动的新特点。城乡人口流动的原因也更加多元化。过去,农民外出务工

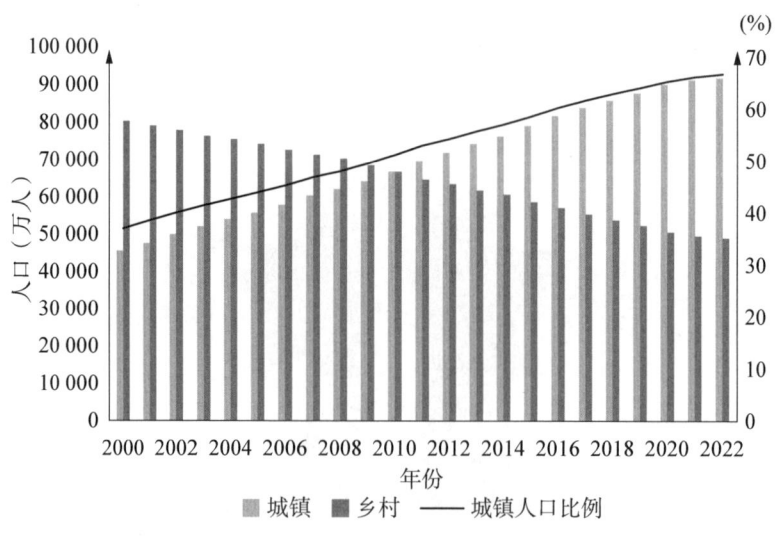

图 3-7 2000—2022 年中国城乡人口结构变动

是主要的城乡人口流动形式;现在,更多的人口因为就业、教育、医疗等因素选择迁居城市。这也说明了城乡之间的发展差距正在逐渐缩小。总体来说,中国的城乡人口流动结构现状和趋势在不断发生变化,反映了中国经济和社会发展的变化。

三、人口教育结构

人口教育结构在一定程度上能够反映一个地区的经济发展状况和教育发展水平。本书中的人口教育结构主要指不同学历层次人口中大专及以上学历人口的比例。一般而言,大专及以上学历人口占比越高,该地区的人口文化水平就越高。这个指标操作简单且含义可靠,基本上可以反映地区相应的人力资本水平。根据国家统计局的数据,2000年仅有北京、天津和上海这三个省份的大专及以上学历人口占比超过10%,而其他地区的比例均较低。其中,北京的比重最高,为18.46%。到2010年各地区的比例有所提高,但大专及以上学历人口占比的高值区仍为北京、天津和上海。2018年后,全国各地区的大专及以上学历人口占比普遍超过了15%。从地区来看,东部地区的比例高于中部、西部和东北地区。其中,北京、天津和上海处于较高水平,而西南地区则处于较低水平。中国大专及以上受教育人数持续增加,人口教育结构得到进一步优化。截至2019年,中国大专及以上人口占比已由2000年的4.28%上升至16.17%。近年来,中国政府大力投资于教育,提高了公民的教育水平。在2019年,中国的高等教育毛入学率升至51.6%,这个趋势标志着人力资本质量的显著提升。这种变化正在深刻地重塑劳动力市场的供需格局,对中国的经济发展转型产生了积极的影响。

从时间段上看,中国大专及以上学历人口数变动也有几个转折点(见图3-8、图3-9)。1978年改革开放后,中国高等教育开始恢复和发展。自2000年后中国政府提出"建设面向21世纪的教育强国"的目标,高等教育进入快速发展阶段。2006年,中国政府开始实施高等教育大众化政策,大幅度扩大高等教育招生人数。2010年,中国大专及以上学历人口数突破1亿,接近1.18亿人。2016年,中国政府提出"全民科学素质行动计划",进一步加强科学教育和人才培养。2020年,中国大专及以上学历人口数达到了2.18亿。

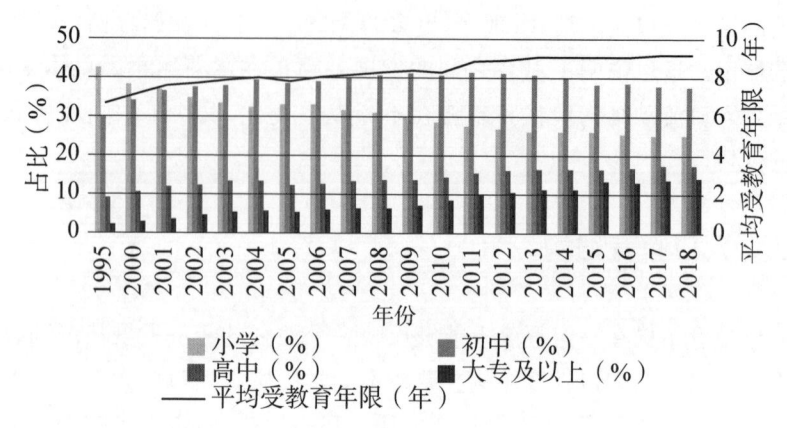

图 3-8　1995—2018 年中国人口教育结构变动
资料来源:中国统计年鉴(1996—2019)。

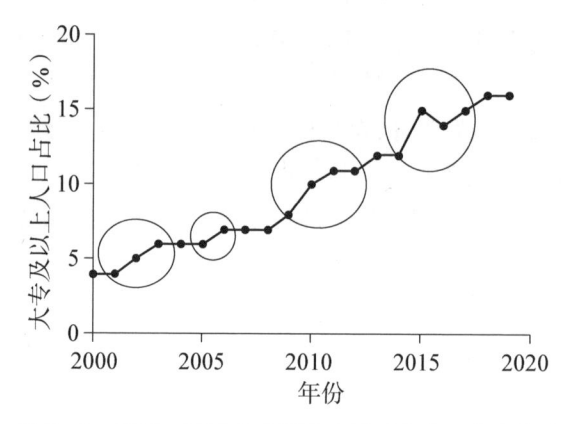

图 3-9　2000—2020 年中国大专及以上人口占比变动
资料来源:中国统计年鉴(1996—2019)。

第二节　人口结构熵值法测算

上述小节可知,人口的结构性特征很多,比如年龄结构、收入结构、教育程度结构、区域分布结构等,这些结构性特征对人口的发展和变化具有重要的影响。那如何才能更精确地衡量一个地区的人口结构指标呢?本节将使用熵值法尝试刻画地区的人口结构指标。熵值法是一种将信息熵与权重分配相结合的方法,用于确定多个指标的相对重要性。该方法考虑了指标之间的相互影响,能够更准确地评价各个指标的重要性。熵值法的基本思想是,对于一组指标,如果某个指标的信息熵较大,说明该指标提供的信息较多,重要性较高;反之,如果某个指标的信息熵较小,说明该指标提供的信息较少,重要性较低。因此,熵值法通过计算各个指标的信息熵,来确定各个指标的权重。它的优点是不需要确定权重的先验知识,同时具有较好的稳定性和可靠性。

在初步对人口结构指标进行描述性统计后(见表3-2),可以看出中国城乡人口结构的平均值为0.514,标准差为0.157,揭示了一定程度的变异性,其极值范围从0.139到0.896,也反映出城乡人口比例在不同地区的显著差异。人口教育结构的平均值仅为0.016,且标准差仅为0.007,表明教育水平差异较小。抚养比方面,少儿人口占比的平均值为24.982,标准差为7.224,展现出不同地区之间的显著波动,极值从9.640扩展到44.650,说明中国某些地区的少儿人口比例显著高于平均水平。老年人口占比的平均值为13.311,标准差为3.352,进一步凸显了区域间的抚养比差异。这些统计数据为我们提供了关于中国不同地区人口结构的描述性特征,对城乡人口结构以及少儿和老年人口比例的区域差异提供了初步认识。

表3-2 描述性统计分布

变量	观察值	平均值	标准差	极小值	五分位数	极大值
城乡人口结构	584	0.514	0.157	0.139	0.504	0.896
人口教育结构	584	0.016	0.007	0.003	0.016	0.041
少儿人口占比	584	24.982	7.224	9.640	25.155	44.650
老年人口占比	584	13.311	3.352	6.950	12.725	25.480
劳动年龄人口占比	584	10.532	1.962	6.014	10.215	18.331

在人口结构变动的测算中,我们可以进一步采用熵值法来确定不同的人口结构化特征在人口结构中的重要性。具体操作步骤如下:

$$P_{ij} = \frac{v_{ij}}{\sum_{i=1}^{m} v_{ij}} \qquad 式3-2$$

将不同人口结构化特征作为指标,构建决策矩阵。

对决策矩阵进行标准化处理,确保每个指标的权重相等。

$$e_{ij} = -\frac{1}{\ln m} \sum_{i=1}^{m} p_{ij} \ln p_{ij} \qquad 式3-3$$

计算每个指标的信息熵。

$$w_{i_j} = \frac{1-e_{ij}}{n - \sum_{j=1}^{n} e_{ij}} \qquad 式3-4$$

$$Z_i = \sum_{j=1}^{n} w_{ij} v_{ij} \qquad 式3-5$$

根据计算出的权重，确定不同人口结构化特征的相对重要性。

根据计算出的信息熵，计算每个指标的权重，主要权重占比参考雷达图（见图3-10）。人口结构熵值法可以用于以下方面：首先，评估人口结构的合理性，即通过计算人口结构熵值，可以判断该地区的人口结构是否合理。如果人口结构熵值较小，则说明该地区的人口结构比较合理，反之则说明存在年龄结构失衡的问题。其次，预测人口发展趋势。通过对历史人口数据的分析，可以得出该地区的人口结构变化趋势。结合人口结构熵值的变化情况，可以预测未来的人口发展趋势，为政策制定提供参考。此外，还可用来比较不同地区的人口结构，人口结构熵值法可以用于比较不同地区的人口结构特征。通过对不同地区的人口结构熵值进行比较，可以评估各地人口结构的差异性和特点，为区域发展规划提供参考。

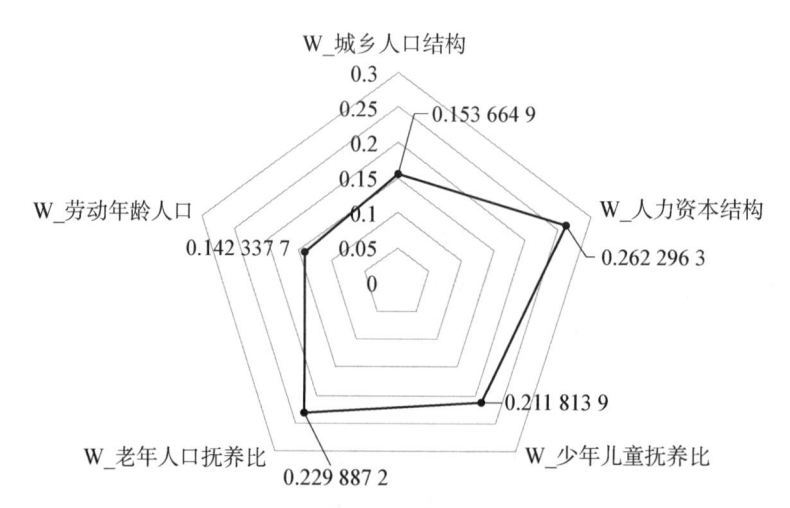

图3-10 各人口结构变量比重（基于熵值法）

资料来源：根据stata测算绘图。

第三节 中国人口变动历程及生育政策演变

一、人口态势变化及生育政策演变

一般来讲，人口自然变动主要是由于人口出生率、人口死亡率叠加变化引致的人口总量、年龄结构（抚养系数变化）和出生性别结构的相应变动；人口总数是在人口基数的基础上，由出生率、死亡率和自然增长率来决定的。中国的人口变动在很大程度上还受外力因素——中国人口计划生育政策的影响。本节将从不同视角来分析中国人口的变动历程。

（一）人口变化趋势

现代化进程中主要有两种人口转变类型，即由农业社会人口典型的"高位静止"状态向工业社会"低位静止"转变，前者主要特征为高出生率、高死亡率和低自然增长率（高、高、低）。中国的出生率、死亡率和自然增长率的变化趋势呈明显的阶段性：

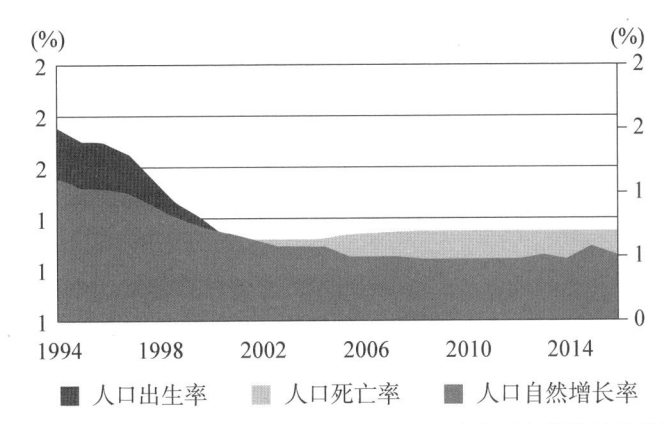

图 3-11 1994—2014 年中国人口出生率、死亡率及自然增长率统计
资料来源：CEIC 数据、国家统计局数据。

第一阶段：1949—1958 年，"高出生、低死亡、高自然增长"的初期阶段。新中国成立之初民生改善，社会稳定，居民有较高的生育意愿，出生率保持高位徘徊（30‰），同时人口死亡率明显下降，从 1949 年的 20.00‰降至 1958 年的

11.98‰，人口自然增长率维持高速增长。

第二阶段：1959—1961年，即三年严重困难时期。这个阶段人口增长呈现出相对的"低出生、高死亡、低自然增长"的特征。1961年，出生率仅18.02‰，自然灾害带来的食品短缺使得人口死亡率短期内急速上升，甚至一度出现人口负增长。这个阶段属于中国人口增长的特殊时期。

第三阶段：1962—1987年，"高出生、低死亡、高自然增长"的稳定期。这个阶段的前期政治环境趋稳加上国家大力鼓励生育，居民生活条件相对改善生育意愿增加，1971年及以前人口出生率都在30‰以上。在这个阶段的后期，政府的生育政策开始向节育政策转变，但因处在计生政策实施初期，20世纪70年代中期后出生率仍出现惯性上升趋势，出生率和自然增长率仍然保持着高位运行，死亡率持续下降且基本稳定。

第四阶段：1987年至今，人口增长处于"三低"状态。随着计划生育政策全面实施，中国人口出生率和自然增长率持续快速下降，从1987年中国人口出生率和自然增长率分别为23.33‰、16.62‰，在不到三十年间下降到2014年的12.37‰和5.21‰，人口死亡率则较为稳定，人口寿命延长。尽管"单独二孩""全面二孩"和"三孩"政策等人口疏缓政策相继实施，但居民生育意愿依旧不强。

与西方发达国家相比，中国人口转变尤其迅速（见图3-12）。以丹麦为例，其人口转变始于1780年，直到1930年，人口才到达"低出生、低死亡"阶段，历时150年；中国人口转变在用不及丹麦人口转变过程的1/3时间里（小于50年），就进入了人口的"三低"阶段。

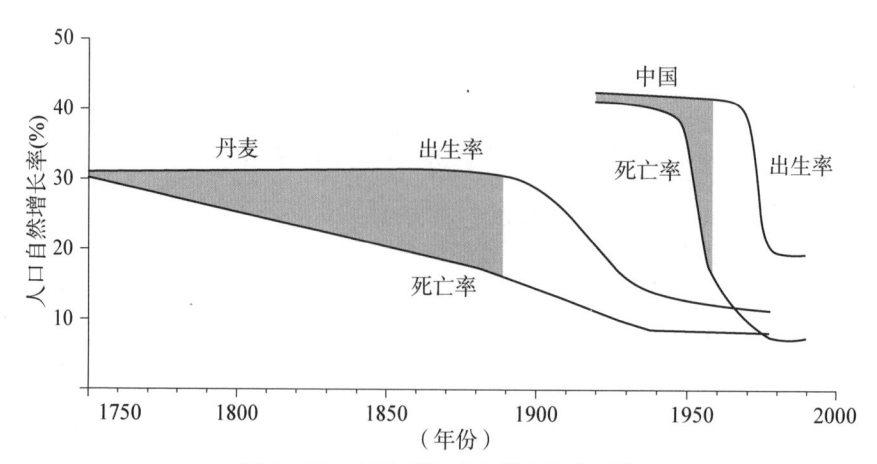

图3-12 中国、丹麦人口转变速度对比

资料来源：转引自李建新(2009年)。

(二) 人口政策演变

中国人口的变动历程受国家政策干预相对较多,因此新中国人口的变动历程也是一部人口政策演变史。由于划分角度不同,也有几种不同的划分方法。按照侯文若(1985)对人口政策的划分,可主要分为五个大的阶段。第一和第二阶段涉及控制人口增长思想的提出及人口政策初步萌芽。紧随其后的第三阶段,聚焦于人口增速过快且趋近失控问题。第四和第五阶段则分别标志着人口政策的开始形成、最终成型及其完善过程。孙栋康(1999)将中国人口政策的曲折发展与逐步完善过程简要划分为三个阶段:由人口政策的初步提出和被严重干扰阶段(1949—1971年)到人口政策的形成和全面推进阶段(1971—1978年),再到人口政策的日益完善和稳定阶段(1978年至今)。本节在借鉴张车伟和杨舸的四大阶段划分方法的基础上,将中国的人口政策划分为以下六个阶段。

表 3-3　　　　　中国人口政策的六个阶段及人口特征

阶段	时间	生育政策演变	人口特征
第一阶段	1949—1962年	节育思想萌芽期	人口自然增长率较高
第二阶段	1962—1969年	限制人口生育政策在部分市、县的试行阶段	人口总量增长迅速,城市人口比重逐渐上升
第三阶段	1970—1983年	计划生育政策全面推行,基本只准生一孩	生育政策最严格时期
第四阶段	1984—2000年	计划生育政策得到进一步调整并稳定下来;政策的强化和全面实施时期	生育意愿及总和生育率持续下降
第五阶段	2001—2015年	限制生育的政策进入放松通道	人口总量增速放缓,老龄化现象逐渐加剧
第六阶段	2015年至今	2015年底中国实施了二胎政策,允许夫妻生育两个孩子;2021年5月中国政府宣布实施"三孩"政策,允许夫妻生育三个孩子	老龄化加剧,生育率降到极低程度

1. **第一阶段:1949—1962年。该阶段人口快速增长,节育思想从提出到政策落地**

新中国成立之初,经济的迅速复苏加上医疗卫生事业的进步,生活条件好转,人口政策支持鼓励生育,采取诸多措施提高生育水平,比如对多子女家庭帮扶补贴、明确限制人工流产等,人口出生率显著增加。1952年平均人口自然增长率已达20‰,而1840—1949年还仅仅是2.6‰;人口总量在1953年达6.02亿,比1949年高出1.52亿。当时的总和生育率高达6.8。

伴随着1953年第一次人口普查总人口突破6亿大关,节制生育思想开始萌芽,并在党内掀起讨论。1955年,中央在卫生部党组关于节制生育问题的报告是对节制生育思想从反对到赞同的一个转折点。其内容主要认为节制生育事关重大,关乎百姓根本利益,基于对当下历史情况的思考,考虑到国家、家庭和新一代人的长远利益,党中央支持适度制约人口生育。1957年毛泽东同志在最高国务会议上也赞同节育思想,主张波浪式前进,有计划地实施(彭珮云,1997)。

同时,学术界和其他一些民主人士中如邵力子、马寅初等,也对人口政策有很大影响。例如马寅初在1957年发表了长篇论文《新人口论》,分析了人口的过快增长可能会在一定程度上影响人民生活水平的改善、资金存量的积累和劳动生产率的提高,主张控制人口过快增长,提倡晚婚晚育,对孩子过多的家庭征税等。该论著影响广泛,人们开始将关注点转向人口学并反思人口的发展。此后,节制生育工作思想虽受1958年开始的大跃进运动些许冲击,但大跃进之后,人口总量及增长速度过快的问题依然存在,节制生育思想重获关注,本阶段的节育思想为后续的人口政策奠定了思想基础。1962年国务院出台《关于认真提倡计划生育的指示》,细化节育工作中各类必要的配套措施,这份指示被视为中国限制人口生育政策开端的标志性事件。

2. 第二阶段:1962—1969年。该阶段生育政策在部分市、县试行

1963年中央设立计划生育委员会,1964年成立国务院计划生育委员会,在地方成立了各地的计划生育机构。但是,中国的人口快速增长,人口总量依然是个问题。1964年全国第二次人口普查时人口就突破7亿。五年后的1969年,人口总量已达8亿多。1966—1969年人口虽受历史事件影响,但人口上升趋势不减,年均人口出生率都在34‰以上,年净人口增量超过2000万。其间一些计划生育机构受"革命委员会"影响严重,有的被取缔或名存实亡,部分节制生育工作陷入停滞状态。

3. 第三阶段:1970—1983年。此阶段限制生育达成完全共识,计划生育政策逐步形成、全面推行且不断收紧

20世纪70年代初计划生育工作得以恢复,其间曾因"文化大革命"而一度中断。1971年7月,国务院转发《关于做好计划生育工作的报告》,强调各部门

对计划生育工作的领导。1973年在推行的生育宣传教育中大力提倡"晚、稀、少"。1978年10月,提出一对夫妇生育子女数控制在1—2个,生育间隔三年以上,具体规定晚婚年龄,女性23周岁,男性25周岁。20世纪70年代倡导"晚、稀、少"的计划生育政策初步形成并在城乡推行,人口总和生育率迅速下降,仅1970年到1980年十年间下降了3.58个点,由5.81降至2.23。进入80年代初,由于人口基数大,经济底子薄,中国在全力转轨以经济建设为中心之后感受到巨大的人口压力。因此1980年,计划生育政策收紧,为实现更快速地控制住人口增长率,生育政策管理的重点调整为普遍提倡一对夫妇只生育一个孩子,确保总人口在21世纪末控制在12亿以内。综上所述,计划生育政策一步步收紧,由70年代提倡的"晚、稀、少"调整为80年代初提倡的"晚婚、晚育、少生、优生",生育孩子的数量上,也从最初允许生二孩转变为普遍只准生一孩,并定为中国基本国策。在计划生育限制政策高度收紧时期,广大农村地区中普遍对"一孩政策"难以接受,人口政策与群众生育需求之间存在一定程度的不相协同。但在这段时期,生育水平确实大幅下降。

4. 第四阶段:1984—2000年。该阶段生育政策局部调整并长期稳定,总和生育率持续下降

考虑到生育政策在20世纪80年代初在广大农村地区推行受阻的情况,自1984年开始,国家计划生育委员会党组对人口生育政策做了一些局部调整,适当放宽农村地区生育二孩的条件。虽然在农村仍然提倡一对夫妇只生一个孩子,但在符合相关条件的情况下准予二孩申请。对少数民族地区也推行特殊管理,针对人口在1000万以下的少数民族,生育孩子的数量可控制在2—3个内。这次生育政策调整又被称为"一孩半"政策,即大部分农村地区的独女户家庭,即头胎是女孩的家庭可被允许再生育一个孩子。同时,各地区提出的计划生育条例经地方人大常委会审议表决通过后,也可在本地区贯彻落实。至此,90年代初计划生育政策逐渐实现常态化和稳定化,1993年中国总和生育率下降到1.6—1.8,已经达生育率更替水平。伴随社会经济进入高速发展阶段,经济水平的好转和人口政策的惯性影响下,人们的生育观念正在快速发生转变,生育意愿下降,人口出生率快速下降。

5. 第五阶段:2000—2015年。该阶段生育政策趋向松动,人口加速老龄化、少子化并行,中央开始对计划生育政策进行调整

在该阶段,中国人口结构代替人口总量问题逐步显现,人口总和生育率持续低位运行,劳动年龄人口的大幅下降导致人口在人力资本、就业结构等方面

出现结构性矛盾。人口老龄化进程加快,出生性别比失衡,劳动力年龄人口持续萎缩,人力资本存量不足、劳动力供需结构失衡导致的结构性失业加剧,人口政策亟须更新调整以适应资源环境和经济社会发展。在这种背景下,人口生育政策出现松动趋向。2013年11月,党的十八届三中全会提到在坚持计划生育的基本国策的前提下,启动"单独二孩"政策,即符合夫妻一方是独生子女的条件可申请二孩计划,生育两个孩子。但在该政策推行后,人口增量依然远低于预期水平。

6. 第六阶段:2000—2015年。这是中国人口结构变动的重要阶段

2015年,中国政府提出了"全面二孩"政策,即允许夫妻双方中有一方是独生子女的家庭生育两个孩子。2016年10月29日,中共中央宣布放开全面二孩政策,允许夫妻双方中有一方是独生子女的家庭生育两个以上孩子。2021年5月31日,中共中央政治局会议决定全面放开三孩生育政策。这些政策的实施对中国人口结构和未来的发展产生了深远的影响。在第六阶段中,劳动力人口比重下降,而老年人口比重不断上升。同时,城市人口比重也不断提高,农村人口比重则下降。这些变化使得中国的社会和经济面临着新的挑战,需要采取相应的政策和措施来应对这些问题。

二、现阶段中国人口结构的突出特征

从最初的计划生育政策公布实施,到现在全面二孩政策的推行仅三十多年,中国最突出的人口问题不再是"总量问题",取而代之的是"结构问题"。人口结构的失衡越来越成为制约人口与环境资源、社会协调可持续发展不可忽视的重要因素,具体表现为总和生育率持续下降、人口老龄化与少子化并存、劳动年龄人口占比下降等。在这种形势下,不断完善和优化计划生育政策更具紧迫性。

(一) 总和生育率持续下降

总和生育率是评估人口发展趋势的关键指标,代表在特定国家或地区,育龄妇女(通常年龄范围定义为15至49岁)在其生育年龄期间预期的平均生育子女数量。简单来说,是基于当前的年龄特定生育率,计算出一位女性在未考虑性别比和死亡率影响下,整个生育期内生育孩子的平均数。总和生育率通过将育龄期每个年龄段的生育率相加而得,为我们提供了一个衡量平均每位女性生育孩子数量的有效工具。

中国的总和生育率自20世纪末以来持续下降,目前已远低于替代水平(见图3-13)。如果孩子的数量与父母辈持平,则认为生育率处于更替水平。很明显,如果生育率长期在更替水平以下,人口总量将持续下降。根据近年数据估算,中国的更替水平要保证在2.2以上才能保持与父辈人口数量持平,这意味着每个家庭平均需要生育至少2.2个孩子。基于部分发达国家的经验可知,若生育率降至1.3以下,进入"极低生育率"的范畴,将极大地增加生育率反弹的难度,导致人口结构持续面临负增长的趋势。中国育龄妇女的生育率在过去几十年里呈现下降趋势(图3-14)。特别是自计划生育政策实施以来,生育率有了显著的降低。近年来,尽管政策已放宽允许夫妇生育两个或更多孩子,生育率仍未见明显回升。

图3-13 1950—2022年中国总和生育率变化趋势
资料来源:CEIC数据、国家统计局数据。

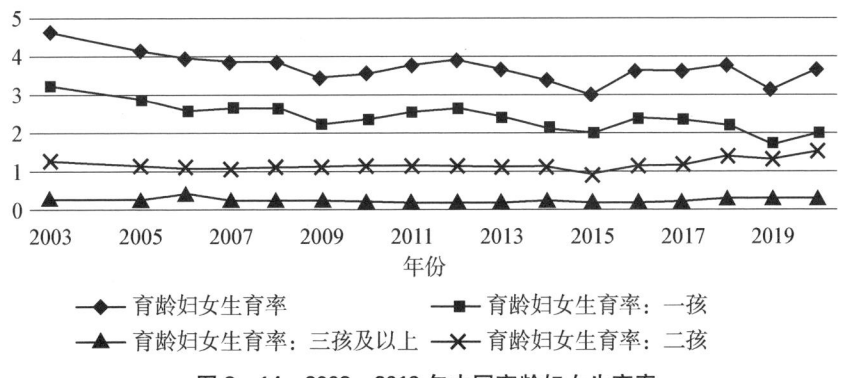

图3-14 2003—2019年中国育龄妇女生育率
资料来源:综合CEIC数据和国家统计局数据绘图。

由于学者在计算总和生育率时所使用的方法、模型以及主要参考数据存在差异,因此关于中国目前总和生育率最终值尚无统一结论。表3-4为梳理的国内学界比较有代表性的估算研究,尽管数值存在差异,但大体都在1.4—1.7。根据联合国《世界人口展望(2012修订)》报告估算数据,中国2005—2010年总和生育率分别为1.63,2010—2015年生育率升高0.03个点为1.66。如果参考国家统计局数据,当前全国妇女总和生育率实际约在1.5—1.6附近徘徊(郭震威等,2015)。

表3-4　2010—2015年部分国内学术界关于总和生育率的研究

作者	数据	结论	判断
周长洪、潘金洪(2010)	2006年公安部户政管理处非农人口和农业人口登记数据;部分省份计划生育政策执行数据	中国实际预期终身生育率为1.648,此为上限估计	—
郭志刚(2011)	四普、五普和六普数据	近十几年,总和生育率都处于1.5以下的低水平,不少年份甚至不到1.4	中国已确凿无疑地进入了低生育水平时代,中国的总和生育率不仅远低于更替水平,而且总和生育率之低远超以往的认识和想象
朱勤(2012)	五普和六普数据	2000—2009年总和生育率平均值为1.48	中国的总和生育率在1.5的低生育水平附近已运行了至少10年,基于2000年普查漏报而导致的对我国生育水平低估的情况并不存在,有必要重新审视长期以来基于"总和生育率1.8"论断而形成的相关人口状况评估与发展预测
蔡泳(2012)	六普数据	目前,总和生育率已降到1.5以下	中国的总和生育率低于更替水平已达20年之久,现在已下滑到1.5以下,再不调整人口政策极有可能掉入"低生育水平的陷阱"
李汉东、李流(2012)	五普和六普数据;2001—2010年教育数据	2000—2010年间平均的总和生育率在1.57左右	—
杨凡、赵梦晗(2013)	五普和六普数据;历年教育数据;2011年和2012年户籍登记数据	2000年以来的总和生育率达到1.6—1.7的水平	—

续表

作者	数据	结论	判断
王金营、戈艳霞(2013)	四普、五普和六普数据	2001—2010年间总和生育率最高值为1.75,最低值为1.45	2001—2010年间中国总和生育率比1990—2000年间有所降低,双独家庭增加并没有使生育水平明显上升
崔红艳、徐岚等(2013)	六普数据;2001—2009年人口变动抽样调查数据	2000—2010年总和生育率在1.50—1.64,当前妇女TFR在1.5左右	我国已处于较稳定的低生育水平发展阶段,低生育水平不再只是计划生育的结果
陈卫(2014)	五普和六普数据;2000—2010年人口变动抽样调查数据;2000—2010年教育数据;2010年公安数据	2000—2010年间,前期总和生育率低至1.5,而后期总和生育率有所回升,接近1.7,此为较高估计	中国的生育水平尚处于较为适度的低水平,并未陷入"低生育率陷阱"
陈卫、杨胜慧(2014)	六普数据(妇女的曾生子女数信息和2010年的时期生育率信息)	2010年总和生育率为1.66	—
陈卫、张玲玲(2015)	四普和六普数据;2006—2013年人口变动抽样调查数据	中国近期总和生育率不会低于1.5,很有可能在1.6左右的水平上	中国还处于适度低生育水平范畴,但需要通过生育政策调整完善和其他经济社会政策来避免生育率走向更低

资料来源:转引自翟振武、陈佳鞠、李龙(2015)。

长期来看,总和生育率持续下降的影响弊大于利。首先,如果生育率持续下降,首当其冲的是巨大的养老压力。最明显地表现为养老金体系入不敷出。养老金体系运行的核心机制是用劳动年龄人口交纳的养老保费来覆盖老年人福利。目前随着老龄化加剧,老年人口持续增多与劳动年龄人口持续下降态势并存,若长此以往,"养老金危机"只能靠减少老年人福利或劳动年龄人口保费才能得以缓解。其次,生育率的持续下降会给中国经济发展和社会治理带来挑战。改革开放以来的中国经济腾飞在一定程度上得益于人口红利。但随着人口规模的不断萎缩,过去的廉价劳动力将变得愈加稀有,年轻人口的减少也可能影响社会创新水平的持续提高。在老年人口比例较高的社会中,知识更新速度往往较慢,创新与创业活动有所下降,产业结构的优化进程也相应放缓,在这些因素共同作用下可能对经济的长期发展产生不利影响。

(二) 少子化和老龄化并存

人口出生率和死亡率的速率变动,使人口年龄结构经历了从中华人民共和国成立初期的高人口抚养系数,即高少儿抚养比和低老年抚养比,到生育政策调整时期的低人口抚养系数,即低少儿抚养比和低老年抚养比。当前,中国面临高人口抚养比的新局面,主要由于少儿抚养比较低而老年抚养比较高所致。这种变化反映了人口老龄化趋势的加剧及其对社会经济结构的影响。随着经济的突飞猛进,生活成本和抚育成本水涨船高,年轻女性或新组家庭的生育观念与以往有很大不同,越来越多的年轻人追求个性人生和品质生活,晚婚晚育、少育,甚至选择"丁克"不育的越来越多,育龄女性尤其是高学历女性生育意愿下降,中国新出生人口规模持续萎缩,少儿人口比重在总人口中不断下降。2016年中国0—14岁少儿人口占比16.5%,较1990年降低了11.2%,人口总量22558万人也比1990年的31659万人降低了9101万人。从统计可以看到,虽然2012年之后少儿人口总数有迹象在稳定增加,但上升趋势并不突出明显。而且性别比不平衡的趋势也在持续发展。少儿人口的比重变化关乎着一个国家未来劳动力的供给源泉是否充足,少儿人口的断层会严重制约未来劳动力市场供给和经济生产水平的扩大,影响中国经济社会实现高质量和可持续发展。从劳动年龄人口占比来看,在2011年以前劳动年龄人口(15—64岁)占比一直保持上升趋势,但之后开始呈现明显的持续下降趋势,2015年占比为66.3%。因此,部分学者认为中国的"人口红利"窗口已关闭(蔡昉,2011),建议深度挖掘"人才红利"。

中国正在进入老龄化快速发展阶段。根据联合国的分类标准,可以将人口年龄结构按照各年龄阶段人口占比的不同分成三种类型:年轻型、成年型和老年型。在一个国家或地区中,若老年抚养比(65岁及以上占总人口比重)不超过4%,少儿抚养比在40%以上,老年人口与少儿人口比值不超过15%,则被认为是年轻型人口,人口金字塔呈下宽上尖的形状;若少儿人口抚养比在30%—40%,老年人口抚养比在4%—7%,老年人口与少儿人口比值在15%—30%,则被认为是成年型人口,人口金字塔相对较直;若老年人口抚养比超过7%,少儿人口比重在30%以下,老年人口与少儿人口比值超过30%,则被认为是老年型人口,人口金字塔呈上宽下窄的形状(吴忠观,1997)。

根据该标准,在2001年之前,中国拥有充足的劳动年龄人口,总抚养比低于30%,呈现成年型人口结构。然而,到了2001年,老年人口占比达到了7.10%,标志着中国人口结构从成年型转向老年型,且老年人口比例持续稳步上升。随着老年人平均寿命的延长,人口金字塔的顶部将逐渐变宽。同时,中国的平均预期寿命也在逐步提升。1990年、2000年、2010年的人口普查数据显示,平均预期寿命分别为68.55岁、71.4岁和74.83岁,高龄人口占比随老龄人口占比的增加也不断增加,人口老龄化的高龄趋势明显。2016年,中国的人口结构仍保持着中间宽上下窄的"中"字形态,但顶端宽度明显超过底部,呈现出日趋加剧的老龄化趋势(见图3-15),65周岁及以上老年人口达到15 003万人,占总人口的10.8%。中国人口老龄化问题日趋严峻,中国是老年人口总量最多的国家,也是步入老龄化社会最快的国家之一。

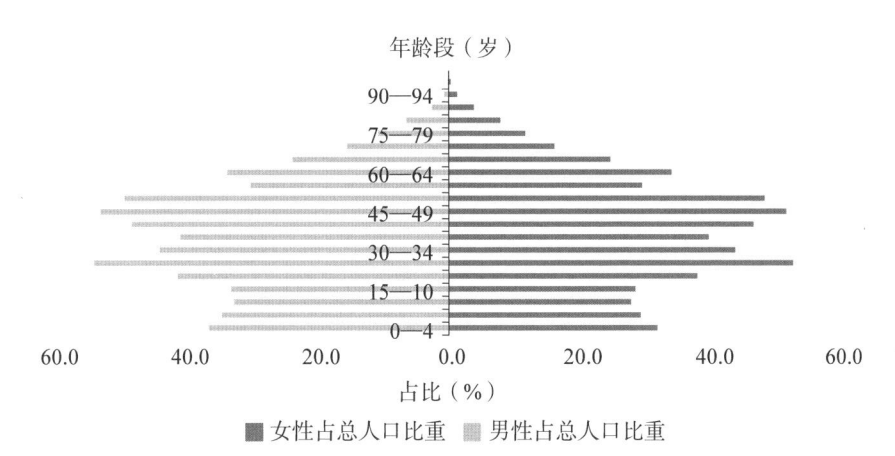

图3-15 2016年中国人口金字塔图
资料来源:综合CEIC数据库和国家统计局绘图。

中国的人口老龄化具有明显的区域差异。东北地区是老龄人口比例增长最快的地区,部分东南沿海省份普遍年轻化,老龄人口比例反而有所下降。从表3-5中可以看出,老龄化进程最快的城市为辽阳、通化、丹东、佳木斯和七台河,老龄化进程最慢的城市为拉萨、温州、河源、阜阳和丽水。其中,2005—2015年,老龄人口比例增长最快的城市是辽阳,老龄人口比例增长最慢的城市是拉萨。

表 3-5　　　　　　　　代表性省份城市的老龄化水平

省份	城市	2005 年 60 岁以上	2015 年 60 岁以上	变动水平
老龄化进程最快的 5 个城市				
辽宁	辽阳	0.134 9	0.231 9	0.097 0
吉林	通化	0.095 2	0.186 2	0.091 0
辽宁	丹东	0.134 7	0.225 5	0.090 8
黑龙江	佳木斯	0.100 7	0.189 8	0.089 1
黑龙江	七台河	0.096 2	0.183 8	0.087 6
老龄化进程最慢的 5 个城市				
西藏	拉萨	0.118 1	0.069 1	−0.049 0
浙江	温州	0.146 6	0.125 7	−0.021 0
广东	河源	0.138 3	0.117 8	−0.020 5
安徽	阜阳	0.149 3	0.128 9	−0.020 4
浙江	丽水	0.177 4	0.160 1	−0.017 2

资料来源:根据 2005、2015 年全国 1% 人口抽样调查数据计算所得。

　　值得注意的是,人口老龄化并不是中国特有的挑战。进入 21 世纪以来,全球范围内老龄化的趋势正在加速。联合国人口署的预测显示,在接下来的 35 年里,欧洲将面临最为严峻的老龄化问题。与此同时,尽管南美洲和亚洲预计在 2030 年之前仍将保持相对年轻的人口结构,但它们的老龄化速度正显著快于欧洲和北美。对比而言,非洲的人口结构则最为年轻,老龄化尚未成为其主要关注的问题。

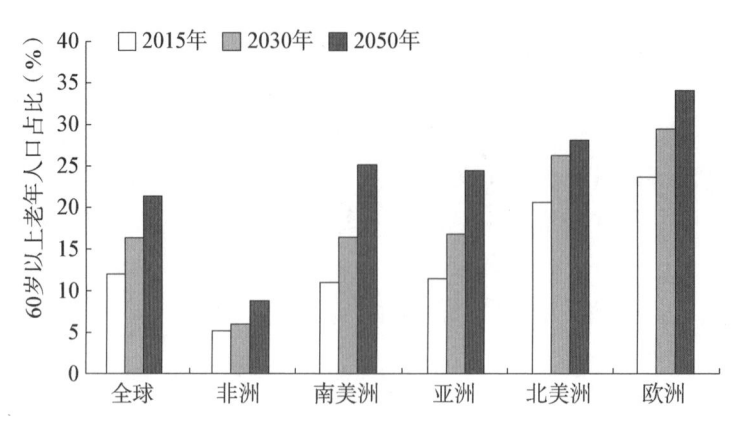

图 3-16　各大洲 60 岁以上老年人口占比(含预测)
资料来源:参考联合国人口署预测数据。

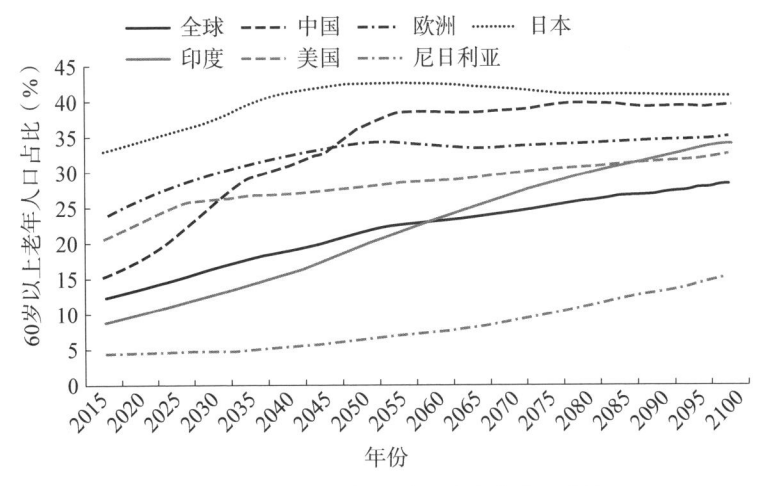

图 3-17 部分国家 60 岁以上老年人口占比
资料来源：参考联合国人口署预测数据。

中国在过去三四十年里长期保持高劳动年龄人口占比、低抚养比，这为中国经济增长提供大量丰富且廉价的劳动力，带来了人口红利，直接促进了中国经济在改革开放后的高速腾飞。但伴随着经济发展，人们生活水平的提高，人们生育观念更新导致生育率持续下降，劳动年龄人口规模不断缩减，人口红利消失殆尽，少子化、老龄化进程加速，"三低"的人口增长结构短期难以逆转。

长期以来，中国的高劳动年龄人口占比、低抚养比创造了"人口红利期"，形成了有利于中国经济发展的人口状态，同时也使得整个国家经济呈现出"高储蓄、高投资、高增长"的局面。随着人口生育率的长期下降，劳动年龄人口占比逐步降低，中国的"人口红利期"呈现出结束的趋势，少子老龄化的进程不断加快，成为未来很长一段时期内中国人口年龄结构不可逆转的趋势。随着全球人口老龄化的不断加剧，中国老年人口数量位居全球首位，并且因人口年龄结构的变动，社会经济的发展也在一定程度上受人口老龄化的影响，具有一定的特殊性。

其一，劳动力供给的大幅度降低是人口老龄化最显著的影响。一直以来，物质资本投资的不断增加是中国经济稳定、迅猛发展以及劳动生产率提升的最大推动力。在经济发展初期，人力资本投资所发挥的作用并不明显。在美国数学家柯布道格拉斯分析投入-产出关系的生产函数中，人力资本、物质资本以及科技创新是推动经济发展的三大主要推动力。中国依然停留在人口老龄化初级阶段①,劳动力供给在短时间内并不会发生急剧缩减的情况,不过随着生育水平的下降,劳动力的有效供给会因年龄结构的变动而降低。一方面会使人力资本存量有所减少;另一方面,社会整体生产效率的提升以及创新能力的加强也会受到劳动力人口高龄化的影响。特别是,在现阶段产业结构转型的重点领域集中于技术密集型、科技创新型领域时,劳动力人口的老年化会严重影响产业结构变化。

其二,家庭以及国家的养老保障同样会因为人口老龄化而面临极大压力。不同于欧美国家在经济非常发达后迈入老龄社会,中国的计划生育政策对快速迈入老龄化阶段起到了推波助澜的作用。世界银行的研究发现,大部分发达国家在迈入老龄化阶段后,人均GDP都会超过1万美元,中国迈入老龄化社会的时间是在2000年,人均GDP只有850美元,因此中国应对老龄化问题的各项准备并不充分,还没有强大的承载能力来高效地面对老龄化并解决人口老龄化带来的经济难题。因此,加剧的人口老龄化带来的社会压力在一定程度上阻碍了中国经济的稳定可持续发展。

其三,中国国民收入储蓄以及消费的分配比重会因人口老龄结构的变动而有所变化。通过生命周期理论可知,居民消费会因人口老龄化而提高,居民的储蓄率则会因此减少,特别是人口老龄化将极大地影响家庭储蓄以及消费的分配。中国很多地区特别是农村地区的养老模式依然以家庭养老为核心,这使得老年群体面临着极大的不明确性,会引致预防性储蓄的提高。除此之外,老年人消费特点趋向保守节俭,边际消费倾向低,不利于扩大消费需求提升消费水平。人口年龄结构的变动主要从这两点来影响消费以及储蓄。

(三) 人口性别结构持续失衡

人口性别结构,亦称人口性别构成,是描述一个国家男性与女性在总人口中所占比例的自然属性。性别比,作为衡量性别结构的关键指标,主要关注出生人口性别比、总人口性别比和婚龄人口性别比等方面。出生人口性别比是其他年龄层次人口性别比的基础,通常情况下,较年轻的年龄组中男性数量超过女性,即性别比超过100。然而,随着年龄增长,男性数量相对减少,使得较高年龄组的性别比跌至100以下。根据联合国《用于总体估计的基本数据质量鉴定方法》,出生性别比的理想范围应在102—107。

---

① 根据国家卫健委的界定,"十四五"时期,中国将从轻度老龄化进入中度老龄化。

社会经济环境的差异显著影响人口性别比,其中包括战争发生、医疗卫生水平提升,以及生产力发展等因素,这些都会对男女比例变化产生重要作用,成为人口性别结构变动的关键因素。在中国,性别结构失衡的主要原因是较高的出生性别比,其背后的动因复杂多样。出生性别比的上升与计划生育政策的实施期间相吻合,导致一些专家认为计划生育是导致性别比偏高的重要因素之一。在政策限制下,人们的生育偏好受到影响,导致越来越多家庭在仅能生育一孩的情况下选择男孩。同时,从传统文化角度分析,"男孩偏好"文化被视为出生性别比偏高的根源。有研究从生育政策的角度出发,认为"男孩偏好"和"生育政策压力"共同促成了性别比的失衡(李树茁等,2006;穆光宗、李树茁,2008)。经济因素亦不可忽视,如石海龙等(2005)的研究指出,中国经济发展背景下,家庭对男性劳动力的高需求加剧了对男孩的偏好。

1980年之后,中国人口性别比有了显著变化,主要反映为出生人口性别比的快速上升。1980年之前,中国出生人口性别比长期维持在107—108的区间内。在此之后性别比快速提高。在1982年的"三普"、1990年的"四普"以及2000年的"五普",其数值分别达到了108.47、111.75、117.79。该数值在2004年达到了121.18,创造了历史新高。出生性别比从2009年起快速降低,很多专家由此认为出生性别比迈入了新的阶段,出生性别比不断提高的态势得到初步遏制。但是,目前中国出生性别比偏高程度依旧严重,2015年为113.5,虽有所下降但仍远远高于正常值域(102—107)。2015年全国人口变动情况抽样调查样本数据显示,中国总人口性别比为105.02,可知,在长期出生人口性别比偏高的持续影响下,中国男性人口数仍然偏多。

第四节　未来中国人口规模预测

科学与合理的人口预测为社会经济规划提供了关键信息,有助于避免经济发展与人口增长之间的不协调问题,并支持政府在制定宏观政策和人口政策时做出明智的决策。作为学术界公认的权威预测之一,联合国的人口预测提出了关于中国人口的高、中、低三种生育率情景。因此,本节将着重分析这些预测情景,并简要讨论在新人口政策背景下的生育意愿与生育水平变化。

人口预测是基于特定的模型和假设,利用现有的人口数据,预测未来人口变化趋势的一种方法。队列要素法是目前最常用的预测方法,常常给出多种方案,以综合考虑未来发生各种情况的可能性。在进行人口预测时,需要考虑生育、死亡、迁移等多个要素,同时,也需要关注不同年龄、不同性别、不同地区等差异,以获得更精准的预测结果。联合国人口预测方法根据不同的假设和情景,制定了三个不同的人口预测方案,包括高、中、低三种方案。这些方案基于不同的变量和因素,如出生率、死亡率、移民率等,以此来预测未来人口的变化趋势。其中,高预测方案假设未来出生率将保持较高水平,死亡率将下降,移民将持续增加。相比之下,低预测方案假设出生率将继续下降,死亡率将继续上升,移民将保持较低水平。中预测方案则是两者之间的一种折中。

表3-6为联合国对中国人口生育率的预测,根据九种方案的预测值,低生育率方案预测的中国人口总量最少,衰减也较快;更替水平生育率方案预测的人口总量值最高,而高生育率方案预测的总量值构成了未来人口发展的上限值。预测显示,2035年中国人口总量将在14.13亿—15.12亿,而到了2050年,将在12.94亿—15.15亿;根据预测2020年年中(7月1日)中国人口总数为14.39亿人,略高于实际人口14.11亿人。因此,联合国的人口预测方案一般比实际数据要相对更乐观一些,联合国的高方案是中国人口增多的极限值,而中国人口的下限值不一定等同于联合国的低方案的极值。但不论哪一版生育率方案均突出了中国人口老龄化问题日益严重的问题,每年的联合国的高、中、低三种方案预测清晰地揭示了未来人口老龄化的发展轨迹。根据中方案的预测,在21世纪末期,中国人口60岁以上的老年人口占比可能维持在35%附近的水平上。根据高方案的预测,在2075年中国老年人口占比达到将近50%。

表3-6 不同方案下的中国人口预测 单位:亿人

预测方案 \ 年份	2025	2030	2035	2050	2100
低生育率	14.47	14.37	14.13	12.94	6.84
中生育率	14.58	14.64	14.61	14.02	10.65
高生育率	14.69	14.92	15.09	15.15	15.83
不变生育率	14.57	14.63	14.58	13.93	9.99
更替水平生育率	14.77	15.01	15.12	15.04	14.49

续表

预测方案 \ 年份	2025	2030	2035	2050	2100
惯性	14.76	14.94	14.97	14.49	13.28
不变死亡率	14.54	14.53	14.39	13.32	9.06
生育死亡均不变	14.54	14.52	14.36	13.22	8.42
零迁移	14.60	14.68	14.67	14.15	11.02

资料来源：转引宋健，《〈世界人口展望（2019）〉预测方案与参数设置》，2023-07，http://pdsc.ruc.edu.cn/xsdt/81776bb23c974ac59d17cb59bf396393.htm。

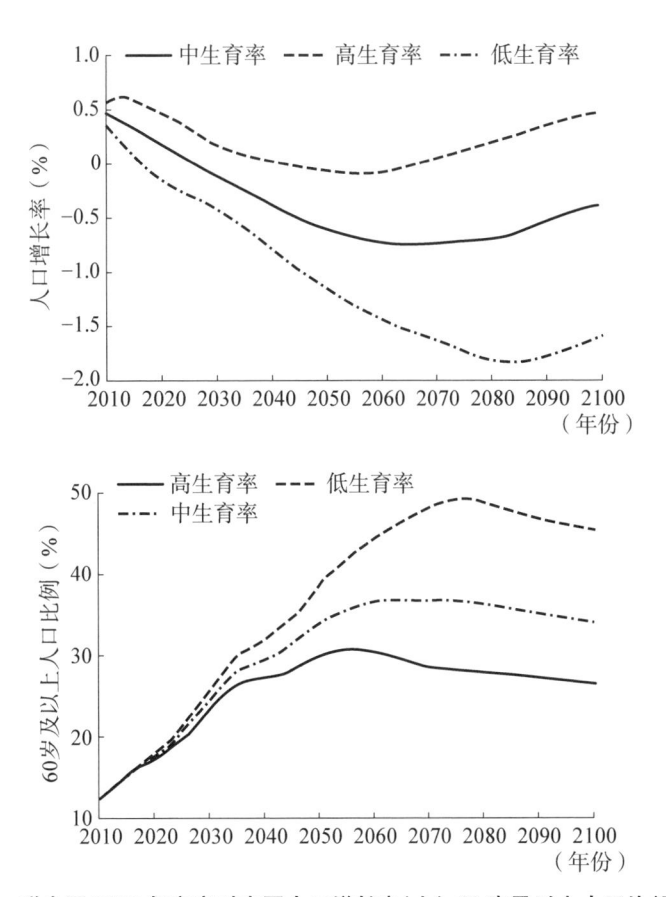

图 3-18 联合国 2010 年方案对中国人口增长率（上）、60 岁及以上人口比（下）的影响

全面二孩、三孩政策推出以来，并未如预期一般带来新增人口的大幅增

长。主要原因是经济发展进入新阶段、抚育成本高企、年轻家庭负担沉重。同时,婴幼儿抚育照料服务供给短缺,年轻母亲职业发展压力大,导致许多女性选择推迟生育或慎重考虑二孩选择。低生育率将是中国长期的人口新常态。中国低生育率的原因有多种。随着城市化和经济发展的推进,生活成本和压力升高,许多人选择晚婚晚育或不生育。同时,中国的教育水平不断提高,越来越多的女性接受高等教育和职业培训,也更加重视自我发展,使得许多女性推迟结婚和生育。此外,中国实施了计划生育政策长达几十年,对子女数量进行严格控制,随着政策的调整,人们的生育意愿和行为也发生了变化。随着社会观念的变化,越来越多的人开始重视个人发展和生活质量,而非传统的家庭观念和孩子数量,这也导致了生育率的下降。综合考虑如何解决这些问题,是提高中国生育率的关键。

第四章 中国消费结构变动历程及特征

第一节 消费结构界定和衡量方式

消费结构广义上是指一个国家或地区在一定时期内,消费支出的组成部分和结构特征。消费结构是国民经济发展水平、居民收入水平、社会制度等因素的综合反映。关于消费结构的定义和衡量方式并未有一致的结论。

居民消费结构的衡量方式有多种(见表4-1)。其一,马克思提出的经典的三分法,即基于消费的功能层次,把消费资料分为生存资料消费、享受资料消费和发展资料消费三个部分。其二,消费支出比例关系衡量法,即根据八大消费项目的消费支出占总消费比例来表示居民消费结构。这也是国家统计局消费类别划分标准所使用的衡量方式。其三,时间序列变化指数衡量,即根据消费总量或各类支出比例关系,利用数学工具计算得出指数,包括消费承受系数、消费强度系数、消费结构变动度等。其四,指标体系构建衡量,即通过构建消费结构优化升级指标体系,用以评价消费结构的变迁程度。其五,理论模型分析,即基于 ELES(Extended Linear Expenditure System)模型和 AIDS(Almost Ideal Demand System)模型,通过理论模型和计量方法分析居民消费结构变化趋势和规律。其中,基于 ELES 模型可将消费初步分成必需品和奢侈品两类,通过计算这两类物品支出的比例,来评估消费结构的变化(Lunch,1973)。AIDS 模型可用来分析消费者的需求函数和价格弹性,通过探索消费行为和消费偏好来衡量消费结构的变化(Deaton & Muellbauer, 1980)。后期很多学者通过构建计量模型方法分析居民消费结构变化趋势和规律(Aguiar & Bils, 2011; Jansky, 2014; Travassos etc, 2021)。这些不同的衡量方式,各有其适用的情境和方法,可以从不同的角度刻画居民消费结构的变化过程。

表 4-1　　　　　　　　　消费结构不同衡量方式

衡量方式	含义	计算方法	提出者或者相关文献
马克思消费理论分类	按照消费的作用层次把消费资料分为生存资料消费、享受资料消费和发展资料消费三个部分	利用陈建宝和李坤明(2013)归类方法,将城镇居民八大类消费支出中食品、衣着、居住、交通通信归为生存型消费,家庭设备及服务、医疗保健、其他用品服务归为享受型消费,文教娱乐归为发展型消费	马克思和恩格斯(1961),陈建宝和李坤明(2013)
消费支出比例关系衡量	根据居民消费结构各消费支出比例关系衡量	利用八大项消费支出占总消费比例表示居民消费结构	国家统计局消费类别划分标准
时间序列变化指数衡量	根据消费总量或各类支出比例关系,运用数学工具计算而来	消费承受系数、消费强度系数、消费结构变动度、消费结构水平指数、变异系数等	Deaton & Case(1988),Marculescu 等(1995),黄卫挺(2013)
指标体系构建衡量	通过构建消费结构优化升级指标体系用以评价消费结构的变迁程度	居民消费结构合理化生理、经济、社会三个定性描述标准,构建居民消费结构优化升级的指标体系;可持续消费、低碳消费、公平性消费等内容,拓展居民消费结构指标体系内涵与外延	尹世杰(2001),申秋红(2007),刘敏和尹向东(2011)
理论模型分析	采用计量方法分析居民消费结构变化趋势和规律	ELES 和 AIDS 模型 ELES 模型恩格尔系数;AIDS 模型通过分析消费者的需求函数和价格弹性	Lunch(1973),Deaton & Muellbauer(1980),Aguiar & Bils(2011),Travassos 等(2021)

本章及后续实证部分所采用的消费结构衡量方式是第一类,即马克思经典消费理论,将生存资料、发展资料和享受资料转化成三种消费结构类型,并分别计算各类型占总消费的比重。具体来说,将《中国统计年鉴》中八大类消费支出按照属性分别归属到生存型、享受型和发展型消费三大类。其中生存型消费包括食品、衣着、居住及交通和通信四项,满足人们基本生存需求;享受型消费结构支出包括把家庭设备及服务、医疗保健、其他商品及服务三项;发展型消费结构支出包括文教娱乐用品及服务费用(陈建宝、李坤明,2013),这三种消费类型与消费总支出的比值即为消费结构。这种分类方法简明清晰,可操作性强,本书后续实证分析采用的也是这种分类方法。

从理论角度看,每位消费个体都有意愿追求更好的消费体验,拥有更高的消费能力。但是，由于个体的收入水平是既定的，因此在面临收入约束的条件下，不同个体的消费决策优先序列会受到消费偏好的影响而有所不同。基于此，为满足不同个体的消费需求，最终生成的消费结果往往呈现出一定的层次性，这种前后排序的选择正是消费结构的本质反映。在1891年《雇佣劳动与资本》中，恩格斯将消费资料划分为生活资料、享受资料、发展和表现一切体力和智力所需的资料（马克思，1961）。按照恩格斯对消费资料分类所做的概括，可以把消费资料按照满足消费需求层次的不同依次划分为生存、享受和发展资料。

生存资料是维持劳动力简单再生产所必需的最低层次的生活资料。人首先要满足的就是最基本的生存需求，如果劳动者生存资料得不到满足，便很难维持正常生活。享受资料可以满足人们追求舒适、安乐的需求，比用来满足基本生存需要的生产资料层次要高，其内容包括提升生活质量、品位的娱乐用品、生活用品以及更好的医疗服务等。发展性资料是指为追求更高生活质量和争取到更好的未来发展机会而发生的消费。这三个类别的层次性与马斯洛需求层次论存在异曲同工之处。马斯洛将人们的需求满足程度区别为生理需求、安全需求、社交需求、尊重需求和自我实现需求。生理与安全等方面的需求对个体来说是最基本的需求，是需要最先被满足的；同理，用于基本生存需求的消费，对各个阶层的群体来说都具有根本的意义，毕竟人只有维持生命存在的前提下，才可能追求未来的发展。然后是社交、被尊重和自我实现等需求，享受资料比如通信、娱乐消费能满足人们更高层次的社交需求，发展资料则会帮助人们更好地实现自我价值。

观察消费结构的类型或层次的视角有很多，我们可以通过以下几个角度来粗略地观察一个经济体的消费结构水平：（1）从生存、享受和发展资料三大类别分别在消费结构中的比重来看。一般来说，低层的消费结构一般表现为高占比的生存资料，享受资料、发展资料相比生存资料所占比重并不高；高层的消费结构则相反，表现为生存资料占比小，而享受资料、发展资料在总体中所占比重相对大些。（2）从收入水平来看。不同的收入水平必然形成不同层次的消费结构。一般来说，低层的消费结构，收入水平也相对低，高层的消费结构，收入水平高。（3）从吃、穿、用、住等在消费结构中所占的比重来看。衣食住行属于个体的基本需求。多数情况下低层的消费结构一个突出特点就是食品占比大，而服装、居住支出和家用设备等类别所占比重相对不高；高层的消费结构则相反。（4）从耐用消费品来看。耐用消费品一般价格高、购买频次低,可以视作衡量家庭或个体经济富裕程度的有效指标。一般来说低层的消费结构,耐用品的数量小,质量差;高层的消费结构,耐用消费品的数量较多,而且质量性能较高。(5)从服务类消费所占的比重来看。一般来看,低层的消费结构中,服务类消费比重低,个体宁愿牺牲闲暇时间换取薪酬;高层消费结构中,服务类消费占比相对高,这反映出人们更倾向于用金钱来换取宝贵的闲暇时间。从消费类别、类型、品质和品牌的结构性变化来看,消费者的购买行为正在经历显著的转变。这种转变不仅体现在购物方式上,从传统的线下购物逐渐转向线上线下融合的模式,还在于消费场景的升级,消费者越来越倾向于寻求个性化和富有体验感的购物环境。此外,消费方式本身也在不断创新,诸如共享经济、订阅服务等新型消费模式应运而生,为消费者提供了更多选择和便利。消费品质结构变动,即消费者对产品或服务质量要求的提高,包括品牌效应、品牌忠诚度和品质升级等。在低层消费结构中,消费类别主要以食品为主,因为食品是基本的生存需要,对于其他消费品类别的需求相对较小。尽管线下的基础消费渠道因其实惠和便捷性而占据主导地位,线上购物在低端日用品领域逐渐赢得消费者的青睐,显示出消费习惯的逐步转变。这一群体在消费决策上倾向于选择成本效益较高的产品,对高质量产品的需求不如价格因素敏感。同时,品牌忠诚和品牌意识的影响较弱,消费者的选择更多受到价格优惠和促销活动的吸引。与此相对,高端消费结构则展现出对高质量产品、品牌价值和在线高端消费体验的更高要求和偏好。

根据以上划分消费结构层次的不同视角,在数理描述前我们可以先基于经验简单概述中国居民各种不同消费结构的特点:

第一,低层的消费结构,可以称为"简朴型"。收入比较低,生存资料所占比重较大,享受资料、发展资料所占的比重较小,食品支出比重较大,耐用消费品的数量少,服务类消费所占比重小,生活比较简朴。这类消费结构的居民在中国目前占比不高,且日趋减少。在低层消费结构中,消费类别的结构以基本生存资料为主,消费类型主要以线下低端消费为主,消费品质要求相对较低,消费品牌的重要性也不高。

第二,中层的消费结构。可以称为"粗放型"。收入水平不高,消费水平不高,享受资料、发展资料占有一定的比重,服务类所占比重较小。拥有一定数量的耐用消费品,但高档消费品数量不多。生活能维持一定的质量和水平。消费类别的结构以基本生存资料和享受资料为主,消费类型是线下消费和线上消费兼有,但开始注重体验消费,注重消费品质,有消费品牌的意识。这类消费结构的居民,在目前中国所占比重较大。

第三,高层的消费结构。可以称为"舒展型"。收入水平高,消费水平高,拥有的消费品档次高,质量高,高层次的精神文化消费比重高。不仅基本生活需要得到较好的满足,而且享受、发展需求也得到较好的满足。这类消费结构的群体在中国正在迅速增长。高层消费结构中,消费类别更加多样化,消费类型则更多以线上消费＋线下高端消费,消费品质要求较高,消费品牌的认知度和忠诚度也更高。

综上可以看出,消费水平与收入水平密不可分,不同阶层的人们对于消费的需求也不同。在低层消费结构中,人们对基本的生存资料的需求较大,而在中层和高层消费结构中,人们对于享受和发展资料的需求逐渐增加,对于消费品质和品牌的要求也逐渐提高,同时线上消费和服务消费也得到了越来越多的关注。不同消费结构下的人们有着不同的消费习惯和消费需求,这也反映了社会的阶层分化和经济的发展水平。

学术界对消费结构层次的划分存在不同看法。一种方法是通过分析生存资料、发展资料和享受资料在总消费中的比重及其相互关系;另一种方法是考查不同消费对象(如食品、服饰、日用品及服务等)在总消费中的分布和关系;第三种方法关注消费对象内部不同档次(初级、中级、高级)商品的比例。这些分类方式实质上从不同维度切入,分析消费内容的多样性,而非直接界定消费结构的层次。例如,生存、发展、享受资料内部也可进一步细分为低、中、高层次,同样,食、穿、用等分类亦可细分层次,显示了消费结构分析的复杂性和多维性。除了以上偏定性的分类方法,也有学者采用更定量化方法对消费项目进行区分。这种方法先计算八大类消费支出的收入弹性,再以平均收入弹性(0.8)作为分界点将消费项目划为基本商品和高档商品两大类。基本商品(生活必需品)包括衣着、居住、家庭设备用品及服务、交通和通信。高档商品包括食品、教育文化娱乐服务、医疗保健、其他商品和服务(魏勇 & 杨孟禹,2017)。通过这种分类方法也可以简单地分析高低端消费的支出情况。

第二节　消费结构演进历程

伴随着供给侧结构性改革的深化,中国国内消费在实现由低水平供需平衡向高水平供需平衡跨越升级的过程中呈现出新特征。第一,消费对经济增长的贡献率稳步提升。从图 4-1 可见,中国人均年消费额 1978—2018 年持续上升。2017 年中国最终消费对经济增长的贡献率超过 58%,连续第四年成为经济增长的首要动力,是经济发展中的"稳定器"和"压舱石",为实现经济中高速增长提供了有力支撑。第二,消费规模快速扩张。消费规模快速扩张,以及消费理念、行为的变化助推了消费结构的调整和升级。消费层次由求温饱到向求小康转变。进入 2000 年以来,中国居民温饱问题基本得到解决,衣食住行全面升级,尤其在"住"和"行"上居民消费明显提速。党的十八大以来,扶贫工作成效突出,农村贫困户数明显减少,生活状况得到改善。按现行国家农村贫困标准测算,2016 年全国农村贫困人口比 2012 年减少 5 564 万人,从 9 899 万人降至 4 335 万人。减贫人口规模相当于一个中等国家的人口总量。

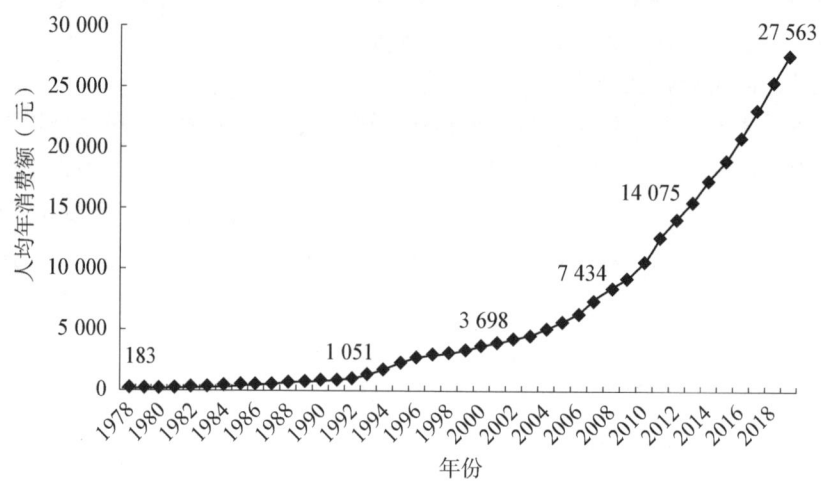

图 4-1 1978—2018 年中国人均年消费额
资料来源:中经网统计数据库。

此外,消费品质已经从中低端向中高端转变。消费者更注重消费品和服务的质量和档次,注重有机和绿色的食品属性,并注重体验式服务。随着互联网+的发展,线上服务型消费与互联网高度融合,促进了电商的高速发展,带动了新的经济业态的出现。这些变化也导致消费模式从线下向线上线下融合转变,电子商务在整个社会消费品零售总额中占据越来越大的比重。据统计,2017 年,社会消费品零售总额超过 36 万亿元,同比增长 10.2%,其中线上零售额增长超过 30%,比重持续上升。为了促进消费升级向"绿色"环保低碳转变,加大供给侧结构性改革,必须精准把握居民消费需求的结构性变化。鉴于此,接下来我们对中国消费结构的细分支出演变和整体结构变化做一个尽可能细致的刻画。

一、消费八大类支出演变

本部分按照国家统计局制定的《按目的划分的个人消费分类》(COICOP)的八大类消费支出的划分逐一观察其演变特征。八种类型的划分基于"食、衣、住、行、游、医"等不同目的[①],包括现金消费和实物消费。

(一) 食品支出

食品支出是指个人或家庭在购买食品上所花费的费用。食品是人类生存必需品,食品支出是每个家庭支出中不可或缺的一部分。这项支出易受价格波动影响,食品价格的波动直接影响人们的购买选择和购买力。食品支出在家庭支出中占据了重要地位,其价格和供应量的波动和多样性的增加会直接影响人们的生活质量和消费水平。2013—2020年中国居民食品消费支出占总支出的比例一直最高(见图4-2、图4-3),且保持缓慢上升趋势;居住消费所占比重

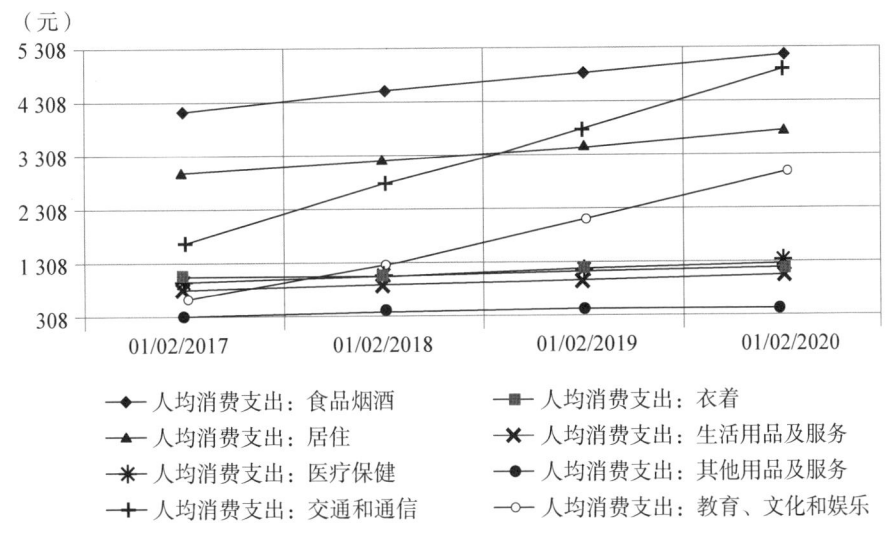

图4-2 2013—2020年中国居民八大类人均消费支出趋势
资料来源:国家统计局。

---

① 这八大类的消费分别是:食品、衣着、居住、家庭设备用品及服务(生活用品及服务)、医疗保健、交通通信、文教娱乐及其他商品和服务。

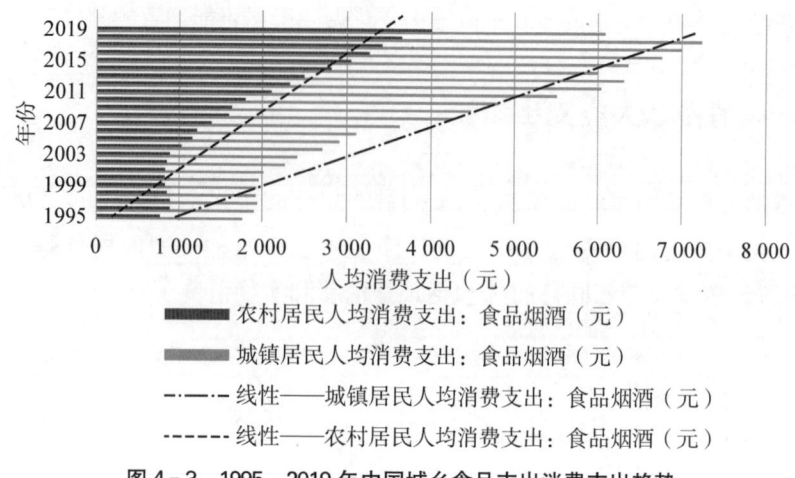

图 4-3　1995—2019 年中国城乡食品支出消费支出趋势

仅次于食品消费,家庭设备用品及服务(生活用品及服务)和文教娱乐服务支出增长较快,交通通信、衣着和医疗保健等传统消费热点持续降温。

另一个常用来衡量食品支出比重的一个重要指标是恩格尔系数,具体是指家庭食品支出占家庭总支出的比重。它通常用于衡量一个国家或地区的经济发展水平和人民生活水平。通常情况下,恩格尔系数越高,表示家庭越贫困,因为家庭必须将更高比例的收入用于食品支出。相反,一般恩格尔系数越低,表示家庭越富裕,因为他们可以将更低比例的收入用于食品支出。恩格尔系数还可以用于比较不同国家或地区之间的经济状况。通常来说,发达国家的恩格尔系数较低,因为他们有更高的收入和更多的选择,可以购买更多的非必需品。相反,发展中国家的恩格尔系数较高,因为许多家庭的收入水平较低,以至于必须将大部分收入用于食品支出。总的来说,恩格尔系数是一个有用的经济指标,可以帮助我们了解一个国家或地区的经济状况和社会状况。

随着中国经济的快速发展和人民生活水平的提高,中国的恩格尔系数整体呈现下降趋势(见图 4-4)。根据国家统计局发布的数据,2019 年中国城镇居民家庭恩格尔系数为 28.2%,农村居民家庭恩格尔系数为 30.1%,都比过去显著下降。这表明中国人民生活水平得到了显著提高,人们的生活质量得到了明显改善。然而,中国不同地区和不同家庭的恩格尔系数还是存在较大差异。一些地区的恩格尔系数仍然较高,尤其是一些贫困地区和农村地区。值得指出的是,恩格尔系数的缺点是它只考虑了家庭食品支出与家庭总支出的比例,没有考虑其他因素,例如家庭的教育水平、居住条件、医疗保健支出等;没能考虑消费质量的变动,即使食物支出也有高质、高价的类别,比如天然有机的食品,就属于高层次消费结构的消费选择。此外,由于恩格尔系数不考虑不同地区或不同家庭的差异,因此它也不能完全反映人们的生活水平和质量,还需要考虑其他因素的影响。

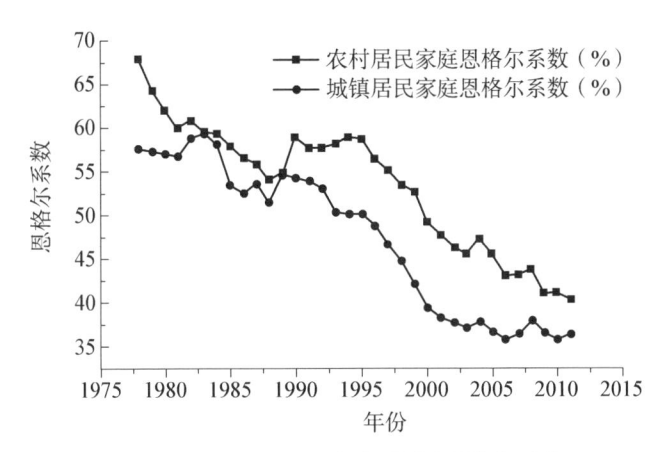

图 4-4　1978—2015 年中国城乡恩格尔系数
资料来源:国家统计局。

整体上看,中国居民食品消费支出结构正在逐步优化。一般性和保障性支出的比例不断下降,与生活质量和方式相关的食品消费支出比例逐年增长。城镇居民在肉禽及其制品、水产品、奶及奶制品、蔬菜等方面的支出明显增加,糕点类支出虽占比不大但也呈递增趋势,粮食、淀粉及薯类占比小,先下降后缓慢递增。人们越来越注重食品营养搭配、绿色天然,更青睐便捷的饮食方式,追求更加健康快捷的生活方式。

(二) 衣着消费

居民衣着支出是指购买与着装有关的服装、鞋帽、饰品等物品所支出的费用。随着社会的发展和经济的增长,人们对衣着的要求也越来越高,衣着消费逐年增长。据国家统计局数据,2019 年中国城镇居民人均衣着消费支出为 3880 元,农村居民人均衣着消费支出为 1568 元。衣着消费在人们日常生活中扮演着重要的角色,同时也对经济的发展产生积极的影响。近年来,随着互联网和移动设备的普及,电子商务的发展给衣着消费带来了全新的特征。人们现在可以在网上浏览、选择和购买各种服装和饰品,购物体验更便利化。同时,社交媒体的兴起也为时尚行业带来了变革,人们通过社交媒体获取时尚资讯、分享穿搭灵感,这也对衣着消费产生了积极的影响。衣着消费的新特征不断演变和变化,注重环保、转向中高档的趋势日益明显。越来越多的品牌开始使用可持续性材料,推出环保系列,吸引消费者的关注。

中国居民的衣着支出有不断提高的趋势,但增速逐渐放缓。其中城镇居民的衣着支出一直高于农村居民,但农村居民的增速逐渐超过城镇居民。从1995年至2019年,中国居民衣着支出呈现逐年上升的趋势(见图4-5),年均增长率为2.5%。1995—2000年,城镇居民的衣着支出高于农村居民,城镇居民年均增长率为2.7%,农村居民年均增长率为0.7%。2001年到2018年,城镇居民的衣着支出一直高于农村居民,城镇居民年均增长率为3.0%,农村居民年均增长率为2.2%。2020年,城镇居民的衣着支出仍高于农村居民,但城镇居民年均增长率为0.7%,农村居民年均增长率为3.9%。

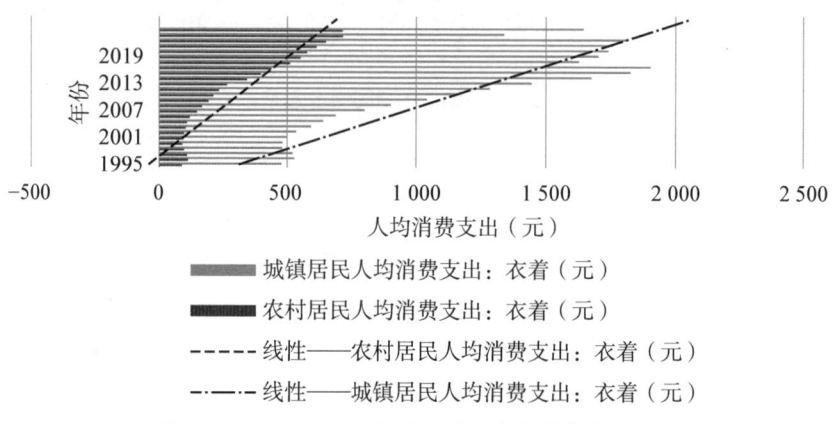

图4-5 1995—2019年中国城乡衣着消费支出趋势
资料来源:国家统计局。

(三) 居住支出

居住消费是中国居民消费中的一大类别,涵盖了住房、水电燃气采暖等基础生活需求,包括但不限于住房租赁、贷款利息、房屋维修装修及家具购置等。随着经济增长和城市化加速,中国居民对住宅品质和舒适度的追求不断提升(李爱华等,2006),体现在租房市场的扩展、租金上涨,以及对二手房交易和家居装修投资的增加。同时,新型住房形态如公寓和长租公寓等应运而生,反映了中国居住消费的新动向和演进。

根据图 4-6 所示数据，从 1995 年到 2020 年，中国居民居住支出[①]在城镇和农村都呈现逐年上升的趋势，其中城镇居民居住支出高于农村居民。1995 年到 2008 年，城镇居民居住支出增长速度较快，增速分别为 3.98% 和 3.24%；2008 年之后，农村居民居住支出增长速度开始加快，增速分别为 5.08% 和 4.70%，高于城镇居民。2013—2014 年，农村住房支出增长速度明显加快，增长幅度分别为 43.09% 和 38.08%，增长幅度超过了城镇居民。2014 年之后，城镇居民居住支出高于农村居民，差距逐年扩大，分别增长了 0.85% 和 3.32%。

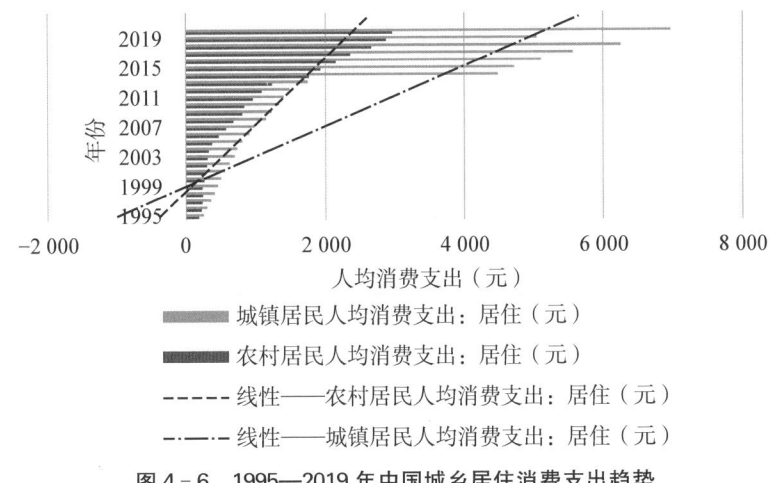

图 4-6 1995—2019 年中国城乡居住消费支出趋势
资料来源：国家统计局。

(四) 家庭设备用品及服务支出

家庭设备用品及服务是指用于家庭居住和生活的各种设备、用品和服务，包括家用电器，即电视机、洗衣机、冰箱、空调等电器设备等。随着个人生活水平和消费观念升级，中国家庭设备用品及服务支出展现多样化、个性化、精细化趋势。产品类别拓展至智能家居、家庭影院、定制健身器材等，满足了中国消费者多元需求。中国消费者对品质、服务及品牌认可度的期望持续提高。未来，中国家庭设备用品和服务预计朝智能化、环保化、个性化方向发展，如智能厨房设

[①] 统计局在年度宏观国民经济核算时逐年分摊住户自有住房的消费支出。这种分摊在统计上常见有市场租金法和成本分摊法。目前中国采用的是第二种方法，用房屋购买价逐年分摊的方式计算居民住房消费。

备、太阳能家电等,反映生活质量提升与消费观念变化带来的发展特点。

中国城镇居民的生活用品和服务消费支出逐年增加(见图 4-7),增速加快。1995—2000 年,城乡在生活用品及服务支出年均增速为 4.0%,2000—2020 年,年均增速为 10.3%。中国农村居民的该项消费支出也有所增加,但增幅较小,1995—2000 年,年均增速为 3.6%,2000—2020 年,年均增速为 8.0%。城乡消费差距逐渐扩大,尤其是 2008 年之后,城镇居民的生活用品及服务支出明显高于农村居民。从 2014 年开始,农村居民的消费支出增加较快,但仍然远远低于城镇居民。总之,在生活用品及服务消费方面,城镇居民的支出持续上升,而农村居民的增长较缓,导致城乡之间的消费差异逐步加大。尽管农村居民在这个领域的消费增长速度快于城镇居民,但其消费水平仍低于城镇居民。

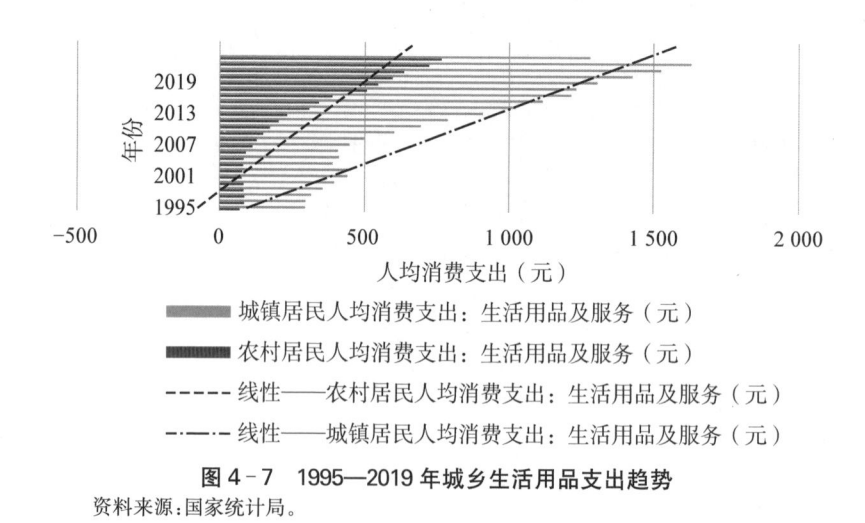

图 4-7 1995—2019 年城乡生活用品支出趋势
资料来源:国家统计局。

(五) 医疗保健消费

医疗保健消费,是指个人或家庭在医疗服务、药物、辅助设备等方面的支出,如门诊、住院费用、药品购置、医疗器械及保健产品购买等。随着公众对健康的重视加深和医疗技术的持续发展,加之人口老龄化进一步推动了保健和医疗需求的增长(何凌霄等,2015;黄润龙、陈绍军,2011),医疗保健消费在总支出中比重的上升趋势加大,医疗保健在总消费中的份额不断扩大,呈现稳步增长的趋势。

从 1995—2020 年,中国城镇居民的人均医疗保健支出一直高于农村居民

(见图 4-8)。在过去 25 年间,城镇和农村居民的医疗保健支出均呈现稳定增长,其中城镇居民的年均增长率为 6.5%,农村居民为 5.4%。从 1995—2020 年,城镇居民人均医疗保健支出从 110.11 元增至 2 172.194 元,而农村居民从 42.48 元增至 1 417.51 元。特别是城镇地区,人均支出已超 2 000 元,这既反映了对优质医疗服务需求的增加,也可能反映了医疗成本的上升趋势。虽然城乡医疗保健支出的差异正在逐渐减小,但仍存在明显的差距。2008 年成为一个例外年份,当时农村居民的人均医疗保健支出超越了城镇居民,这可能与实施全民医保政策有关。2015—2020 年,城镇居民的人均医疗保健支出虽然始终高于农村居民,但其增长速度较为缓慢。这五年间,城镇居民人均支出的增长率为 50%,而农村居民的增长率高达 67%,显示出农村地区在医疗保健支出上的快速增长态势。

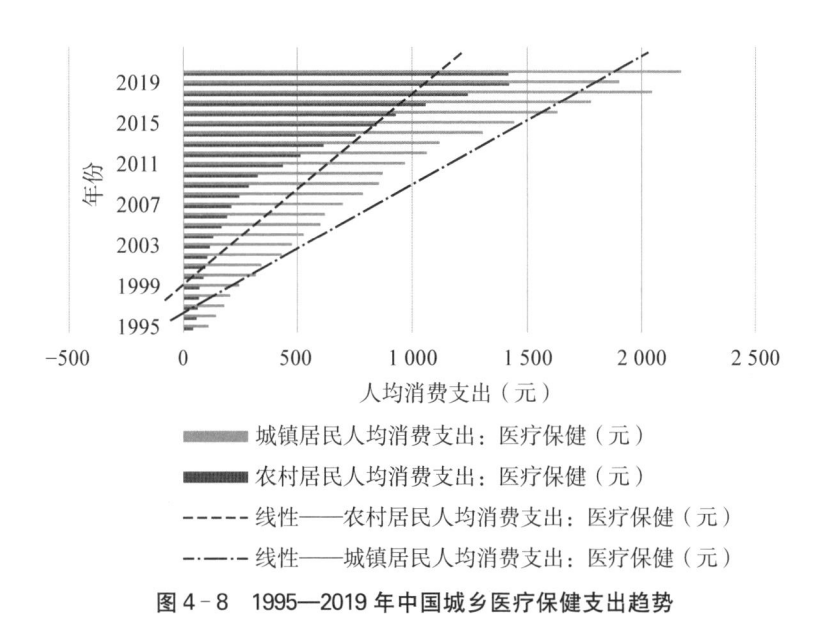

图 4-8 1995—2019 年中国城乡医疗保健支出趋势

医疗支出还有些特别的方面要关注。其一,除主动寻求医疗服务之外,医疗费用通常属于"被动消费"。因此,医疗消费具有明显区别于其他消费类型的特征。假设居民家庭收入和财产预算约束已定,医疗消费很可能对其他消费类型产生明显的"挤出效应",即当某一家庭的医疗支出超出预期时,其他具有更高弹性的消费就会被削减,从而达到平缓消费曲线的目的。其二,农村人口的老龄化比城市人口的老龄化要严重得多,所以中国的城乡收入和消费之间的二元化差距,在"医疗保健"方面显得尤为突出。在中国,农村地区的老龄化程度超过城市,且农村老年人的健康状况普遍不及城市,甚至呈现进一步下滑的趋势。然而,由于收入水平和医疗资源的限制,部分农村居民在面临疾病时出于对负债的担忧而选择避免就医,这表明农民的医疗需求并不总能转化为实际的医疗消费。其三,目前城乡医疗保险制度的差异也是造成城乡居民医疗消费支出差距的一个重要原因。目前,中国的医保体系分为两部分,一部分是城镇职工医保,另一部分是"新农合"。由于新农合补偿标准、补偿范围等有待进一步完善,农村大病患者仍面临着较大的经济压力。根据国务院扶贫数据,到 2015 年,中国 7000 万贫困农民中,因病返贫的占 42%。因此,完善居民医疗保障体系,不仅可以降低低收入家庭因病返贫的风险,还可以提高居民的幸福感。

(六) 交通通信支出

交通通信支出指的是个人或家庭在交通和通信方面的开支,主要包括交通支出,即购买交通工具、加油费用、公共交通费用、停车费用等,以及通信支出。交通通信支出是消费八大类中不可或缺的一部分。随着技术的不断创新和社会的不断发展,交通通信支出也在发生变化。首先,数字化和网络化的加速发展使得人们对于基于互联网的交通和通信服务的依赖显著增加,智能手机和网络应用的普及使得传统的通信方式逐渐被边缘化。其次,交通和通信技术的创新为个人和家庭带来了前所未有的便捷性,如在线工作和电子商务的兴起极大地改变了人们的生活和消费模式。最后,随着服务种类的不断丰富和质量的持续提升,交通和通信支出在整个消费八大类中所占的比例也在不断上升。

从 1995—2020 年,中国居民人均交通通信支出持续增长(见图 4-9),年均增速达 7.4%。在此期间,城镇居民在交通通信上的人均支出始终高于农村居民,且城乡之间的差距不断扩大。尽管如此,农村居民的支出增速以平均 9.1% 超越城镇居民的 7.7%,尤其是从 2008 年起,农村地区的增速更是显著,达到 9.4%,反映了农村地区在该领域的快速发展。特别是在 2017 年以及 2018—2019 年,农村居民的增速分别达到了 12.5% 和 10.5%,显著高于城镇居民的 6.7% 和 5.3%。到 2020 年,虽然城乡居民的增速均有所减缓,分别为 2.8% 和 5.5%,但整体趋势显示出中国居民对交通和通信支出的持续增加,城乡差距扩大的同时,农村地区增速快于城镇,彰显了交通和通信事业在全国范围内的发展和普及。

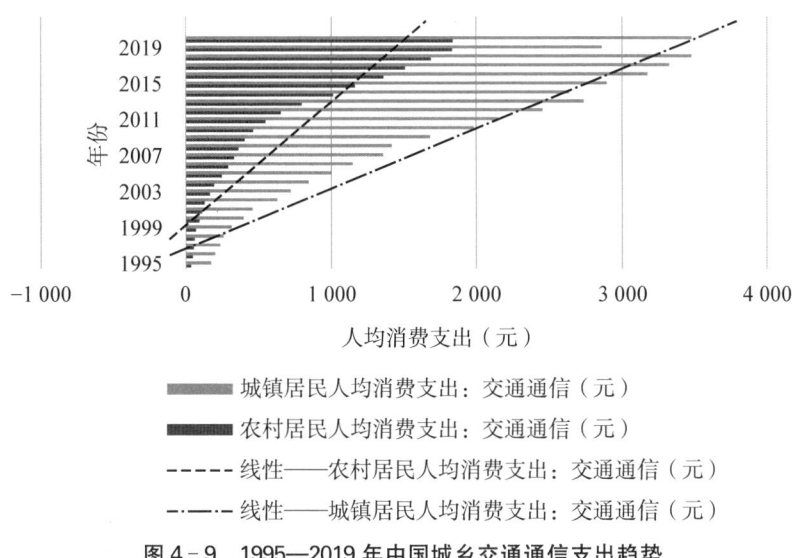

图 4-9 1995—2019 年中国城乡交通通信支出趋势
资料来源：国家统计局。

（七）文教娱乐

文化娱乐消费是指人们在日常生活中为了娱乐和文化需求所花费的费用，包括但不限于电影、音乐、书籍、艺术品、游戏、演出等方面的消费。中国居民文化娱乐消费从 1995 年的 312.71 元增至 2020 年的 1 308.747 元，年均增速为 6.75%，显示了持续增长趋势（见图 4-10）。城镇居民在教育文化娱乐上的支出显著高于农村居民，且这个差距随时间扩大。从 2008 年起，农村居民在这个领域的支出持续上升，尽管增幅较城镇更小。2013 年后，两者的增速均加快，城镇居民和农村居民的年均增速分别达到 9.34% 和 8.43%，表明教育文化娱乐消费成为居民支出中增长迅速的领域，显示了中国居民对文化生活需求的普遍上升。

文化娱乐消费在当前社会中展现出快速发展趋势和变化特点。随着消费者对个性化和多元化娱乐体验的需求增加，文化娱乐产业正面临着不断创新和提升服务质量的挑战。互联网和数字技术的飞速发展极大地促进了文化娱乐内容的数字化转型，如在线流媒体、电子书籍和网络游戏等，使得获取娱乐内容更加方便快捷。此外，跨界融合和创新成为新的增长点，文化娱乐产品正

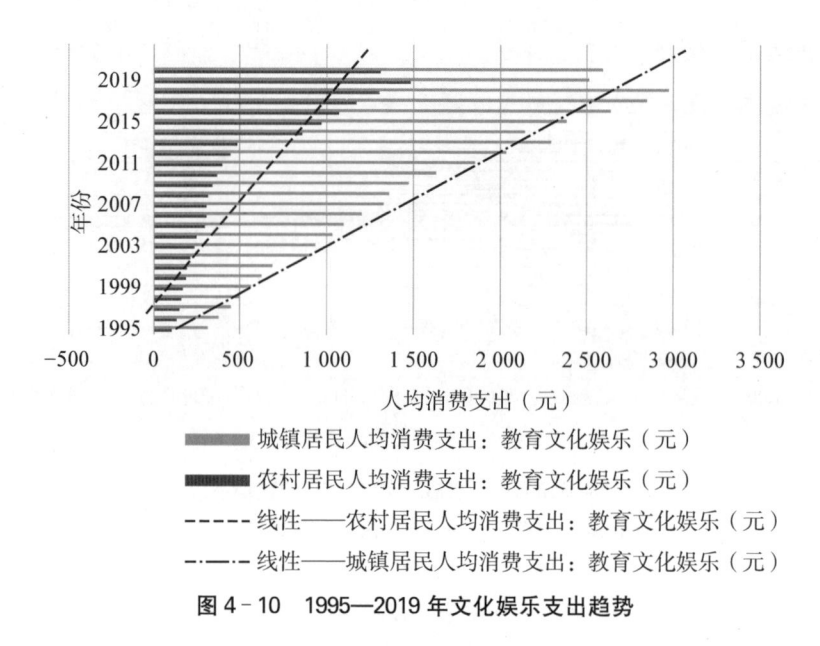

图 4-10　1995—2019 年文化娱乐支出趋势

越来越多地融合不同领域的元素,为消费者提供全新的娱乐体验。同时,随着社会进步和价值观的演变,消费者对文化娱乐产品的质量要求越来越高,低质量内容的吸引力逐渐减弱。这些变化不仅推动了文化娱乐产业的发展,也为其带来了更广阔的发展空间和机遇。

从消费者的角度来分析,个人的消费行为受到年龄、性别、收入等多种属性的影响。不同年龄层的消费者在消费结构上有较大的差别。茅锐、徐建炜等人(2014)的研究表明,食物消费支出随人口年龄增长呈现出 U 形变化。儿童(特别是 0—3 岁的婴儿)、老人的食物消费支出比例较高。个人在 0—40 岁这个年龄段的消费比例较高,尤其是 25—29 岁、35—45 岁这两个年龄段;50 岁以后消费比例降低。生活必需品和服务支出方面,22 岁之前,国内大多数年轻人还未成家,在家庭用品、耐久用品、家居装饰和家政服务等方面的消费比例不高,22 岁以后稳定在 7% 左右。在 22 岁前,交通、通信消费所占比重较小。已婚已育家庭的住房消费在新生儿和 6 岁之间有两个高峰,这将促进与住房有关的行业的消费者支出增长。随着年龄的增长,老年人的身体机能逐渐老化,医疗支出在 80 岁以上老年人中所占比例接近 25%。随着物质生活水平的不断提高,人们越来越注重精神生活的丰富和多元化,中青年阶段的文娱教育消费支出比以往明显增加。杂项商品及服务的消费额占总消费额的比例较小,22 岁之后亦相对稳定。

根据波士顿咨询公司(BCG)在2023年的最新调研①,中国的新生代消费群体表现出更高的消费水平和更旺盛的消费需求。X世代(1965—1979年)和Y世代(1980—1994年)消费者这两个世代的消费者在总收入中占据了60%以上的份额,这表明在可预见的未来,X世代和Y世代将继续作为消费市场的主导力量。同时,女性市场也是电商争取的重点。女性的线上消费一直高于男性,在家庭一般日用品消费的决策方面,女性则是决策者。但是在大宗耐用品市场上,男性一般占据主导地位。此外,随着中国收入水平的提高,中产阶层和上层中产阶层的消费贡献也在不断增加。虽然不同年龄、性别和收入阶层的消费群体有着不同的消费习惯和消费理念,但整体来看中国的消费结构在不断向高端享受型和发展型方向转变。

二、消费结构的演变

中国居民的消费结构正经历从基本生活需求(食品、衣着、住房、交通通信)向享受和个人发展(家庭设备及服务、医疗保健、文化教育娱乐)的转型。数据显示,生存型消费的比例逐年下降,城乡生存型消费占比逐渐逼近,2019年分别为67.13%和66.80%(见图4-11)。旨在提升生活质量和精神满足的享受型和发展型消费比重持续上升(见图4-12)。具体而言,从1995年到2020年,尽管食品、烟酒、居住和交通通信仍是支出的主要部分,医疗保健及其他用品服务的支出明显增加,文化教育娱乐支出的占比也显著提高。

消费升级反映了国家经济实力和社会经济发展水平的提高(黄卫挺,2013),涉及消费水平和趋势的提升,包括支出结构和消费层次两个关键方面。具体而言,支出结构的升级体现在消费者购买力由传统消费向新兴或特定类别转移,导致支出比重的动态变化;在消费层次上,随着收入的增加,消费者越来越倾向于追求高品质、品牌和个性化的商品,这揭示了消费偏好的进阶和市场需求的变化。消费结构的升级不仅体现在消费规模的扩大,更重要的是体现在消费质量的提升、消费内容的创新和消费形式的多样化上。这种升级既包括对高价值和高品质商品或服务的追求(质),也涵盖了消费品和服务的数量增加(量),两者共同推动了消费结构的全面提升。

---

① 波士顿咨询公司,《2023中国未来消费者报告:世代篇》,https://media-publications.bcg.com/CCI-report-Chinese-Consumers-of-the-Future-Generation-Shifts-Mar-2023-CHN.pdf。

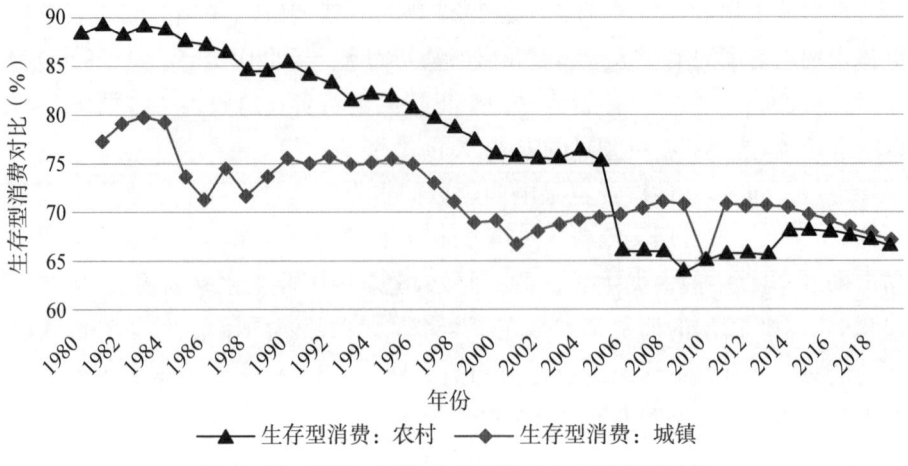

图 4-11　1980—2018 年中国城乡生存型消费对比
资料来源：国家统计局。

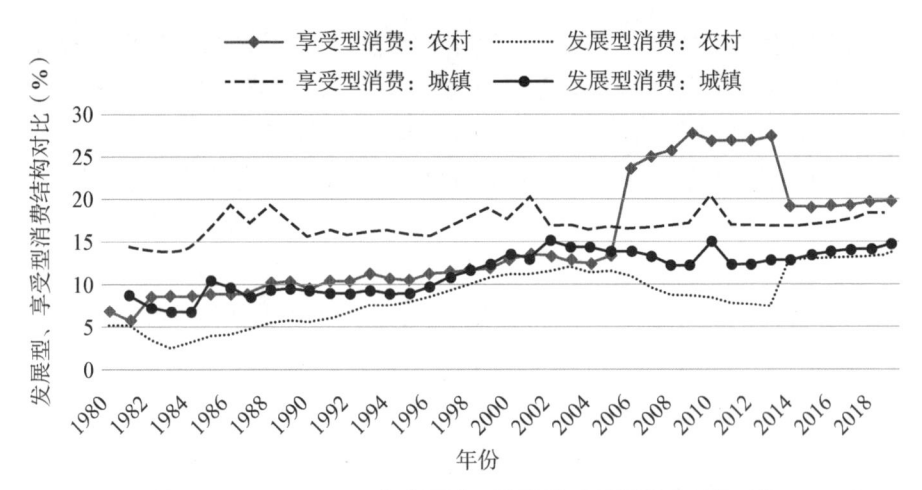

图 4-12　1980—2018 年中国城乡发展型、享受型消费结构对比
资料来源：国家统计局。

为了更精准量化描述消费结构的演变，我们分别借用消费结构变动度和变动均衡度信息熵（赵佳，2021）。消费结构变动度可以反映居民消费结构变化的速度，进而反映居民消费水平的提高。具体计算方法如式 4-1，δ 代表消费结构变动度，C 为 $t1$ 和 $t2$ 时刻消费项占总消费的比例，T 为两段时间跨度。在消费结构变动度高的区域，消费结构升级的速度快。消费结构信息熵可以用来分析居民消费结构调整均衡有序程度，以反映居民消费结构变化的均衡程度或有序度。式4-2用来计算居民消费结构的信息熵值,即消费结构中不同支出的均衡度。其中H代表信息熵值,P_i为i类消费支出占总消费的比例(参考式4-2)。信息熵值可以反映居民消费结构变化的均衡程度或有序度;该公式利用信息熵表示冗余信息的平均摆脱量,有助于揭示经济结构内部的动态演变规律,最初由Shanno(1948)提出;信息熵值越大表明各类消费支出比例越接近,消费结构不再单一或只偏向某类特定支出,支出项目越多元化,居民消费结构变化趋向均衡。

$$\delta = \frac{(\sum |C_i^{t1} - C_i^{t2}|)}{T} \qquad 式4-1$$

$$H = -\sum_{i=1}^{n} P_i \ln P_i \qquad 式4-2$$

关于中国消费升级的历程或具体时间段准确划分目前还没有权威一致的结论,但我们综合专家学者的一般性经验观察并基于数理统计绘制的趋势图(见图4-13),可以基本上得出1978年以来中国大致主要经历了以下三次消费升级:

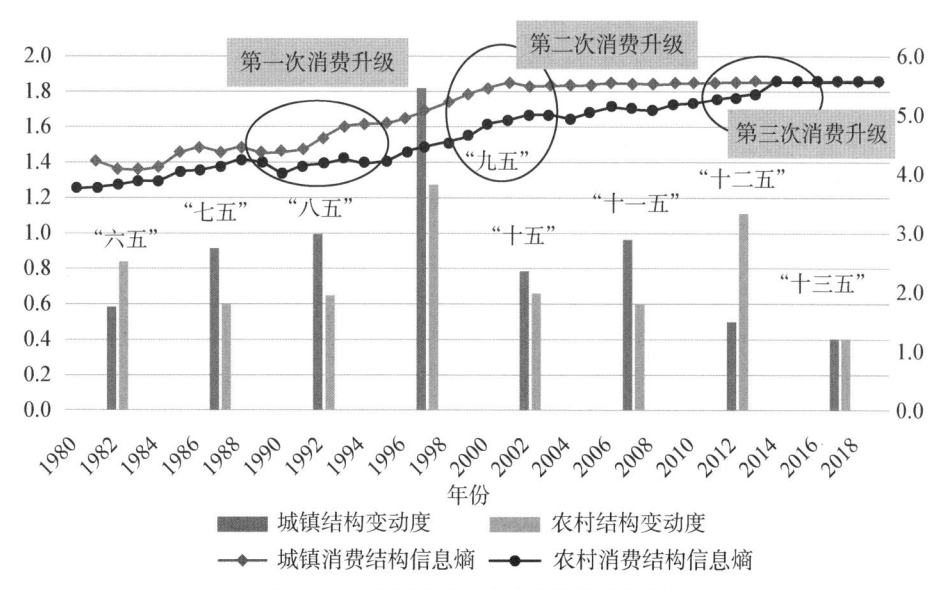

图4-13 中国消费三次消费结构升级梳理
资料来源:国家统计局。

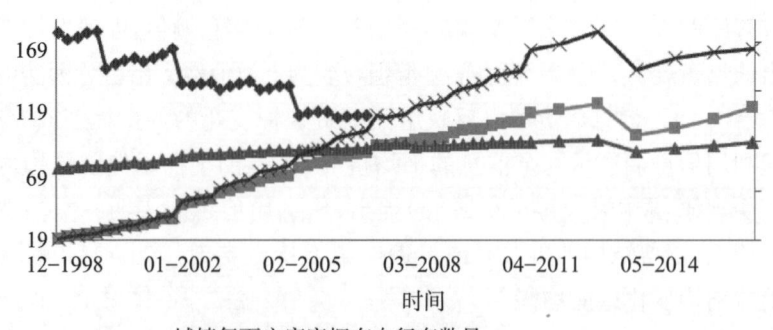

图 4-14 中国城镇居民耐用消费品拥有量变化
资料来源：CEIC 数据库。

第一阶段为 1978—1992 年。这个阶段的特点是消费水平较低，以基本生活必需品为主要消费品种类，消费结构单一，主要为食品、衣着、住房等基本生活必需品。一般认为，第一次消费结构升级出现在改革开放之后，也就是 20 世纪 80 年代末期左右。在本次消费结构升级前，经济发展水平低，居民收入普遍不高，经济运行带有浓厚的计划经济色彩。受计划经济体制影响，市场经济僵滞，生产水平低，出现明显的供不应求，居民的消费需求被抑制，供应体系单一短缺，产品种类、数量严重不足。不少商品仅能凭票证限量提供，商品匮乏的环境下不时出现预约、托关系购买的抢购热潮。这种商品短缺、供不应求的局面到 20 世纪 80 年代末期开始逐渐好转。随着经济活力增强，居民收入稳步提高，生产水平和供应体系得到改善，居民消费需求得到释放，出现了第一次的消费升级现象。需要指出的是，该阶段的消费囿于生产力水平和居民收入水平，仍以低层次消费为主，以满足温饱为目的的生存型消费结构为主。这个阶段居民消费更重视消费结构中的"量"的补偿（张翼，2016），大部分消费者对"质"还没有萌生内在要求。

在 1978 年，中国城镇家庭人均可支配收入仅为 343 元，到 1987 年已经超过了 1000 元。这段时间内，城镇居民收入的快速增长与当时产业结构开始向轻工业倾斜密切相关。学术界普遍认为，20 世纪 80 年代末期，中国经济水平出现了显著改善，标志着第一次消费结构升级的出现。这段时期，消费符号主要包括缝纫机、自行车、手表和收音机，简称为"三转一响"。这些产品在国内迅速普及,甚至成为新婚家庭必备的彩礼内容。随着改革开放,沿海地区轻工业的蓬勃发展,各种各样的商品涌入市场,丰富了人们的购物选择。大量商品的涌入不仅在数量上给消费者提供了更多选择,而且价格的下降刺激了人们的购买欲望,从而推动了整个经济的发展,改变了整个消费结构。

第二阶段为1993—2012年。这个阶段的特点是消费水平有所提高,消费结构开始逐渐多元化,消费品种类开始增加,文化、娱乐等消费开始占据较大比重。第二次消费结构升级贯穿于整个20世纪90年代。从1990年开始,中国城镇居民家庭人均可支配收入进入快速增长时期,其增速在1994年达到最高35%的水平。到90年代末期,城镇居民家庭可支配收入已经达到6280元。在这个阶段,城镇居民食物消费占比显著下降。中国城镇居民家庭的恩格尔系数在20世纪90年代初期已经位于50%左右。根据联合国的标准,这个阶段中国城镇家庭已处于从满足温饱后向小康水平转变的过渡阶段。城镇居民消费结构开始显现升级迹象,尤其体现在消费符号的变化上,由过去的"老三件",即自行车、手表、收音机向"新三件"即冰箱、彩电、洗衣机转变。根据国家统计局调查数据,1985年每百户城镇居民家庭仅拥有彩电17.2台、电冰箱6.6台、洗衣机48.3台,2000年,每百户城镇家庭拥有的"新三件"的数量分别达到了116.6台、80.1台和90.5台。

20世纪90年代后,市场经济在中国初步确立,改革进一步深化,经济发展向好,市场供应水平提高,产品种类和数量都有显著增加,供求矛盾得到很大程度的缓解,市场转入买方市场。这个过程中,国家大力推行工业化、城镇化,工业化极大地提高了劳动生产率,带动了经济增长。高速前进的城镇化进程也成为经济增长的重要引擎,居民的收入水平不断提高。除了收入的改善,城镇化过程中也涉及居民社会身份的改变,不少居民从农民转变为市民。身份的改变也带来了居民消费渠道、消费观念和消费偏好的直接改变。

尤其是2003—2012年,中国居民消费水平进一步提高,消费结构明显多元化,消费品种类更加丰富,旅游、教育、医疗等服务消费占比逐渐提高。工业化、城镇化的进一步发展也催生了大批消费热点,家用耐用消费品转向高档化方向发展且普及率增加(见图4-14),包括空调、影碟机、摄像机、大屏幕彩电、大容量冰箱等中高档家庭设备电器迅速成为城镇居民的消费热点,带动了电子、钢铁、机械制造业产业,促进了第二轮经济增长,也推动了消费升级。

第三阶段为 2013—2020 年。这个阶段的特点是消费结构变动更趋于均衡,消费场景和消费渠道丰富,消费品种类更加多元,消费升级趋势明显,高端消费、品牌消费、环保消费等成为突出特征。2000 年以后,中国开始进入第三次消费结构升级。在这个阶段,消费者越来越倾向于高端产品和服务,进行参与度高、社交性强的体验性消费,如健康运动、教育及旅游等。消费理念正在从单纯的"购买产品"向"享受服务"转变,从日常消费变为品质消费。住房和汽车逐渐进入大众消费时代,服务消费占总消费比重明显加重。消费升级包含了两个不可或缺的部分:第一是消费者,第二是产品。消费升级须由一定层次的消费者来实现,这些消费者通常具有较高的学识和收入,追求更高品质的生活。面对这些消费群体,产品需要在满足基本需求的同时,包含更高层次的品质和更为精准的服务。

居民可支配收入的持续增加是支撑消费结构性升级的根本动力。根据经典消费理论,消费与收入密切相关,只有当收入持续增长时,居民的消费才能得到提升。2013 年至 2015 年,中国居民可支配收入年均实际增长 7.8%,超过了同期国内生产总值的平均增速。根据世界各国消费升级的普遍规律,当一国人均国内生产总值超过 1 000 美元时,消费支出结构将从以食物和衣着为主的生存型消费转向以住房、交通通信和医疗保健为主的享受型和发展型消费。中国早在 2003 年人均国内生产总值就达到了 1 090 美元,但现有研究在分析消费行为时往往忽略了以家庭为整体单位的视角。因此,在探讨第三次消费升级的演进动力和内容时,不应该忽视消费分析的家庭视角。

首先,住房消费在中国的第三次消费升级中扮演着重要角色,并带动了相关产业的消费增长。自 1998 年开始的住房制度改革使住房成为中国城镇家庭消费的主要对象。根据国家统计局数据,1978 年中国城镇居民的人均住宅面积仅为 6.7 平方米,1998 年住房制度改革前,城市居民的人均住宅面积一直维持在 20 平方米以下。住房制度改革的推进促使了中国城市居民对住房的消费,使得人均住宅面积稳步增加。到 2017 年,中国城镇居民的人均住宅面积已达到 32 平方米。然而,由于中国房地产价格相对较高,住房消费的增长在一定程度上抑制了其他消费的增长。根据 2004 年北京市的相关数据,高、较高、中、较低和低收入家庭的购房能力存在一定差距,房价普遍超出了较低和低收入家庭的购买力(李爱华等,2006)。中国独特的文化和社会观念影响了住房消费的刚性,限制了其他消费的增长。2009 年国家信息中心的研究发现,自 1998 年以来,中国商品房销售额占整体社会消费品总额的比重迅速增加,从约5%上升至15%左右。这个过程中,居民储蓄占社会总储蓄的比重明显下降,最终对消费产生了不利影响。

其次,汽车消费也是中国城镇居民家庭第三次消费升级中的亮点。与西方国家不同,中国的汽车消费更多发生在家庭单位内部。国家统计局数据显示,早在2013年中国私人汽车拥有量就已经超过1亿辆大关,之后持续增长,2015年末中国私人汽车拥有量同比增长率达14.3%。私家车总量接近1.5亿辆,部分一、二线城市每百户家庭拥有私家车超过70辆。

再次,中国城镇居民家庭第三次消费升级的显著特征之一是服务类消费的迅速增长。2003年,中国人均国内生产总值首次超过1 000美元。按照国际经验,当人均国内生产总值超过1 000美元时,消费结构将明显呈现发展型消费的特征,其中服务类消费显著增加。以医疗保健、交通通信和教务文化娱乐为代表的服务消费,在1985年仅占城镇居民消费支出的12.8%。然而,2002年,这三类服务消费已占据了城镇居民消费支出的30%以上。从消费绝对额来看,1985年城镇居民人均医疗保健支出仅为16.73美元,甚至在1994年也不到100元。随着居民收入的增长,基本消费需求得到满足后,对生活质量的追求日益提高,相应地医疗保健支出也在增长。2000年,城镇居民人均医疗保健支出首次突破300元,2002年突破400元,2004年突破500元,到2012年,这个数字超过了1 000元。

总的来说,中国消费结构升级是一个持续推进的进程,也是中国经济发展水平和人民生活水平提高的重要标志。国家政策一直将消费升级问题作为重点之一。在不同阶段,国家制定了相应的"五年计划"来推动消费结构升级,如"七五计划"和"八五计划"等。总体目标是提高消费质量和水平,推动经济持续发展。2001年的"十五计划"将"扩大内需"作为战略之一,引导消费领域扩大到房地产、汽车、休闲等领域。2006年,"十一五"规划将进一步扩大居民消费需求作为主要经济任务之一。即使在2008年国际金融危机的影响下,政府仍高度重视扩内需、促增长,积极引导居民消费。2011年的"十二五"规划将"扩大内需"定性为战略重点,推出长效机制扩大居民内需。2015年11月,国务院出台《关于积极发挥新消费引领作用加快培育形成新供给新动力的指导意见》,强调了消费新热点和新模式的培育,以及关注品质消费、网络消费、服务消费、信息消费和绿色消费等重点领域。2016年3月的"十三五规划"再次强调了促进消费升级的重要性,将消费升级列为重点领域。未来,中国消费结构将继续朝着多元化、高端化和绿色化的方向发展。

第三节 影响消费结构的主要因素

几乎每个消费理论都强调了收入对消费的重要影响。从最早的短期动态消费理论如绝对收入假说和相对收入假说,到更加综合的动态跨期消费理论如持久收入假说和生命周期假说,都是基于对收入对消费增长促进作用的认识。这些理论分别对应了凯恩斯经济学、新古典主义经济学以及随机游走论。华尔特·罗斯托(Walter Rosco)在1960年提出了"经济成长的阶段"模型,将一个国家的经济发展划分为五个阶段。随后,他在1971年发表了《政治和成长阶段》,将经济发展进一步划分为六个阶段,包括传统社会期、准备起飞期、起飞期、成熟期、大众消费期和超越消费期。总体来看,收入仍然是影响居民消费决策的重要因素(耿修林,2009)。Wilson(1998)利用美国家庭收入动态分组统计数据进行实证研究,发现收入不确定性会限制美国家庭的消费支出,一些家庭由于对收入不确定性的担忧而增加了预防性储蓄,导致消费支出减少,尤其在耐用品与非耐用品消费中表现出显著的差异。Shim Young(2016)认为,非洲居民收入水平的提高使得其消费结构相对改善,特别是在医疗保健和能源领域的消费支出逐步增加。然而,食物消费仍然是当地居民主要的消费支出。此外,一些针对中国城镇居民的研究表明,不同收入水平的家庭对消费的影响存在明显差异,工资收入、经营收入、财产性收入和转移性收入都对居民消费产生着正向影响。有学者认为,收入水平在中国城市家庭消费升级中起着重要作用;随着收入水平的提高,中国居民消费水平的提高速度加快;而低收入家庭的消费结构则变化较慢(耿修林,2009)。针对中国城乡二元结构的现状,国内学者做了大量的关于收入水平、收入差距、收入来源和收入方式等的城乡对比分析,丰富的结果论述也可以验证收入水平对消费的重要作用(陈波,2013年)。

人口在经济中既是生产要素的供给方,也是消费商品的需求方。人口的规模、年龄、性别等结构变化对一个国家或地区的居民消费产生直接和间接的影响,甚至影响到经济发展的其他变量。马克思指出:"每一个特定的历史时期的生产方式,都有它特定的历史时期的人口规律。"人口总量和结构的变化会直接影响到消费结构的形成。

在居民收入确定、各种消费品总量确定的条件下,人口数量的变化会影响消费支出总额。不同的人口结构对消费决策产生影响,进而驱动消费结构的相应变化。人口总量和结构的变动对居民消费和消费结构具有直接或间接的影响。例如,人口出生率的下降直接导致了人口总量的减少,从而影响到劳动年龄人口的减少。在人均资本存量不变的情况下,剩余的资本可转化为人们的消费,从而促进人均消费水平的提升。然而,长期来看,这种人口结构的变化也会间接导致老年人口比重的上升。随着老年人口比重的上升,其消费需求可能会减少,而少儿人口比重的下降则可能会带来消费需求的增加。这两种力量共同决定了总的消费需求的变化方向。因此,人口结构的变化对消费结构和总体消费需求的形成和发展具有重要的影响。

消费文化是指社会文化环境中对消费行为的态度和价值观念的总称。消费文化的变迁不仅会影响人们的消费习惯,还会影响人们对消费的态度和意识形态。首先,消费文化的变化会影响人们的消费观念和消费习惯。比如在过去,人们更注重实用性和耐用性,但随着消费文化的变迁,人们对品牌、时尚和个性化的需求愈发强烈,导致消费习惯的变化。其次,消费文化的变化还会影响人们的消费态度,即人们对消费的看法和评价。在某些时候,消费被视为是一种享受和满足个人需求的方式;在另一些时候,消费则被视为一种浪费和铺张。东亚国家的消费文化以谨慎和节俭著称,而西方国家的消费文化则以超前消费为典型特征。第二次世界大战后,随着社会经济的高速发展和金融业的兴起,消费信贷金融创新得到普及,消费主义开始盛行,主张占有和消费物质产品是个体得到满足和快乐的首要选择。这种情况下消费愈多,就愈多地被社会认可甚至鼓励。而东亚国家深受儒家思想影响,大多持保守内敛的态度。总的来说,消费文化对消费行为的影响是复杂而深刻的。

绿色环保的消费文化是指在消费过程中关注环境保护和可持续性发展的一种消费观念和文化。随着人们对环境保护意识的提高,绿色环保的消费文化逐渐兴起。绿色环保的消费文化强调环保和可持续性发展,鼓励消费者在购买商品时注重商品的环保属性,这也能督促企业更加注重环保和可持续性发展,从而实现经济、环保和社会效益的协调发展。

消费者消费需求更新引致科技创新水平提高,是技术创新的原始动力。消费需求的更新为技术创新提供了方向和目标。只有在满足消费需求的前提下,技术创新才能转化为潜在的订单和利润。例如,随着经济水平和生活质量的提高,智能家居类产品备受市场欢迎。科技创新也对消费需求具有引导作用。例如,随着网购和网络支付技术的成熟,越来越多的中老年人开始接触并逐渐认同网络购物，这无形中也增加了消费需求、提升了消费水平。科技创新水平的提高会提高单位产品的生产率和降低生产成本，进而引起价格的降低，带来消费数量的增加。科技创新水平的提高会不断优化产品性能，更好地满足人们的消费需求，满足不同层次的消费结构。总之，科技创新释放消费潜力，提高人民的消费水平。

消费方式、社会生产水平和科技创新水平这三者相互关联，密不可分。科技的创新程度影响社会大生产的效率，本质上也就影响社会生产力，社会生产力的高低又决定消费方式，所以科技创新也可能决定消费方式，影响消费水平。目前的科技创新注重绿色创新，不再以破坏生态环境为代价追求高速的发展突破为目的，人们的消费方式发生转变，转向良性的绿色可持续性的道路。在农业社会阶段，人们的消费需求相对较为原始和基本，科技创新水平发展较为缓慢。在工业社会阶段，随着物质消费需求的增加，科技创新能力也得到了急剧提升，但由于粗放、挥霍的消费模式，科技创新活动并不可持续。在现阶段，人们对消费的需求更加注重高质量、绿色环保，这要求相应的科技创新必须朝着高水平、高质量、可持续性的方向发展。因此，科技创新的方向和水平将直接影响消费方式的演变和社会的可持续发展。

马克思关于生产与消费关系的理论指出，生产决定消费，而消费在一定程度上又影响着生产。生产的根本目的和出发点是消费，但消费是生产的源头和原动力。消费结构的变动促进产业结构的调整升级。首先，在微观层面上，企业为追求利润最大化，会通过调整生产战略和创新生产技术，紧抓消费热点，满足消费者的消费需求；新的消费热点将大量投资和资本存量都引导到新产业热点的布局中，从而起到调整产业机构的作用。消费结构的升级将带动相关产业的增长。举例来说，随着生活水平的改善，越来越多的人注重运动健身，注重消费活动的参与感、健康性和社交性，因此近年来马拉松赛事从单场体育活动逐渐演变成为全链条的"马拉松产业"，形成一批赛事运营、马拉松俱乐部、运动 App、户外运动产品等产业链知名品牌。据国家体育总局《马拉松运动产业发展规划》估算，2020年后，马拉松运动产业规模将达到1200亿元，出现具有相当实力和影响力的十大品牌赛事运营公司和10家品牌马拉松运动产业技术服务装备商。该产业消费人口数量将进一步扩大，到2020年，全国马拉松赛事场次（800人以上规模）达到1900场。

第四节 消费结构特征

当前消费趋势有几个重要特征,包括符号化消费、智能化消费、个性化消费、在线网络消费、体验式消费和环保绿色消费(见表4-2)。消费者对于产品的质量、服务、环保性和个性化需求越来越高,品牌竞争也转向了个性化服务和体验的竞争。与此同时,随着网络技术的发展,越来越多的消费者开始通过网络进行消费,电商平台崛起促进网购消费快速增长。在消费者注重消费体验的同时,越来越多的消费者注重环保绿色消费,对产品的环保性和可持续性提出更高的要求。这些趋势将继续推动消费领域的发展,为企业提供更多的机会和挑战。

表4-2 现阶段主要大众消费特征总结

特征	内涵	表现	趋势
符号化消费	强调产品或服务的象征意义和符号意义	名车、名表、名包或者小众品牌等成为符号性产品	持续存在
智能化消费	对品质、服务、体验的要求越来越高,消费结构不断升级	高端消费品、智能家居、高端娱乐、健康养生等领域消费增长快速	持续上升
服务消费	消费者对于产品的个性化需求越来越高,品牌竞争转向个性化服务和体验的竞争	产品个性化定制、个性化服务和体验	持续上升
在线网络消费	越来越多人开始通过网络进行消费,电商平台崛起促进网购消费快速增长	电商平台、社交电商、直播带货等新业态	持续上升
体验式消费	消费者注重消费体验,对产品品质、服务、环境和氛围等有较高要求	旅游、餐饮、文化娱乐等体验式消费增长快速	持续上升
绿色消费	消费者注重产品的环保性和可持续性,对企业和品牌环境形象提出要求	环保产品、绿色消费、低碳生活等	持续上升

(一)符号化消费

符号化消费与象征性消费是消费行为中的两个重要方面。消费符号是指在特定的历史时期或文化背景下,被大众所认可并且广泛采用的符号、标志或物品,用于表达消费者身份、社会地位、审美观念等方面的价值观念。每个时代的消费符号都有所不同。在20世纪初期,汽车和电话是象征中产阶层社会地位和现代化的消费符号。20世纪50年代和60年代,电视机成为家庭必备的消费品,代表着家庭生活的舒适和娱乐。从20世纪70年代和80年代起,品牌化、时尚和个性化的消费符号流行起来。在中国,80和90年代的标志性消费品是"老三件":自行车、手表和缝纫机。随着改革开放,"新三件"——冰箱、彩电和洗衣机——成为家庭新宠,标志着生活水平的提升。进入现代,智能手机、平板电脑和社交媒体等数字产品已成为日常生活的核心,代表着数字化生活方式的普及。消费符号不断变化和演进,反映了社会和文化的变化,同时也影响着人们的价值观念和消费行为。

(二) 体验式、智能化消费

在当今社会,智能化已经成为各种行业的发展趋势,消费领域也不例外。越来越多的消费者开始注重智能化、体验式消费,希望通过更加智能化的产品和服务来提升消费体验。智能家居、智能穿戴设备等受到越来越多消费者的欢迎。智能化的发展不仅可以提高消费者的生活品质,还可以更好地满足消费者对于个性化、定制化的需求。在购物体验方面,消费者更加喜欢采用智能化的购物方式,如无人便利店和线上购物平台。这些方式可以更加方便快捷地满足消费者的购物需求。智能化家居产品也可以通过语音控制等方式,为消费者提供更便捷的家居生活方式,同时提高家居的安全性。智能化穿戴设备可以让消费者更加便捷地掌握自己的健康状况,更好地管理自己的健康。此外,智能化产品和服务也可以更好地满足消费者对于个性化、定制化的需求,提高消费者的满意度和忠诚度。因此,注重智能化、体验式消费将成为消费趋势的主流,并且将在未来继续推动消费领域的发展。

(三) 在线网络消费 流量消费强劲

中国的网络消费市场规模正在持续增长,这是由于中国经济的快速发展和互联网技术的普及所带来的。截至2020年,全国网上零售额达11.76万亿元,同比增长10.9%,相较2005年的157.30亿元,增速达到30.4%。2019年移动端消费额更是达到8.5万亿元,同比增长24.5%。中国的社交媒体平台已经成为消费者的主要购物场所,提供了更便捷的购物体验,并促进了社交化

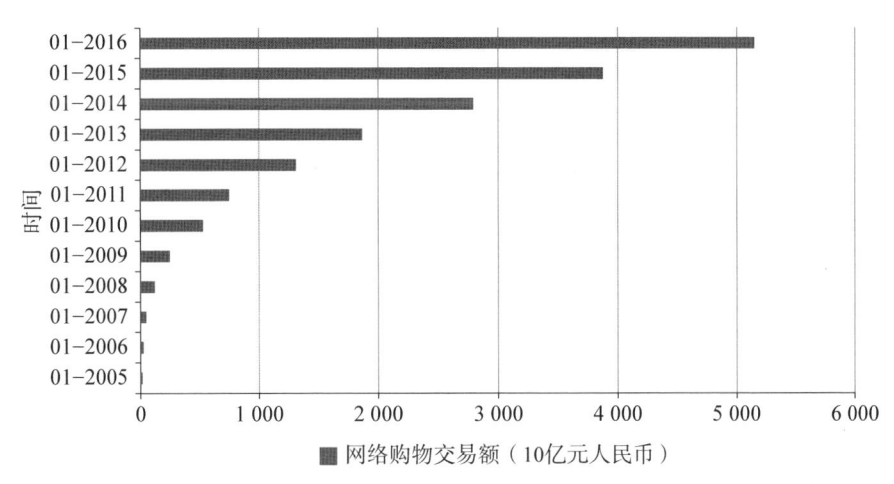

图 4‑15　2005—2016 年中国网络购物交易额统计
资料来源：国家统计局。

购物。此外，中国消费者越来越青睐海外商品，推动了跨境电商平台的迅速发展。2019 年中国跨境电商进口零售额达到 1.69 万亿元，同比增长 16.5%。中国网络零售市场的增长趋势仍然保持活跃。预计未来几年，随着技术的不断发展和消费者需求的变化，中国的在线网络消费市场仍将保持快速增长。

中国的在线网络消费市场呈现出很多新特征。首先，消费者越来越重视商品品质和服务质量。随着中国中产阶级的崛起，消费者对商品品质和服务质量的要求也越来越高。其次，为了吸引消费者的眼球，企业采用的营销方式也越来越多样化。除了传统的广告宣传，企业还会利用社交媒体、直播等新兴渠道进行营销。此外，消费者对个性化的商品和服务的需求越来越强烈。为了满足这种需求，企业不断推出个性化的商品和服务。随着人工智能技术的应用的兴起，人工智能技术在在线网络消费市场的应用也越来越广泛，例如智能推荐、智能客服等，为消费者提供了更加便捷的在线购物体验。

（四）服务消费为主

转向服务消费为主是指消费者的消费需求逐渐从商品消费转向服务消费。这种消费模式的特征如下：其一，服务消费占比增加。消费者在消费过程中越来越注重服务的质量和体验，因此服务消费占比逐年增加。2015—2020 年，中国服务消费将以年均 11% 的速度增长；消费额增长了 51%。与此形成鲜明对比的是，实物消费的年平均增长率仅为 8%。其二，个性化服务需求增加。随着消费者对服务的个性化需求不断提高,服务提供商需要根据消费者的需求提供差异化、个性化的服务。个性化消费是指消费者对于商品的个性化需求越来越高,希望能够购买到符合自己个性化需求的商品。其三,服务创新能力强。服务消费行业的竞争越来越激烈,服务提供商需要不断创新,提供具有竞争力的服务,以满足消费者的需求。其四,服务供给链复杂。服务消费的供给链比商品消费更为复杂,涉及多个环节和多个服务提供商,因此需要更好的供应链管理和协调。服务消费为主的趋势的出现,反映了消费者对于商品和服务的需求和关注点的转变。随着社会的发展和人们生活水平的提高,消费者开始更加注重体验和享受高质量服务,不再仅仅停留在物质的富足和积累上。此外,随着信息技术的普及和发展,消费者内在的个性化需求也得到了激发和重视。

(五) 绿色消费兴起

当前,绿色消费已成为消费市场的一大趋势。消费者越来越注重产品的环保性和可持续性,对有害物质的排放和环境污染问题提出更高要求。绿色消费包括环保产品、绿色消费、低碳生活等多个方面。例如,许多人选择购买环保产品,如 LED 灯、太阳能充电器等,以减少对环境的污染。绿色消费是一种可持续的消费方式,既能满足消费者的需求,又能保护环境、促进可持续发展。现代消费者越来越注重产品的环保性和可持续性,对企业和品牌的环境形象提出了更高的要求。消费者除了关注产品的功能和价格,也更加关注企业的社会责任和环境保护。此外,消费者的消费偏好也通过市场机制鼓励企业采取可持续的生产方式,例如使用可再生能源、减少废弃物和污染物的排放等,以降低对环境的影响。企业和品牌需要积极响应消费者的需求,将环保和可持续性纳入企业发展战略,加强环保意识和环保投入,以满足消费者对环保和可持续性的要求,提升企业的环境形象和社会责任感。

(六) 代际支持消费

代际支持消费指的是家庭中年长一代成员向年轻一代成员提供物质或非物质支持,以帮助他们更好地生活。这种模式的优势在于可以增进家庭成员之间的互助和联系,同时提高家庭整体的消费水平。在中国,高昂的教育和住房成本使得代际支持消费尤为普遍,如父母资助子女购房或支付教育费用。此外,中国传统文化强调家庭亲情和家族责任,这助推了代际支持消费的发展。中国还有一个现实情况也助推了代际支持消费,即,许多20世纪五六十年代出生的人经历了童年的经济困难,而改革开放使他们有机会提前储蓄。未来随着老龄化加剧,代际支持消费的新特征尚难确定,但人口结构的变化必然会深刻影响到代际消费的演变。

第五章　碳排放测算与驱动因素分析

第一节　碳排放测算方式

碳排放测算是指通过测量、统计和分析人类活动所产生的温室气体排放量，来反映人类活动对环境的影响。具体来说，碳排放测算包括了碳排放量的计算和碳排放权的分配两个方面。碳排放量的计算是指根据能源、工业、交通等各个领域的碳排放源，统计和分析其碳排放量的过程。碳排放量的计算方法通常包括能源消耗总量、能源转化率、能源消费中的碳排放量等因素。本节主要关注碳排放量的核算。核算碳排放水平是环境保护和可持续发展的重要手段，可以帮助政府、企业和个人更好地了解其碳排放量，并推动全球范围内的温室气体减排行动。

碳排放测算主要有以下几类视角。其一，基于统计的方法通过对碳排放源和排放量进行统计和分析来计算碳排放量，具有较高的时效性和准确性，但需要收集大量的基础数据。其二，基于遥感的方法通过卫星遥感技术来监测碳排放情况，适用于碳排放量较小、分布较分散的地区，但需要较大的投入和技术支持。其三，基于模型的方法通过建立数学模型来模拟碳排放过程，具有较高的精度和可靠性，但需要收集大量的经济数据和气象数据。这些方法的选择和应用要根据具体情况和需求来确定。

现有文献中，IPCC（国际气候变化小组）碳排放因子法是计算碳排放量常见方法之一。它通过对能源、工业、农业和生活等各个领域的碳排放进行分析，得出每个领域的碳排放因子，然后将它们相加得到总的碳排放量。IPCC碳排放因子法的具体步骤如下：第一步，确定各个领域的碳排放源和碳排放量。这可以通过收集统计数据、分析数据和进行实地调研等方式来完成。例如，能源领域的碳排放源包括化石燃料燃烧、工业废气排放、林业和农业等活动。第二步，确定每个碳排放源的碳排放因子。碳排放因子是指每个碳排放源在每单位碳排放量下的排放量。这个因子通常是根据碳排放源的性质、技术和经济水平等因素确定的。例如，化石燃料燃烧的碳排放因子通常是每单位能量产出的碳排放量，而工业废气排放的碳排放因子是根据生产工艺和设备的性质确定的。第三步，涉及计算各个领域的碳排放量。这个过程包括将每个领域的碳排放源与相应的碳排放因子相乘，以计算出各自的碳排放量。第四步，通过累加这些领域的碳排放量，得到总体的碳排放量。通过对总碳排放量和各个领域的碳排放量的分析，可以了解碳排放的趋势和影响因素，例如能源消耗的增加、工业活动的扩张、生活方式的变化等。

碳排放因子法的优点在于，可以综合考虑各种能源的使用情况和各种温室气体的排放特性，从而更加准确地测算碳排放量。本节则依据《IPCC 国家温室气体清单 2006》中公布的碳排放系数，结合现实的能源使用情况，选择了煤炭、焦炭、原油、汽油、煤油、柴油、燃料油、天然气等 8 种能源的实际消耗量和对应的系数进行测算。这些能源是中国碳排放量的重要组成部分，通过测算它们的碳排放量，可以大致反映出中国碳排放的总体情况。具体计算公式为[①]：

$$C = \sum_{i=1}^{n} C_i = \sum_{i=1}^{n} E_i \times CEF_i = \sum_{i=1}^{n} E_i \times H_i \times F_i \times O_i \times \frac{44}{12}$$

式 5-1

为确保碳排放量测算的准确性，本研究在计算二氧化碳排放时尽量覆盖广泛的能源类型。依据先前研究（如刘志红，2018；任志娟，2014）对能源选择的参考，本研究选取了包括原煤、洗精煤、原油、汽油、天然气等在内的 18 种能源种类进行分析（见表 5-1）。此外，为了简化计算过程，将"煤矸石"纳入"原煤"类别，"转炉煤气"则并入"其他煤气"中。

表 5-1　　　　　　　　　二氧化碳 CO_2 排放相关系数

能源名称	平均低位发热量 （kJ/kg；kJ/m³）	单位热值含碳量 （kgC/GJ）	碳氧化率	二氧化碳排放系数 （kgCO₂/kg；kgCO₂/m³）
原煤	20 934	26.37	0.94	1.902 7
洗精煤	26 377	25.41	0.93	2.285 5

---

① 其中 i 是能源种类，E_i 表示每一种类型的能源消费量，H_i 表示每一种能源的平均低位发热量，F_i 表示能源的单位热值含碳量，O_i 表示氧化率，12/44 则是碳和二氧化碳的摩尔质量转换系数。

续表

能源名称	平均低位发热量 (kJ/kg;kJ/m³)	单位热值含碳量 (kgC/GJ)	碳氧化率	二氧化碳排放系数 (kgCO₂/kg;kgCO₂/m³)
其他洗煤	8 374	25.41	0.93	0.725 6
型煤	15 910	33.56	0.90	1.762 0
焦炭	28 470	29.42	0.93	2.856 2
焦炉煤气	18 003	13.58	0.98	0.878 5
高炉煤气	3 768	12.10	0.98	0.163 8
其他煤气	16 308	12.10	0.98	0.709 1
原油	41 868	20.08	0.98	3.021 0
汽油	43 124	18.90	0.98	2.928 7
煤油	43 124	19.60	0.98	3.037 2
柴油	42 705	20.20	0.98	3.099 8
燃料油	41 868	21.10	0.98	3.174 4
液化石油气	50 242	17.20	0.98	3.105 2
炼厂干气	46 055	18.20	0.98	3.011 9
天然气	38 979	15.32	0.99	2.167 7

除了因子法,投入产出法也是一种常用于估算经济活动碳排放的方法。它通过分析经济体内部的生产和消费活动,将碳排放分解为生产过程中的碳排放和消费过程中的碳排放,然后分别计算经济体内部的碳排放量和全社会的碳排放量。具体来说,投入产出法可以有以下过程:首先,需要确定经济系统中的所有行业,并建立它们之间的关系矩阵。这个关系矩阵描述了不同行业之间的投入产出关系,即哪些行业向哪些行业提供输入,哪些行业从哪些行业获得输出。其次,需要收集各个行业的碳排放数据。这些数据可以从国家或地区的统计机构或环境保护机构获得,也可以从行业协会或公司获得。需要注意的是,这些数据应该是标准化的,也就是以二氧化碳当量为单位,以确保不同行业之间的数据可比性。进一步地,根据投入产出关系计算碳排放量。使用投入产出关系矩阵和各个行业的碳排放数据,可以计算出每个行业的碳排放量。具体来说,对任一给定行业i,其碳排放量可以通过以下公式计算:碳排放量$(i)=\sum$ 投入产出系数$(i,j)\times$碳排放量(j)。其中i代表特定行业,j代表供应该行业的其他行业。

需要注意的是,投入产出法只是一种估算方法,其精度受到数据质量和模型参数的影响。因此,在进行碳排放测算时,需要充分考虑数据质量和模型参数的不确定性,以降低估算误差。同时,投入产出法也只是一种粗略的估算方法,不能完全反映经济体的碳排放情况,需要与其他方法结合使用,以更全面地了解经济体的碳排放状况。

IPAT 模型作为经典的环境影响模型(Ehrlich&Holdren,1971)也常用于环境评估,该模型认为环境影响 I 是由财富 A、人口规模 P 和技术水平 T 三个变量协同作用决定的,具体数学表达式如下:IPAT 理论公式如下:$I = P \cdot A \cdot T$。其中,T 表示每个人的平均资源消耗量。IPAT 理论可以应用于碳排放问题,具体含义如下:人口(I):碳排放总量与人口规模之间存在相关性;随着人口数量的增长,相应的碳排放量亦呈增加趋势。经济财富(A):碳排放量与国家或地区的经济水平密切相关;一般而言,经济财富水平较高的地区,其碳排放量也较高。技术(T):技术的发展水平对于碳排放量也有一定的影响,先进的技术通常可以减少碳排放量。但是这个模型有很多的局限性,比如很难在实际中实现这三个影响因素的弹性为1,同时也无法对参数进行估计和检验。为了解决这些问题,后续研究者在 IPAT 模型的基础上发展出了 STIRPAT 模型(Dietz&Eugene,1997)。STIRPAT 模型的形式为 $I = aP^b A^c T^d e$,其中 a 为基础截距项,b、c、d 分别为财富 A、人口 P 和技术 T 的影响系数,e 为随机误差项。对以上公式两边取对数可得到如下形式:"$nI = lna + blnP + clnA + dlnT + e$"。STIRPAT 模型相对于 IPAT 模型来说更加灵活,可以对各种影响因素进行定量分析,能够更好地解决环境影响的问题,也是本书后续实证研究的重要基础模型之一。

和 IPAT 模型很相近的还有经典的 Kaya Identity 模型,由经济学家 Kaya 提出。该模型则更专注于分解二氧化碳排放,可以将每个参数的变化解释为对总二氧化碳排放变化的贡献(见图 5-1)。主要参数可分解为人口、经济活动水平、能源强度和能源碳排放强度四个因素。该公式的形式为:

$$CO_2 = P \times \frac{G}{P} \times \frac{E}{G} \times \frac{CO_2}{E} \qquad 式 5-2$$

具体来说:(1)人口规模(P):人口增长直接促进总碳排放量上升,原因在于更多的人口意味着对能源与资源的需求增加。(2)经济活动水平(G/P):经济活动的扩展往往伴随着碳排放量的提升,因为增加的经济活动需要消耗能源,而能源生产和使用过程中通常会释放二氧化碳。(3)能源强度(E/G):能

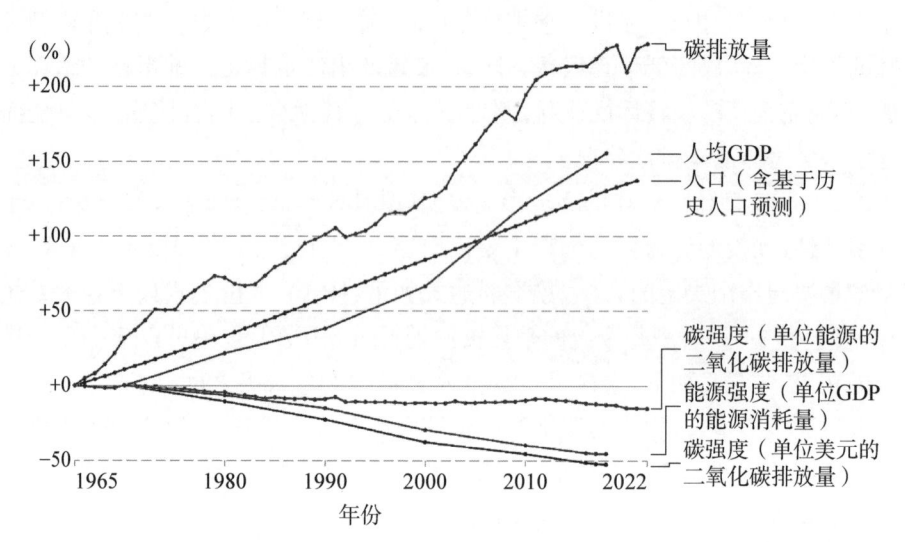

图 5-1　1965—2022 年世界碳排放驱动因素（基于 Kaya Identity 模型）

注：人均国内生产总值按照 2011 年国际购买力平价（PPP）标准计算，考虑了通货膨胀和不同国家之间的价格差异。

资料来源：Global Carbon Budget（2023）等。

源强度的下降反映了每单位 GDP 所需能源消耗的减少，这有助于减轻碳排放压力。（4）能源碳排放强度（CO_2/E）：能源碳排放强度的降低指向了向更清洁、低碳能源的转换，结果是每单位能源产生的碳排放量减少。

此外，除碳排放因子法和投入产出法，常用的测算方法还有基于 IPAT 模型的统计预测法和生命周期评价法；生命周期评价则是对产品或服务全生命周期进行评价，计算碳排放量，适用于产品生命周期评价和企业环境报告等；输入产出法以经济活动的投入和产出为基础，计算碳排放量，适用于区域碳排放核算和企业环境报告等。这些方法各有优缺点（见表 5-2），需要根据具体情况选择合适的方法进行测算和分析。

表 5-2　碳排放测算常见方法比较

方法	含义	具体应用	发展历程	优缺点
碳排放因子法	根据产业类型和能源消耗量计算碳排放量	国家碳排放清单编制、企业环境报告	1995 年，国际上开始使用	精度较低，不适用于复杂产业结构；只适用于特定时期和地区

续表

方法	含义	具体应用	发展历程	优缺点
IPAT模型	$I=P\times A\times T$,通过分解影响因素计算碳排放量	碳排放预测和政策制定	20世纪70年代,人口、经济和技术三个因素被提出	仅考虑了总体趋势,无法考虑具体因素;对于经济因素的解释能力较弱
生命周期评价	对产品或服务全生命周期进行评价,计算碳排放量	产品生命周期评价、企业环境报告	1992年,国际标准化组织发布ISO 14040系列标准	精度高,但计算复杂度大;数据获取困难且精度受限
投入产出法	以经济活动的投入和产出为基础,计算碳排放量	区域碳排放核算、企业环境报告	20世纪90年代,国际上开始应用	精度较高,但计算复杂度大;数据获取困难且精度受限

第二节 碳排放相关概念和演变规律

一、碳排放相关概念

碳排放总量、人均碳排放量和碳排放强度是反映碳排放水平的重要指标,它们各自有着不同的含义和参考价值。

碳排放总量,是指一定时间内,一个国家或地区的二氧化碳排放量的总和。它反映了一个国家或地区碳排放的规模和影响力。碳排放总量高意味着该国家或地区的碳排放量较大,对环境造成的负面影响也更大。

碳排放强度,是评估一个国家或地区经济活动与碳排放量关系的关键指标。一般来说,高碳排放强度意味着生产和消费模式相对落后且效率低下,从而对环境造成较大的负面影响。这个指标通过比较单位GDP所对应的二氧化碳排放量来衡量,反映了经济活动中每单位能源消费对应的碳排放量。降低碳排放强度意味着向更清洁、高效的生产消费转型,减少对环境的压力。

人均碳排放量,衡量了一个国家或地区相对于其人口规模的碳排放水平,反映了碳排放的相对强度和密度。较低的人均碳排放量指示一个国家或地区拥有较低的碳排放强度和人口承担的碳排放负担较轻。随着人口规模的增加,经济体的总体二氧化碳排放量自然增长,而人口结构对能源消费及其碳排放也产生显著影响。简而言之,人均碳排放量揭示了人口每个成员平均对碳排放贡献的量度,为评估和比较不同国家或地区的碳排放效率提供了重要指标。

能源强度,即单位国内生产总值(GDP)所消耗的能源量,是评价能源使用效率的关键指标之一。较高的能源强度意味着较低的能源使用效率,表明在该国或地区资源使用中存在浪费。通常,在工业化初期阶段,随着经济活动的加速,能源强度可能会经历上升,反映了产业结构尚未优化、生产技术和工序设备较为落后。然而,随着工业化进程的深入,伴随产业结构的调整、落后生产力的淘汰和技术进步,能源强度预期将呈现下降趋势。因此,从长期角度观察,一个国家的单位GDP能源消费量通常会在工业化早期快速上升,随后在经过一段时期的工业和技术发展后达到一个转折点,并开始逐渐下降。

以上指标相互作用,相互影响,需要综合考虑(见表5-3)。例如,虽然碳排放总量高,但人均碳排放量低,说明该国家的人口规模大,但人均碳排放水平相对较低;碳排放强度高,但能源强度低,说明该国家的生产和消费方式虽然落后,但能源利用效率较高。因此,不能仅通过单一的碳排放指标高低就盲目得出结论,需要综合考虑特定国家所处的发展阶段和人口总量及结构。同时,各国的环保政策和能源政策也会对碳排放产生影响。一些国家可能会采取有效的环保政策和能源政策,以减少碳排放和提高能源利用效率。因此,在评估一个国家的碳排放水平时,还需要考虑该国家的政府政策和措施,以及各种社会和经济因素。评估一个国家的碳排放问题是一项复杂的任务,需要综合考虑多种因素。只有了解了所有相关的环境和社会因素,才能得出准确的结论和提出有效的建议。

表5-3　　　　　　　　　　　　碳排放主要相关概念

指标	定义	含义
碳排放总量	一定时间内,一个国家或地区的二氧化碳排放量的总和	反映了一个国家或地区碳排放的规模和影响力
碳排放强度	一个国家或地区在一定时间内,每生产或消费一定量商品或服务所产生的二氧化碳排放量	衡量一国经济同碳排放量之间关系的重要指标,高则表明该国或地区的生产和消费方式较为落后和低效

续表

指标	定义	含义
人均碳排放量	一个国家或地区在一定时间内，平均每人产生的二氧化碳排放量	反映了一个国家或地区的碳排放水平相对于人口规模的强度和密度，低表明人口每个成员平均对碳排放贡献的量度低
能源强度	单位GDP能源消费量	衡量能源利用效率的重要指标，高表明该国或地区的能源利用效率低下，严重浪费资源

根据国际经验，一国或区域的经济发展和碳排放之间的关系可以分为四个阶段（见图5-2）。第一阶段，碳排放强度从初始阶段逐步上升，持续增长直至达到高峰；第二阶段，碳排放强度开始从其峰值下降至人均碳排放量的最高点；第三阶段，发生在人均碳排放量超过拐点之后。尽管已过拐点，人均碳排放量仍旧处于增长态势，其间人均碳排放的最高值逐渐向碳排放总量的峰值靠拢；第四阶段，标志着碳排放总量达到峰值后进入逐步下降的稳定期。通过对历史经验的观察，第一阶段越过碳排放强度最易，其次为第二阶段、第三阶

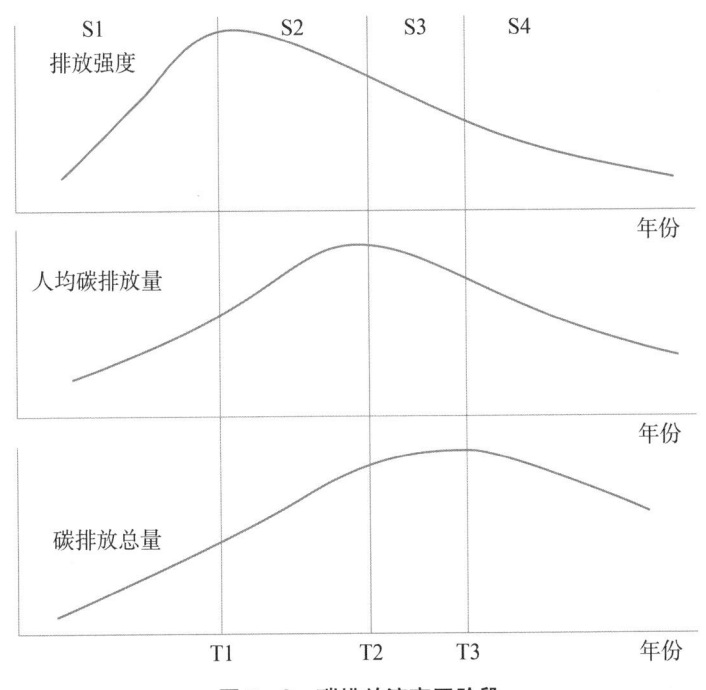

图5-2 碳排放演变四阶段

段。在分析碳排放总量、人均碳排放量以及碳排放强度的变化趋势时,人口增长、经济发展和技术进步被广泛认为是三个核心驱动因素。人口的增长直接推高了碳排放总量,然而,人口增长对经济扩张和技术创新的促进效应亦不容小觑。经济的持续增长与技术的不断进步有助于降低碳排放强度和减少人均碳排放量。因此,在研究碳排放与经济发展之间的复杂关系时,需要全面考虑经济和技术进步对碳排放强度及人均碳排放量的正面影响。此外,政策和制度的变革也对碳排放产生了深远影响。通过推动政策创新和调整经济结构,可以激励技术革新,进而在降低碳排放的同时促进可持续发展的实现。

随着碳减排技术的日益成熟以及其在碳排放管理中的核心作用,碳排放趋势预计将进入第四阶段,即总量达到峰值后逐渐下降的阶段。当前,中国正面临严峻的能源挑战和环境污染问题,这要求高度重视技术创新,并将其与有效的制度安排及政策调控相结合,以促进温室气体减排努力的有效实施。总的来看,随着经济的持续进步,碳排放强度和人均碳排放量通常会经历一个初期上升后逐渐下降的过程,而碳排放总量在经济快速增长期间会持续上升。然而,随着经济增长速度的减缓,碳排放总量的增长率将逐步降低,最终实现稳定并逐步减少。

二、国际碳排放特征和影响因素

诚然,在全球气候变化问题中,碳排放量是一个至关重要的问题。根据国际能源署的数据,2020年全球二氧化碳排放量排名前10的国家中(见图5-3),排名前5的国家依次为中国、美国、印度、俄罗斯和日本,其二氧化碳排放量分别达到了9 893.5、4 432.2、2 298.2、1 431.6和1 026.8百万吨。这些国家的排放总量占全球总排放的58.2%,其中,中国以29.5%的占比位居首位。这5个国家的排放总和显著超过了其他国家和地区的总量,可见全球碳排放量的增加主要集中于新兴经济体和发展中国家,这些地区的排放量呈现出快速的上升趋势。

然而,必须认识到,不同国家的经济发展水平和历史责任存在显著差异,这导致了碳排放量之间的巨大不平等,是国际社会争论的热点之一。在工业化早期,发达国家的大规模温室气体排放对全球气候造成了不利影响。近年来,新兴工业化国家快速发展,其碳排放量也急剧增加。这引发了一个国际难

二氧化碳排放量（百万吨）

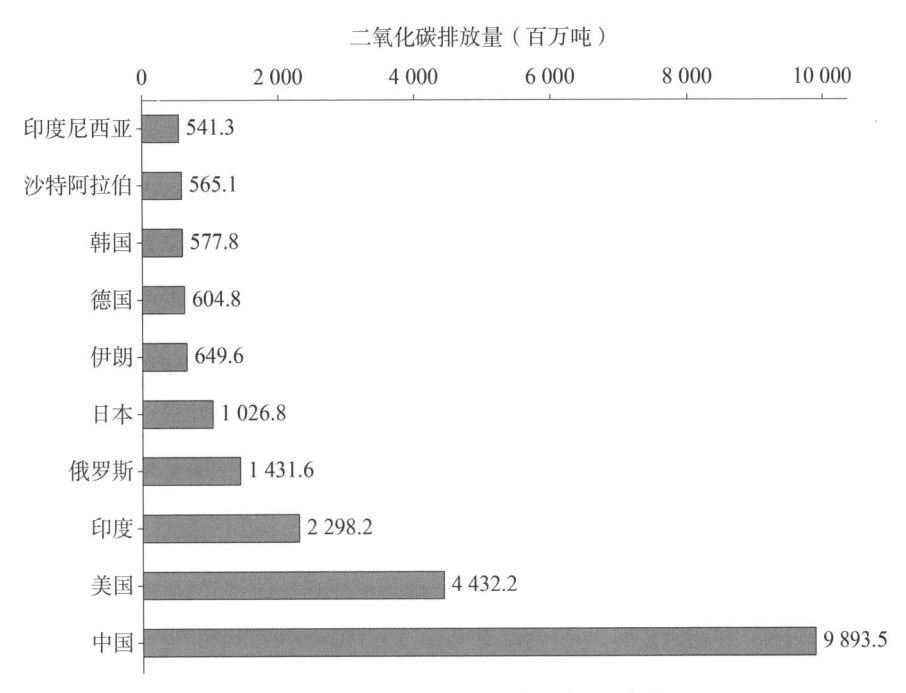

国家	排放量
印度尼西亚	541.3
沙特阿拉伯	565.1
韩国	577.8
德国	604.8
伊朗	649.6
日本	1 026.8
俄罗斯	1 431.6
印度	2 298.2
美国	4 432.2
中国	9 893.5

图 5-3 2020 年全球二氧化碳排放量排名前 10

数据来源：国际能源署，经作者整理。

题：如何在发达国家和新兴工业化国家之间实现碳排放的公平分配？此外，讨论发达与新兴工业化国家碳排放问题时，也不能忽视国际贸易对碳排放的贡献。所谓隐含碳，涵盖了产品生命周期内的所有直接和间接温室气体排放，反映了跨国贸易活动对全球碳足迹的重要影响。由于经济发展水平和产业结构的不同，一些发达国家通过将高排放产业转移至新兴工业化国家，降低了自身的碳排放量，这同样凸显了国际碳排放不公的问题。

因此，如果将经济因素，即一个国家的经济发展水平（实际 GDP 增长率）考虑进来，那么全球主要国家的碳排放格局是怎样的呢？表 5-4 显示了全球二氧化碳排放量排名前 30 的国家和地区在经济增长和二氧化碳排放量增长方面的分布格局。基于实际 GDP 增长率与二氧化碳排放量增长率的差异，这些国家和地区可被划分为四个类别：第一组是实际 GDP 低增长、碳排放负增长的国家，包括美国、日本、德国、英国等 7 个主要发达国家；第二组是经济中低速增长、二氧化碳排放量低增长的国家和地区，包括俄罗斯、伊朗、韩国、沙特阿拉伯、加拿大、南非等 18 个国家和地区；第三组是经济中高速增长、二氧化碳排放量快速增长的国家和地区,包括印度、印度尼西亚、越南和哈萨克斯坦4个亚洲国家;第四组是中国,虽然经济上实现了全球经济体中持续高速增长速度,但是二氧化碳排放量的增长速度大体上与第三组国家的中高速增长水平相当。

表5-4　　　　　全球主要国家、地区碳排放情况分组

群体	国家、地区	GDP增长率	碳排放量增长率	说明
第一组	美国、日本、德国、英国、意大利、法国、西班牙	低	负	实际GDP低增长,二氧化碳排放负增长的国家
第二组	俄罗斯、伊朗、韩国、沙特阿拉伯、加拿大、南非、墨西哥、巴西、澳大利亚、土耳其、波兰、泰国、阿联酋、中国台湾、马来西亚、新加坡、埃及、巴基斯坦	中低	低	经济中低速增长,二氧化碳排放量低增长的国家和地区
第三组	印度、印度尼西亚、越南、哈萨克斯坦	中高	快	经济中高速增长,二氧化碳排放量快速增长的国家和地区
第四组	中国	高	中低	全球突出的持续高速经济增长,二氧化碳排放量的增速与GDP中高速增长地区的平均水平大致相当

在全球碳排放问题中,发达国家和新兴工业化国家的角色不同。发达国家的碳排放总量虽然较高,但碳排放强度较低;发展中国家和新兴经济体的碳排放总量虽然较低,但碳排放强度较高。由于经济和能源结构的差异,不同国家和地区的碳排放量和碳排放强度存在明显的差异。因此这两类国家在全球碳减排中诉求和政策主要也不同(见表5-5)。发达国家由于先于新兴经济体完成了工业化进程,其经济结构和生产方式更加先进,因此碳排放总量相对较高。但发达国家在减排方面也更具有技术优势,可以通过技术创新和应用来实现减排目标。发达国家也有更多的资金和技术能力来支持发展中国家的减排努力。相较而言,新兴工业化国家处于工业化进程的中后期,其经济结构和生产方式相对较不发达,碳排放强度偏高。鉴于这些国家的碳排放总量还在持续增长,它们倾向于优先考虑经济增长,减排举措在短期内可能会被视为对经济增长的潜在阻碍。因此,这些国家普遍支持"共同但有区别的责任"原则,

主张发达国家应担负更重的减排责任,并为发展中国家提供必要的技术与资金援助,从而共同推动全球碳排放减少的努力。

表5-5　　　　　　　　　全球碳排放现状及政策

国家类型	碳排放责任	碳排放现状	碳排放预测	碳排放政策或主张
发达国家	相对较高	稳定或下降	相对稳定	欧盟:倡导"碳中和"目标,计划到2050年将碳排放量降至几乎为零
				美国:重新加入《巴黎协定》,计划到2050年将碳排放量降至几乎为零
				日本:计划到2050年将碳排放量减半
新兴工业化国家	逐渐增加	快速增加	继续增加	中国:倡导"碳达峰、碳中和"目标,计划到2030年左右达到碳达峰,到2060年实现碳中和
				印度:计划到2030年将可再生能源占比提高到40%
				巴西:计划到2030年将可再生能源占比提高到45%
发展中国家	相对较低	相对稳定	继续增加	非洲国家:倡导发达国家提供资金和技术支持,帮助发展中国家推进可持续发展
				小岛屿国家:呼吁发达国家承担更多的历史责任,减少碳排放量,并提供资金和技术支持

从行业来看,全球各行业产生的碳排放贡献具有显著差异(见图5-4)。2020年电力和热力生产行业在全球碳排放中占据主导地位,其碳排放量高达151.1亿吨,占总排放的43.55%。运输行业位居其后,其71.0亿吨的碳排放占比20.47%。制造和建筑行业排放61.8亿吨,占比17.80%,在全球碳排放结构中占据显著地位。除了这前三个行业,建筑物运营领域的碳排放为27.1亿吨,占比7.81%,凸显了建筑效能和能源使用对全球碳足迹的重要性。工业领域的碳排放量为16.3亿吨,占比4.70%。土地利用的变化和林业行业贡献了11.7亿吨,占比3.37%。其他燃料燃烧活动和逸散性排放分别占全球总排放的1.63%和0.77%。各部门在全球碳排放中的占比,为制定有针对性的减排政策提供了宝贵的参考。政策规划者可以优先聚焦于排放较高的领域,以便更精准地制定减排措施。

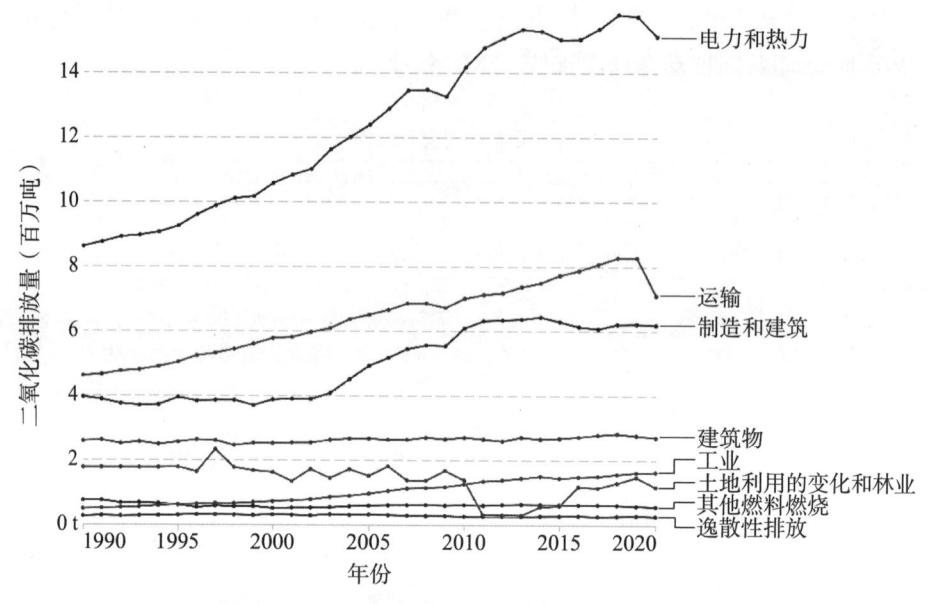

图 5-4 2020 年全球二氧化碳主要来源（按行业）

资料来源：Climate Watch(2023)。

综上，全球碳排放的特征主要包括以下几个方面：其一，能源发电与供热、交通运输、制造业与建筑业三个领域是全球碳排放的主要来源。其中细分来源主要是化石能源的消耗：化石能源是全球碳排放的主要来源，包括煤、石油和天然气等能源。这些能源的燃烧会产生大量的二氧化碳等温室气体，导致碳排放增加。其二，碳排放量峰值和人均二氧化碳排放量峰值并不完全重合，人口的大幅度增加会导致总排放量滞后于人均排放量，如沙特阿拉伯、加拿大、澳大利亚等国家。因此，在审视碳排放问题时，"人均碳排放量"可能是更可靠的拐点指标。其三，全球碳排放受到多种因素的影响，包括经济增长、人口增长、能源结构、产业结构、技术水平等。由于这些因素的复杂性，全球碳排放存在不确定性和难以预测性。除此之外，气候变化、政策法规和国际环境等因素也会对全球碳排放产生影响。因此，减少全球碳排放需要多方面的努力和合作。

此外，涉及全球碳公平的问题，还需要考虑到人均基于消费的二氧化碳排放(Per capita consumption-based CO_2 emissions)。该指标涵盖了一个国家或地区居民通过其生产和消费活动对全球气候变化的实际贡献。与传统的生产端排放不同，这个指标通过考虑国际贸易的影响，更直接地将排放责任归因于最终消费者。计算这个指标的方式包括首先考虑基于消费的排放,即考虑该国或地区居民通过购买商品和服务导致的二氧化碳排放。接着减去该国或地区通过出口向其他国家传递的排放,再加上通过进口引入的排放,进行贸易调整。最后,将结果除以该国或地区的人口数量,得到每个居民的平均消费导致的二氧化碳排放。该指标通过调整国际贸易的影响,有助于更公平地分配全球碳排放责任,避免了传统生产端排放不公平分配的问题,这对于制定全球气候政策和合作是至关重要的。实际上,某些国家通过出口碳密集型产品,将生产端的排放转移到其他国家。基于消费的人均排放计算能更真实地揭示这些国家的环境负担,也有助于制定支持发展中国家采取可持续发展路径的政策。从中国等发展中国家调整后的人均消费碳排放量来看,这些国家并不属于排放大国。

总之,全球碳排放受到多种因素的影响,包括经济增长、人口增长、能源结构、产业结构、技术水平等。这些因素的复杂性导致了全球碳排放的不确定性和难以预测性。在全球化的背景下,各国之间的贸易和投资活动可能会导致碳排放的转移,从而影响全球气候变化。为了应对这个问题,国际社会需要加强合作,制定更加公平和可持续的国际贸易规则,以减少碳排放的转移。此外,各国还可以加强技术转移和资金支持,帮助发展中国家实现可持续发展,减少碳排放的转移。只有在全球范围内实现碳排放量的平等,才能保障人类的未来和地球的可持续发展。发达国家在节能减排方面取得的显著成就,是政策调整和技术进步的结果。发达国家的经验和做法对于其他国家也具有借鉴意义,可以通过学习发达国家的经验和技术,来推进全球减排的进程。因此,各国需要在减少碳排放的同时,促进经济发展和社会进步,实现经济可持续发展与环境保护的平衡。

三、中国碳排放演变特征

中国的碳排放可以简单粗略地分为以下几个阶段:(1)1950—1980年:这个阶段的碳排放主要来自农业生产和传统工业生产,排放量较低,且以化石燃料为主要能源的现代工业尚未发展起来。(2)1980—2000年:在这个阶段,中国的经济快速发展,工业化进程迅速加速,能源需求迅猛增长,碳排放量随之大幅上升。其中,燃煤是主要的能源来源,也是最大的碳排放源。(3)2000年至今:在国家政策的引导下,中国开始推动能源结构调整和节能减排,加强环保意识。这个阶段的碳排放增速放缓,但整体仍处于上升趋势。中国碳排放总量自2001年的32.8亿吨以来一直呈上升趋势,到2019年已经达到122.9亿吨,年均增速为7.8%。不过,在2014—2019年,中国的碳排放增速有所放缓,5年间的平均增速为1.8%,尤其在2015年,中国的碳排放量出现了小幅度下降。

在以上几个阶段中,中国碳排放的主要特征包括:(1)燃煤仍是主要的能源来源,煤炭消费占能源消费的比重超过60%。(2)工业生产是最大的碳排放源,占总排放量的2/3以上。(3)能源消费和碳排放呈现出区域不平衡的现象,东部地区的能源消费和碳排放量远高于中西部地区。(4)中国成为全球最大的碳排放国,但人均排放量仍低于发达国家平均水平。(5)城乡差异也是中国碳排放强度地域分布的一个显著特征。城市地区的碳排放强度普遍高于农村地区。城市居民生活方式的改变、大量机动车的使用以及城市化进程的加速等因素都增加城市的碳排放强度增加。

总体来看,自2000年以来中国7个主要地区①间的碳排放量存在较大差异(见图5-5)。华北和华东地区的碳排放量较高,分别在2019年达到了3312.1百万吨和2810.6百万吨。华东地区的碳排放量增长率处于较低水平,年均增长率为7.1%。华北地区的碳排放量年均增长率高达10.4%。此外,其余五个地区的碳排放总量较低,其中西北地区的碳排放量达到1524.8百万吨,年均增长率为10.8%。就全国碳排放量贡献度而言,华北和华东地区的贡献度逐年上升,分别从2001年的18.6%、7.7%上升到2019年的28.3%、13.1%。东北地区的贡献度持续下降,从2001年的17.7%下降到2019年的9.5%。华南和西南地区的贡献度接近东北地区,基本稳定在8.5%左右。

从碳排放总量上看,中国各省份的碳排放总量差距较大,呈现出分化的趋势。以2019年为例,山东、河北、江苏、内蒙古和广东这五个省份的碳排放总

---

① 中国的行政区划分为7个主要区域。这些区域和它们所包含的省份如下:
东北地区:黑龙江、吉林、辽宁
华东地区:山东、江苏、上海、浙江、安徽
华北地区:北京、河北、天津、山西、内蒙古
华中地区:河南、湖北、湖南、江西
华南地区:福建、广东、广西、海南
西南地区:四川、云南、贵州、重庆
西北地区:新疆、宁夏、青海、陕西、甘肃

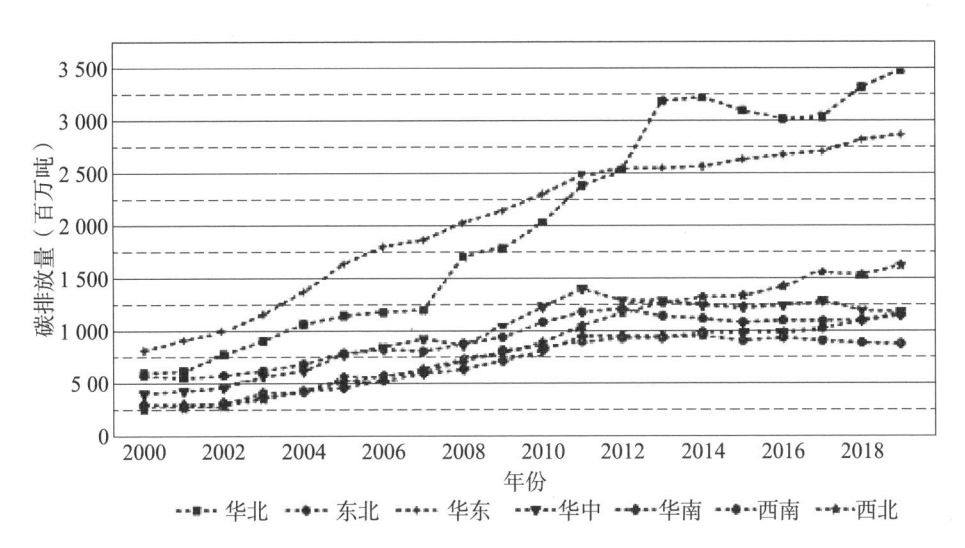

图 5-5 2000—2018 年中国分地区碳排放量

量占全国碳排放总量的 1/3(36.65%)。与此相反,全国碳排放总量最少的 5 个和 10 个省份的碳排放总量分别仅占全国碳排放总量的 4.58% 和 13.10%。虽然各省份的人均碳排放量存在巨大差异,但总体上呈下降趋势。根据各地区 2013 年和 2019 年的二氧化碳排放量水平以及年均增长率(见图 5-6),可以初步得出以下结论:(1)大部分省份的碳排放量在 2013—2019 年呈现上升

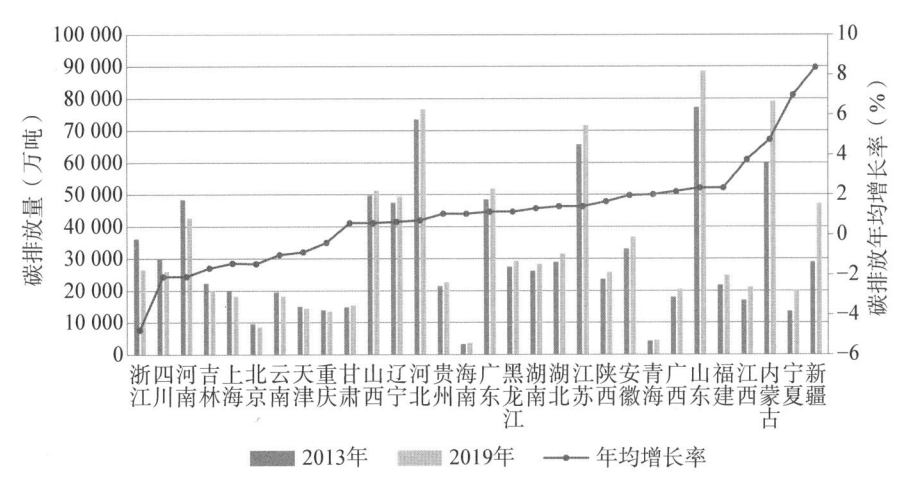

图 5-6 2013、2019 年中国部分省份的碳排放量对比

趋势,尤其是新疆、宁夏和内蒙古等地区的碳排放年均增长率甚至超过4%。(2)少部分地区碳排放量存在下降的趋势。四川、上海、北京、河南、天津等地区的碳排放年均增长率小于0;浙江的碳排放量年均下降速率超过4%,成为在碳减排任务上作出了重大贡献的省份之一。

值得注意的是,碳排放总量的分化不仅影响着各省份的经济发展和环境质量,也在一定程度上影响着整体的中国"双碳"目标的实现。因此,各省份不仅需要加强对碳排放总量的管控,积极探索低碳经济、绿色发展的新模式和新路径,还应该通过加强各省份之间的协作和交流,共同应对全球气候变化的挑战。中国各省份对于碳减排愈加重视,但在经济发展过程中,很多省份仍然面临着能源需求量大的困境,使得一些省份难以改变过度依赖传统能源的局面。此外,一些省份在推进碳减排的同时,也需要考虑到当地人民的生计和就业问题,因此需要在碳减排和经济发展之间进行平衡和权衡,需要通过各方面的努力和合作才能够实现。

从碳排放强度上看,2019年中国官方统计数据显示,全国碳排放强度比2005年下降了约48.1%,提前实现了2020年降低40%—45%的目标。在省级层面,大部分省份的碳排放强度也呈下降趋势,但降幅存在差异。其中,北京、云南、河南、上海、重庆、贵州及湖南等省份的碳排放强度降幅高于全国平均水平(见图5-7)。

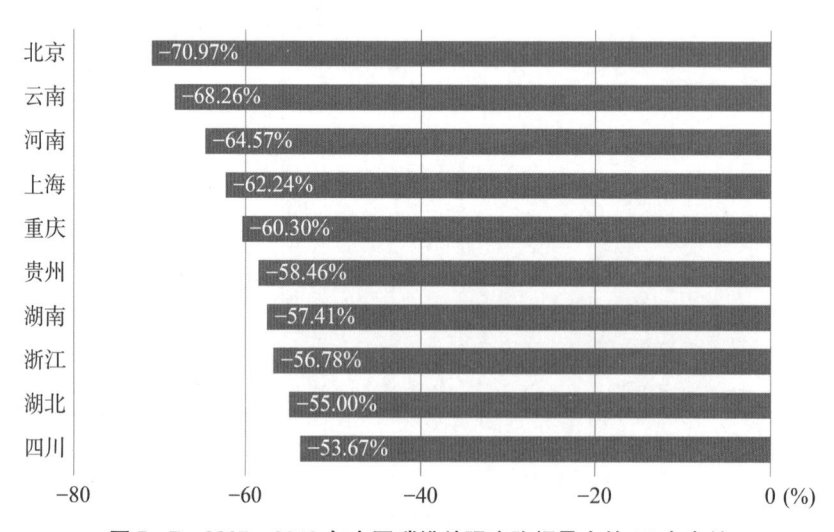

省份	降幅
北京	-70.97%
云南	-68.26%
河南	-64.57%
上海	-62.24%
重庆	-60.30%
贵州	-58.46%
湖南	-57.41%
浙江	-56.78%
湖北	-55.00%
四川	-53.67%

图5-7 2005—2019年中国碳排放强度降幅最大的10个省份

整体上,中国各省份的碳排放强度水平自北向南存在一定的空间集聚性。北部碳排放强度超过 2 吨/万元的地区相对集中,次之的是中部、东部的碳排放强度。值得注意的是,东部沿海一带的地区如上海、浙江、福建、广东,碳排放强度处在最弱的水平,这与这些地区的经济水平、产业结构、能源结构以及政策导向有关。具体可分为三类,(1)保持基本不变的省份。青海、陕西、贵州、浙江、福建、广东等地区在 2013 年和 2019 年的碳排放强度区间一致,反映这些地区在 GDP 上升的同时,并没有形成对能源的消耗大幅增加,一定程度上维持了区域碳排放强度的相对稳定。(2)碳强度水平升高的省份。内蒙古、山西、江苏、广东、新疆等区域的碳排放水平明显上升。(3)碳强度水平下降的省份。四川、重庆、湖北、江苏、湖南、江西、黑龙江、吉林等省份的碳排放强度显著下降,说明这些地区在降低碳排放强度上已取得初步成果,可能是碳排放水平绝对值的降低或者是碳排放水平的增速没有超过地区 GDP 的增速。

第三节 碳排放驱动因素分析

全球对温室气体排放问题高度关注,国内外学者已经做了很多相关研究,其中大多数是从宏观角度来分析二氧化碳排放问题。参考国内外学者关于二氧化碳排放驱动因素分析,可以总结出当前影响碳排放量的因素包括:人口、经济增长和收入水平、城市化水平、国际贸易发达程度、能源消费总量、能源结构、能源强度、能源价格、产业结构和技术水平等。具体来说,生产技术、消费倾向和直接碳排放强度对降低消费碳排放有显著作用,而人口、收入和消费结构呈现对居民消费碳排放的促进作用(彭璐璐等,2021)。工业结构、城市化水平和能源结构是碳排放的主要影响因子(Lin & Benjamin, 2019)。碳排放影响机制为能源-经济-环境复杂系统,以上三个子系统是相互影响、相互联系的。其中,人口和经济发展是两个重要的变量。经济因素对能源消费碳排放的贡献最大,能源强度因素的负效应最大(朱勤等,2009)。相比之下,能源结构和产业结构对减少化石能源碳排放的作用不明显,而人口对减少化石能源碳排放具有积极作用(Wang 和 Yan,2022)。人均 GDP 总体变化对碳排放有很大的影响,环境库兹涅茨曲线在某些情况下不适用,呈现 N 形关系(Cosmas 等,2019)。

产业结构和能源结构存在相互影响,调整产业结构,将影响各种能源消费比重,继而影响能源的消耗与碳排放。有研究发现,产业结构、效率和劳动力因素对农业碳排放呈现抑制作用,经济因素则促进农业碳排放(李彩弟和燕振刚,2020)。产业结构中的第三产业具有抑制碳排放的作用(郭承龙和徐蔚蓝,2022)。从各个影响因素来看,在碳排放增加过程中,经济增长与人口规模增加起到了较为重要的推动作用。此外,收入差距、贸易开放程度和能源消费结构都会对碳排放产生不同的影响。贸易开放也是碳排放的影响因素之一。研究者从不同角度出发,对贸易开放对碳排放的影响进行了探讨。一些研究者认为贸易开放产生了碳排放转移,导致环境恶化(余东华、张明志,2016)。"贸易有利论"认为,贸易有利于促进环境友好型技术的更新和先进清洁生产技术的吸收,最终会降低碳排放(张志新等,2021)。孙焱林等(2015)认为,贸易开放整体上增加了碳排放。

综观目前关于碳排放的影响因素的研究,不同的研究方法可以得到不同的结论(见表5-6)。其中经济因素、能源强度因素和人口因素是几乎大多数研究能取得共识的地方。其中,经济因素是化石能源碳排放增长的主要动力,而能源强度是减少化石能源碳排放的重要动力因素。同时,人口规模减小对减少化石能源碳排放可能具有积极作用。除此之外,其他因素,如产业结构、城市化水平、能源结构等在不同的研究中显示出不同的作用,需要在研究中进一步探讨。接下来,我们将引入 Adaptive Logistic Lasso Regression 模型,再次评估影响碳排放水平的驱动因素。

表5-6 碳排放影响因素相关文献及结论梳理

碳排放影响因素	研究方法	主要结论	参考文献
生产技术、消费倾向、直接碳排放强度	结构分解分析法	对降低消费碳排放有显著作用	彭璐璐等(2021)
人口、收入、消费结构	结构分解分析法	呈现对居民消费碳排放的促进作用	
城市化水平、人口数量	STIRPAT模型	对碳排放起促进作用	郭承龙和徐蔚蓝(2022)
第三产业	STIRPAT模型	具有抑制碳排放的作用	
工业结构、城市化水平、能源结构	分位数分析	是上海市碳排放的主要影响因子	Lin 和 Benjamin(2019)

续表

碳排放影响因素	研究方法	主要结论	参考文献
人口、产业结构、经济等因素	因素分解模型	经济因素对能源消费碳排放的贡献最大,能源强度因素的负效应最大	朱勤等(2009)
产业结构、效率、劳动力	LMDI方法	对农业碳排放呈现抑制作用,经济因素促进农业碳排放	李彩弟和燕振刚(2020)
人均GDP	自回归分布滞后模型	总体变化对碳排放有很大的影响,环境库兹涅茨曲线在某些情况下不适用,其呈现N形关系	Cosmas等(2019)
经济增长、能源强度、能源结构、产业结构、人口	扩展的Kaya和LMDI方法	经济增长是化石能源碳排放增长的主要动力;能源强度是减少化石能源碳排放的首要动力;相比之下,能源结构和产业结构对减少化石能源碳排放的作用不明显,而人口对减少化石能源碳排放具有积极作用	Wang和Yan(2022)

第四节 lasso 模型介绍与结论

目前大多数研究在分析方法上仍借用传统的 Logistic 或 Probit 模型进行回归分析(王新玲,2017),但这些模型难以剔除变量间多重共线性的影响,尤其在高维度变量情况下,预测精度大大降低。本节则采用了 Adaptive Logistic Lasso Regression 模型,该模型可有效解决高维度数据回归问题,并克服数据集变量之间多重共线性问题,从而极大地提高了模型的解释能力。Adaptive Logistic Lasso Regression 模型使用 L1 正则化来自适应调整变量系数,能够剔除无关变量,提高模型的预测性能和可解释性。此外,该模型还可以通过多种方式进行改进,例如引入稳健性损失函数以增强模型的鲁棒性,使用交叉验证方法选择最佳参数等。

假设我们有二元变量 y_i,其中:

$$y_i = \begin{cases} 1 & with\ probability\ p_i \\ 0 & with\ probability\ 1-p_i \end{cases}$$

p_i 为 $y_i=1$ 时的概率并且与自变量 x_i 相关。因此，Logistic 回归模型可以被定义为：

$$\log \frac{p(x_i)}{1-p(x_i)} = x_i\beta$$

在上式中 β 为 $(k+1)\times 1$ 包含有常数项的回归系数向量。我们同时定义 x_i 为长度为 $k+1$ 的自变量向量。那么 $p(x_i)$ 可以写为：

$$p(x_i) = \frac{1}{1+e^{x_i\beta}}$$

所以当我们有 N 个观测值时，似然方程（likelihood function）为：

$$L(\beta) = \prod_{i=1}^{N} p(x_i)^{y_i}(1-p(x_i))^{1-y_i}$$

对数似然方程（log-likelihood function）为：

$$\begin{aligned}
l(\beta) &= \sum_{i=1}^{N} y_i \log(p(x_i)) + (1-y_i)\log(1-p(x_i)) \\
&= \sum_{i=1}^{N} \log(1-p(x_i)) + \sum_{i=1}^{N} y_i \left(\log \frac{p(x_i)}{1-p(x_i)}\right) \\
&= \sum_{i=1}^{N} -\log(1+e^{x_i\beta}) + \sum_{i=1}^{N} y_i x_i \beta
\end{aligned}$$

假设 β_j 为向量 β 的第 j 个变量，那么 β_j 的最大似然估计值的满足条件为：

$$\begin{aligned}
\frac{\partial l(\beta)}{\partial \beta_j} &= \sum_{i=1}^{N}(y_i - p(x_i))x_{ij} \\
&= -\sum_{i=1}^{N} \frac{1}{1+e^{x_i\beta}} e^{x_i\beta} x_{ij} + \sum_{i=1}^{N} y_i x_{ij}
\end{aligned}$$

Adaptive Lasso 方法的动机来源于 Tibshirani(1996) 提出的 Lasso 方法。传统 Lasso 方法的一个缺陷是在样本量较小的情况下，它的变量选择和系数估计性能可能不够理想。Adaptive Lasso 方法通过对传统 Lasso 惩罚项的改进，能够在恰当的惩罚项约束下具有理想性质。Adaptive Lasso 方法相比于传统 Lasso 方法具有更好的变量选择和参数估计性能。首先，Adaptive Lasso 方法优于传统模型，尤其在拥有大量变量的数据集中，它能够更高效地进行变量选择,精确挑选出对目标变量具有显著影响的因素。这是因为它通过对惩罚项进行加权,使得重要的变量得到保留,而不重要的变量的系数被压缩至零。其次,Adaptive Lasso 在大样本环境下展现出了参数估计的一致性,这意味着随着样本量的增加,估计的参数会越来越接近真实模型中的参数值。这一性质确保了模型在估计变量对响应变量影响时的高度准确性,特别是在面对复杂数据结构时,Adaptive Lasso 方法的这个特点使其成为数据分析和统计建模中的强有力工具。因此,Adaptive Lasso 方法在小样本和大样本下都具有较好性能,是一种优秀的变量选择和系数估计方法。

对于使用 OLS 估计的一般线性模型,Adaptive Lasso 估计值为:

$$\hat{\beta}(OLS) = \arg\min \| y - \sum_{j=1}^{k} x_j \beta_j \|^2 + \lambda \sum_{j=1}^{k} \hat{w}_j | \beta_j |$$

应用于 Logistic 回归时将 loss function 替换为异号的对数似然方程,

$$\hat{\beta}(Logistic) = \arg\min \sum_{i=1}^{N} (-y_i(x_i\beta)) + \log(1 + e^{x_i\beta}) + \lambda \sum_{j=1}^{k} \hat{w}_j | \beta_j |$$

其中,λ 为常数参数,定义为调和参数(tuning parameter),$\hat{w}_j$ 为基于最大似然估计的自适应权重(adaptive weight),$\hat{w}_j = 1/|\hat{\beta}_j(Logistic)|^\gamma$。$\gamma > 0$,且一般情况下,$\gamma = 2$。

另外,对于参数 λ,我们假设有 c 个候选项。最优参数的选择基于 BIC(贝叶斯信息准则)

$$BIC(\lambda) = \log(\sum_{i=1}^{N}(-y_i(x_i\hat{\beta})) + \log(1 + e^{x_i\hat{\beta}}))\hat{\beta} + z\frac{\log(N)}{N}\log(\log(k))$$

$$\hat{\lambda} = \max BIC(\lambda)$$

常数 z 为向量 β 中非零的个数。显然对于不同的调和参数,估计值和 β 中非零的个数的不相同。在所有 c 个候选参数中,最优的调和参数使得 BIC 的值最大(王新玲,2017)。

需要指出的是,ALLR 模型在自变量存在多重共线性时,通过将某些变量系数收缩为零而提高预测精度,所以我们不排除在系数为零的变量中也可能存有变量对信贷可得性有较弱影响,但是显著的系数影响都已被模型所解释和预测。

表 5-7　　　　　　　　现有文献常见碳排放驱动因素

因素	名称	单位	指标含义
人口总量	人口规模	万人	区域年末人口数量
城市化水平	城乡人口结构	%	区域年末城镇人口/年末总人口
人口结构	人口年龄结构	%	区域各年龄段人口数量占总人口的比例
经济水平	人均 GDP	元/人	区域 GDP/总人口
	性别结构	%	男性人口数量/总人口数量
产业结构	第二产业比重	%	第二产业生产总值/GDP
	第三产业比重	%	第三产业生产总值/GDP
消费结构	不同消费比重	%	不同消费支出/GDP； 生存型消费结构是指消费者主要花费在基本生活必需品上，如食品、住房、交通等； 享受型消费结构则是指消费者主要花费在文化、娱乐、旅游等方面； 发展型消费结构则是指消费者主要投入在教育、科技、医疗保健等方面
数字经济水平	电子商务交易额	亿元	电子商务交易额
	互联网用户数量	万人	互联网用户数量
技术创新水平	能源强度	吨标准煤/万元	能源消耗量/GDP
	专利授权量	件	专利授权数
	科研投入	亿元	R&D 经费内部支出
对外开放程度	FDI 比重	%	外商直接投资/GDP
	外贸依存度	%	进出口总额/GDP

上述各指标的资料来源于历年《中国人口和就业统计年鉴》《中国能源统计年鉴》《中国科技统计年鉴》《中国环境统计年鉴》《中国统计年鉴》。

表 5-8　　　　Adaptive Logistic Lasso Regression 回归结果

变量名称	系数
人口总量	0.765 239 554
城市化水平	0
人口结构	0.345 658 245
经济水平	1.089 446 038

续表

变量名称	系数
产业结构	0.648 971 815
消费结构	0.067 321 334
数字经济水平	0.277 024 658
技术创新水平	0
对外开放程度	0

初步筛选结果显示,Lasso 模型认为人口总量、城市化水平、人口结构、人均 GDP、产业结构、消费结构和数字经济发展对碳排放具有促进作用,其他因素在统计上则不显著。这与之前的分析基本一致。这种结果可能是因为这些变量对能源消费产生的碳排放影响不显著,或者与其他被纳入模型的变量存在重叠,以及可能存在多重共线性等问题。

随着收入水平的提升和经济发展,私人消费部门的碳排放量也开始逐渐攀升。从全球范围内看,石油部门是碳排放的重要组成部分。某些制造业,特别是重工业,被认为是碳排放的主要来源,而私人部门的消费产生的碳排放问题很容易被忽视。然而,部分发达国家消费部门所排放的碳占国内总碳排放量的 40% 至 50%,其中交通、食品和住房占位列碳排放量前三位。例如,美国家庭生活和旅游所产生的二氧化碳排放占总排放量的 41%。中国的消费结构也发生了重大变化,以交通为例,私人汽车已经成为国内使用最广泛的交通工具之一。近年来,中国居民生活直接碳排放占碳排放总量比重逐渐提高,预计中国的人均能源消费将继续增加,居民生活能源消耗和相关碳排放也随之持续增加,继而增加可持续发展与减排难度。这些消费行为的变化将影响市场供需,通过市场机制传导给供给侧,进而影响企业的生产决策。消费端的绿色转变能够在长期内引导企业更加重视环保和可持续发展,从而减少相应的碳排放量。因此,消费行为直接、间接地对碳排放水平产生影响,这不仅凸显了消费与碳排放之间的紧密联系,也表明了它对实现可持续发展目标的重要性。

第六章　中国人口结构与居民消费的实证分析

第一节　概述

前文对中国人口结构转变和消费结构的变动历程做了梳理。毋庸置疑，人作为经济活动的参与主体，其总量和结构的变化在微观上必然会影响到个体消费决策，继而在宏观上影响消费总量和结构的变化。从微观机制来看，经济理论认为相对于人类无限的欲望来说，资源总是稀缺和不足的，正由于这种稀缺性的存在，个体要在消费品中进行取舍来满足自己的各种需求以实现效用的最大化。在满足收入预算约束的前提下，偏好关系（效用函数）决定消费者的决策选择。个体分布在不同的年龄区间，将收入效应、年龄效应和偏好选择扩展到整个人口结构也就相当于得到了一个全社会初步的消费结构勾勒图像。

需要说明的是，本书对人口结构的代理考察指标主要有人口规模、人口年龄结构、城乡人口结构、人力资本结构和产业人口结构。本章侧重于从人口年龄结构的视角来探索消费、人口之间的变动关系及路径。

人口年龄结构主要通过少儿人口占比变动、劳动年龄人口占比变动和老年人口占比这几个方面对居民消费总量及消费结构产生影响。人在不同年龄阶段有不同的经济角色。少儿人口（0—14岁）是纯消费者，大多数情况下并不参与生产活动，是需要被照料的一组群体；劳动年龄人口（国内一般为15—64岁）同时是少儿人口组的抚养者和老年人口的赡养者，这组群体既是生产者又是消费者。劳动年龄人口在总人口中的占比变动直接或间接地影响到居民消费总量及结构的变动。其一，劳动年龄人口占比变动直接地影响消费。人是消费的主体,劳动年龄人口占比上升或下降则直接导致总人口量增减变动,相应地将引致居民消费的直接增减变动。其二,劳动年龄人口占比变动通过间接途径影响消费相关变量。除了作为消费主体,劳动年龄人口的这组群体也是主要的生产主体,其占比的变动将通过对投资、生产、劳动报酬等这些中间经济变量产生影响,间接地影响居民消费总量及结构的变化。老年人口大部分情况下是纯消费者,但从目前国内的情况来看,一方面随着人均寿命的延长,具备良好身体条件的退休群体也在一定程度上以返聘的方式参与社会生产经济活动,虽然强度低、频率少;另一方面在中国的消费习惯中,父母可能会提前储蓄减少消费,尤其是减少享受类和发展类消费支出,以为孩子提供代际支持购房购车和教育开支等。

表 6-1　　　　　　　　各年龄段人口消费行为特征

人口特征	少儿人口	劳动年龄人口	老年人口
年龄阶段	0—14 岁	15—64 岁	65 岁及以上
经济角色	被抚养者	抚养者+赡养者+生产者	被赡养者
生产行为	未来生产者	生产者	纯消费者(大多数情况下)
消费行为	纯消费者	生产者+消费者	消费者
公共需求	教育需求、健康需求	税收供给	养老保障、医疗保健等需求
家庭支出	物质需求+照料需求+情感需求	经济支持+生活照料+情感支持	物质需求+照料需求+情感需求
代际行为	代际需求	代际支持	代际供给

资料来源:笔者综合李魁(2010)整理。

第二节　模型构建与变量界定

一、模型构建

本节将主要利用实证分析研究人口年龄结构与中国居民消费结构的变动关系。为研究人口结构对中国居民消费结构的影响效应,首先,对本节中的人口结构变量做一个限定。人口结构从广义角度看是一个涉及广泛的变量,可以包括人口的婚姻结构、家庭结构、赡养结构,甚至人口贫富结构、人口健康结构、人口文化结构等。但如前文所述,限于篇幅和笔者精力有限,为确保研究的深度和质量,本节中的人口结构主要包括人口年龄结构。其中,人口年龄结构以少儿抚养比与老年抚养比来表示:少儿抚养比,即 0—14 岁少年儿童人口数与劳动年龄人口(多是 15—64 岁)的比重,表示每百名劳动年龄人口需要负担的少儿数量;老年抚养比是指非劳动年龄人口数中老年部分(多为 65 岁以上)人口数与劳动年龄人口的比重,是衡量一个社会老龄化程度的重要指标。其次,本文将消费结构变量界定为三大类。《中国统计年鉴》将按照支出目的人均居民消费支出分成八大类,根据恩格斯对生存型、发展型和享受型三种消费类型的定义和陈建宝和李坤明的研究(2013),将城镇居民八大类消费支出中食品、衣着、居住、交通通信归为生存型消费,家庭设备及服务、医疗保健、其他用品服务归为享受型消费,文教娱乐归为发展型消费。以上各类型消费支出占居民消费总支出的比重视为消费结构。基本模型如下:

$$Y^{(K)} = Cons + \alpha 1 odr_{it} + \alpha 2 cdr_{it} + u_i + v_i \qquad 式6-1$$

其中,odr 为老年抚养比,cdr 儿童抚养比,i 代表地区(个体),t 代表时间;这里把影响被解释变量但不可观测的因素分为两类:u 为不可观测的地区效应(或称固定效应),即那些随截面个体(面板数据中的地区变化)但在时间上恒定的因素,特质误差 v 为不可观测到的随时间变化的随机成分或异质性因素,随机扰动项为 $\varepsilon_{i,t}$。被解释变量 Y 为消费结构,其中 $K=1,2,3$,$Y^1 = ylive$ 为生存型消费结构,$Y^2 = yenjoy$ 为享受型消费结构;$Y^3 = ydvlp$ 为发展型消费结构。

X 是核心控制变量。按照本书前面的讨论,影响消费或者消费结构的因素很复杂,主要有收入、地区经济水平、产业结构、科技水平、政府政策和消费文化等,综合现有文献研究后,我们将产业结构、城镇化水平、人力资本水平、对外开放程度、政府干预程度和研发强度作为控制变量加入主回归模型,式 6-1 扩展之后如下:

$$ylive = cons + \alpha 1 odr_{it} + \alpha 2 cdr_{it} + \beta X_{it} + u_i + v_i + \varepsilon_{i,t} \qquad 式6-2$$

$$yenjoy = cons + \alpha 1 odr_{it} + \alpha 2 cdr_{it} + \beta X_{it} + u_i + v_i + \varepsilon_{i,t} \qquad 式6-3$$

$$ydvlp = cons + \alpha 1 odr_{it} + \alpha 2 cdr_{it} + \beta X_{it} + u_i + v_i + \varepsilon_{i,t} \qquad 式6-4$$

表 6-2　　　　　　　　　　　　　主要变量描述

变量指标	变量描述
odr	老年抚养比：65 岁以上人口数与劳动年龄人口数之比
cdr	儿童抚养比：0—14 岁人口与 15—64 岁劳动年龄人口之比
clive	生存型消费结构
cenjoy	享受型消费结构
cdvlp	发展型消费结构
gdp	经济发展水平：取对数处理
产业结构	第三产业产值/第二产业产值
人力资本	高等学校在校学生人数/地区总人口
城镇化水平	城镇人口/地区总人口
对外开放程度	(货物进出口总额×美元对人民币汇率)/地区生产总值
研发强度	R&D 经费内部支出/地区生产总值
能源强度	地区电力消费量/全国电力消费总量
政府干预程度	财政支出/地区生产总值

二、方法选择

本章的数据为 2001—2020 年全国 31 个省份的消费结构及人口年龄结构、性别结构的面板数据，从数据特点来说是 N>T 的非平衡短面板数据。数据主要来自历年《中国统计年鉴》，统计年鉴中缺失的数据在尽可能保持统计口径一致的前提下从《中国人口与就业统计年鉴》和《中国城市年鉴》中获取补充。

个体效应(individual effects)一般用来表示那些不因时间变动而改变的异质性因素，如个人的消费习惯、地区的消费文化、国家的社会制度等。这些因素大多难以直接观测，也很难直接找到变量衡量测度。那么如何处理个体效应呢？常见的方式主要有两种。一种是采用"固定效应"模型。在该模型中以上异质性因素被视为不随时间改变的固定性因素，模型处理后的结果可以看到每个个体都有一个特定的截距项，以此来体现个体差异。另一种处理办法是将这些不可观测的因素视为随机因素，也就是"随机效应"模型。在进行相关检验之前，需要保证数据的平稳性。我们先对数据进行预处理，对模型两边的个别数据均做了对数处理。具体来说，各消费支出按照定义界定相加取对数之后再求比重;收入数据先将农村、城镇数据加总后求算数平均值之后再取对数;人口数据也同样取对数以避免在模型中出现"伪回归"现象;之后使用F检验、BP检验和hansman检验选定模型①。

表6-3　　　　　　　　　主要变量统计性描述

	count	mean	sd	min	p50	max
clive	584	0.584	0.038	0.484	0.583	0.731
cenjoy	584	0.310	0.033	0.204	0.309	0.406
cdevlp	584	0.106	0.018	0.055	0.106	0.152
odr	584	13.311	3.352	6.950	12.725	25.480
cdr	584	24.982	7.224	9.640	25.155	44.650
gdp	584	9.191	0.525	7.898	9.113	10.760
产业结构	584	1.050	0.579	0.500	0.889	5.297
城镇化水平	584	0.514	0.157	0.139	0.504	0.896
人力资本水平	584	0.016	0.007	0.003	0.016	0.041
对外开放程度	584	0.305	0.371	0.008	0.131	1.722
政府干预程度	584	0.218	0.131	0.077	0.192	1.334
研发强度	584	0.014	0.011	0.002	0.011	0.064

通过以上诸表可以得出以下结论:生存型消费结构、享受型消费结构和发展型消费结构的平均值分别为0.584、0.310和0.106。可以看出,生存型消费结构在三种结构中占比最大。老年抚养比的平均值为13.311,少儿抚养比的平均值为24.982。这表明,至少在样本期间内,少儿的数量相对较多。产业结构的平均值为1.050,标准差为0.579。这表明样本中的产业结构相对较为分散。城镇化水平的平均值为0.514,标准差为0.157。这表明样本中的城镇化水平相对较高。对外开放程度的平均值为0.305,标准差为0.371。这表明样本中的对外开放程度存在较大差异。政府干预程度的平均值为0.218,标准差为0.131。这表明样本中的政府干预程度相对较低。这些变量的统计描述可以帮助我们初步了解样本的特征,把握变量诸如消费、抚养比、产业结构、城镇化水平、人力资本水平等的分布和变异程度。

---

① 标准之一为当 $F > F_\alpha(T-1, NT-T-k)$, $\alpha = 0.01, 0.05$ 或 0.1 时,拒绝原假设,结论是应该建立个体固定效应模型;反之,接受原假设,则不能建立个体固定效应模型。

表 6-4 是变量的相关性分布,和数据样本的矩阵散点图得出的结论基本一致。简要看一下三种不同的消费结构与人口年龄的相关关系。生存型消费结构与少儿抚养比、老年抚养比呈正效应。当少儿抚养比增加时,生存型消费占比也随之增加。享受型消费结构、发展型消费结构与少儿抚养比呈负相关。初步推测少儿抚养比越高时,享受型、发展型消费占比越低。老年抚养比与享受型消费占比呈负相关,但与发展型消费结构的水平成正相关。

表 6-4　　　　　　　　变量相关性分析

	clive	cenjoy	cdevlp	odr	cdr
clive	1.000				
cenjoy	−0.884***	1.000			
cdevlp	−0.477***	0.010	1.000		
odr	0.076*	−0.132***	0.085**	1.000	
cdr	0.152***	−0.155***	−0.035	−0.297***	1.000
gdp	−0.109***	0.108***	0.031	0.242***	−0.753***
经济发展水平	−0.109***	0.102**	0.041	0.218***	−0.686***
产业结构	−0.045	0.038	0.025	0.211***	−0.261***
城镇化水平	−0.131***	0.123***	0.048	0.350***	−0.725***
人力资本水平	−0.018	0.061	−0.076*	0.503***	−0.698***
对外开放程度	−0.157***	0.124***	0.101**	0.104**	−0.499***
政府干预程度	0.093**	−0.029	−0.143***	−0.174***	0.223***
研发强度	−0.089**	0.011	0.170***	0.366***	−0.634***

注:* 表示 $p<0.1$,** 表示 $p<0.05$,*** 表示 $p<0.01$。

第三节　模型回归结果

一、生存型消费结构

本章把食品、衣着、居住三项归为生存型消费,生存型消费支出与消费总支出的比值即为生存型消费结构。

本部分报告的回归结果主要是来自混合回归和固定效应回归模型,两种方法在统计上均通过统计检验。OLS-1、FE-1是未加入控制变量模型后回归结果,OLS-2和FE-2则是加入控制变量后的回归结果。从计量结果上可发现与散点图拟合相关关系方向一致,少儿抚养比与生存型消费结构呈现正向强相关的关系。由表6-5可见在三大类模型中,不管是否添加控制变量,系数都在1%的水平上高度显著。少儿抚养比是指劳动人口需要承担的儿童抚养负担与劳动人口自身数量之比。生存型消费结构则指家庭基本生活必需品支出占比较高的情况。回归结果表明,少儿抚养比与生存型消费结构之间存在着强相关正向关系,即少儿抚养比越高,家庭的生存型消费支出比例也越高。

表6-5 生存型消费结构回归结果

	OLS-1 $clive$	OLS-2 $clive$	FE-1 $clive$	FE-2 $clive$
odr	0.0012**	0.0013*	0.0012**	0.0013*
	(2.00)	(1.94)	(2.00)	(1.94)
cdr	0.0011***	0.0013***	0.0011***	0.0013***
	(4.53)	(3.21)	(4.53)	(3.21)
gdp		0.0235***		0.0235***
		(3.06)		(3.06)
产业结构		−0.0031		−0.0031
		(−0.79)		(−0.79)
城镇化水平		−0.0496**		−0.0496**
		(−2.33)		(−2.33)
人力资本水平		0.8428**		0.8428**
		(2.04)		(2.04)
对外开放程度		−0.0238***		−0.0238***
		(−2.77)		(−2.77)
政府干预程度		0.0256*		0.0256*
		(1.66)		(1.66)
研发强度		0.1487		0.1487
		(0.52)		(0.52)
_cons	0.5379***	0.3353***	0.5420***	0.3320***
	(40.60)	(4.42)	(48.39)	(4.33)
N	584	584	584	584
adj. R^2	0.080	0.104	−0.000	0.026
F	3.4109	3.4259	10.4289	4.8629

注:* 表示 $p<0.1$,** 表示 $p<0.05$,*** 表示 $p<0.01$。

这个现象的原因主要有以下几个方面：首先，少儿抚养比高的家庭通常需要面对更高的生活压力，需要投入更多的资金来满足子女的生活和基本需求，因此家庭的消费结构更加注重基本生活必需品的支出。这部分人群的生存类消费支出（如食品、住房和衣着）也会相应增加，因为儿童正处于成长期，对食品和衣着等生活必需品的需求比老年人更为旺盛。他们对这些需求的要求也更为精细。例如，在生活条件改善的情况下，越来越多的父母愿意为孩子购买优质的进口配方奶。因此，在家庭中孩子越多，食品和衣着支出也就越高。住房需求也是如此。许多家庭在生育二孩后会选择更大的房子，有些甚至会选择高昂的学区房，以便让孩子上好的中小学。从效用论的角度来看，当子女数量增多时，家庭必须优先考虑维持生活必需品的支出，因为家庭资源是有限的。其次，少儿抚养比高的家庭中，劳动力人口的收入相对较低，这也导致了家庭消费结构更加偏向于生存型消费。此外，少儿抚养比高的家庭中，家庭成员数量较多，个人的支出受到限制，也会导致家庭消费结构更加偏向于生存型消费。现代社会生育率低，孩子"稀缺"，父母可能更愿意为孩子提供更好的物质条件，因此可能会在生存型消费上花费更多的金钱。

生存型消费结构也与老年抚养比呈正向效应，系数相比少儿抚养比与生存型消费的低。生存型消费结构是指在人们收入较低的情况下，所需的基本生活必需品消费占比较高的情况。老年抚养比则是指60岁及以上人口数量占15—59岁人口数量的比例。这个回归结果可能的含义是，老年抚养比越高，家庭的生存型消费支出比例也越高，但是肯定不及少儿的生存支出占比高。可能的原因是，国内的老年人大部分经历过中国的经济困难时期，在饮食上相对仍比较节俭。在衣着支出上，一方面是因为老年群体对衣着的要求并不高，年轻人通常要求服装要美观、时尚且体现自我个性化表达，在服装上的费用支出也毫不吝惜。另一方面，服装市场上中青年人的服装供给份额占绝大部分，专门针对老年人的服装市场占比还相对较小，款式也相对简单、单一，因此老年人衣着支出相对不高。在住房上，老年人口早已达到住房自足状态，不需要支付大项支出，而且按照国内住房消费的统计口径，在老年人65岁以上的年龄阶段，住房虚拟房租摊销也近似为零。

二、享受型消费结构

把交通和通信、家庭设备及服务、医疗保健三项归为享受型服务支出，其与消费总支出之比即为享受型消费结构。享受型消费结构与生存型消费结构相比,两者与人口变量的相关关系方向恰好相反。

享受型消费结构与老年抚养比呈负向抑制效应。老年抚养比越高时,享受型消费支出也就越低。老年人口较多时,家庭要承担更多的生活支出。此外,老年人通常更倾向于稳健的消费方式,不太愿意追求过高的享受型消费。这些因素可能导致老年抚养比高的地区在享受型支出方面相对较少。老年人因身体机能老化患病率更高,对医疗卫生、养老保健有着更高的需求和费用支出;但交通和通信、家庭设备及服务这两项,老年人受消费理念的影响要求并不高,所以相应支出可能不大。

表6-6 享受型消费结构回归结果

	OLS-1 cenjoy	OLS-2 cenjoy	FE-1 cenjoy	FE-2 cenjoy
odr	−0.0017*** (−3.28)	−0.0016*** (−2.72)	−0.0017*** (−3.28)	−0.0016*** (−2.72)
cdr	−0.0008*** (−4.06)	−0.0010*** (−2.73)	−0.0008*** (−4.06)	−0.0010*** (−2.73)
gdp		0.0152** (2.30)		0.0152** (2.30)
产业结构		0.0099*** (2.90)		0.0099*** (2.90)
城镇化水平		0.0314* (1.70)		0.0314* (1.70)
人力资本水平		0.4076 (1.14)		0.4076 (1.14)
对外开放程度		0.0232*** (3.12)		0.0232*** (3.12)
政府干预程度		−0.0214 (−1.60)		−0.0214 (−1.60)
研发强度		−1.0940*** (−4.46)		−1.0940*** (−4.46)
_cons	0.3416*** (29.59)	0.4644*** (7.07)	0.3525*** (36.12)	0.4752*** (7.16)
N	584	584	584	584
adj. R^2	0.096	0.132	−0.000	0.040
F	3.9600	4.1760	10.4572	5.7889

注:* 表示 $p<0.1$,** 表示 $p<0.05$,*** 表示 $p<0.01$。

从系数上来看,少儿抚养比与享受类消费的占比呈现极显著的负相关关系。即当0—14岁人口占劳动年龄人口的比重越高时,享受类的消费支出并没有随之升高。少儿抚养比高的地区,家庭收入主要用于基本生活支出和储蓄投资,而非用于享受型消费。具体来看,从交通和通信方面来看,大多数孩子选择使用低价或含补助的公共交通工具,或者由父母接送,因此交通费用极少。此外,这个年龄段的通信需求也不高,未就业前也没有稳定频繁的商务通信需求,所以通信费用也不会很高。一般来说,0—3岁的婴儿期孩童因免疫力低下,医疗需求相对高一些,但是随着年龄的增长,机体免疫力提高,医疗需求相比老年阶段要低很多。同时,家庭电器和设备如冰箱、空调、洗衣机等耐用品使用寿命长,购买频率较低,即使孩子数量增加,对这些商品的消费支出也不会显著增加。

三、发展型消费结构

本书中发展型消费结构包括文教娱乐用品和其他商品及服务的加总,这个加总值与消费总支出的比值就是发展型消费结构。

表6-7　　　　　　　　发展型消费结构回归结果

	OLS-1 $cdevlp$	OLS-2 $cdevlp$	FE-1 $cdevlp$	FE-2 $cdevlp$
odr	0.000 5* (1.84)	0.000 3 (0.93)	0.000 5* (1.84)	0.000 3 (0.93)
cdr	−0.000 2** (−2.13)	−0.000 4* (−1.92)	−0.000 2** (−2.13)	−0.000 4* (−1.92)
gdp		0.008 2** (2.43)		0.008 2** (2.43)
产业结构		−0.006 8*** (−3.88)		−0.006 8*** (−3.88)
城镇化水平		0.018 3* (1.94)		0.018 3* (1.94)
人力资本水平		−1.250 2*** (−6.84)		−1.250 2*** (−6.84)
对外开放程度		0.000 7 (0.17)		0.000 7 (0.17)

续表

	OLS-1 $cdevlp$	OLS-2 $cdevlp$	FE-1 $cdevlp$	FE-2 $cdevlp$
政府干预程度		-0.0042 (-0.61)		-0.0042 (-0.61)
研发强度		0.9456*** (7.52)		0.9456*** (7.52)
_cons	0.1205*** (19.44)	0.2003*** (5.95)	0.1055*** (20.13)	0.1929*** (5.67)
N	584	584	584	584
adj. R^2	0.080	0.196	-0.017	0.111
F	3.4217	6.0653	5.7651	11.2050

注：* 表示 $p<0.1$，** 表示 $p<0.05$，*** 表示 $p<0.01$。

发展型消费结构与老年抚养比呈显著正向效应。老年抚养比越高，则发展型消费支出越高。这说明老年人愿意在文教娱乐用品和其他商品服务上支付更多的费用。本章研究的老年人口是 65 岁及以上的人口群体。这个年龄段的人大多数孩子已成家立业，不像 45 岁左右的父母还要努力储蓄为子女提供代际支持购买住房等。这个年龄的老年人离开了职场，相比年轻时有了大量的闲暇自由时间可以用来满足自我精神文化方面的需求，可以追随自己的兴趣爱好选择摄影、旅游、读书、看电影等各种文化娱乐活动，弥补年轻时留下的各种遗憾，因此老年人口的文化娱乐支出占比越来越高。以旅游消费为例，随着国内旅游消费市场的成熟，越来越多的老年人选择外出或出境旅游，邮轮游、购物游等各种旅游产品大受老年人青睐。旅游是一种全域性的消费支出活动，不仅能增加特定景区的消费支出，还可以带动相关项目的消费，扩大消费水平。

少儿抚养比与发展型消费结构成负向效应，即劳动年龄人口负担的少儿人口越多，文娱、休闲和其他商品、服务类支出占比就越小。原因不难理解。现阶段抚养孩子的经济成本越来越高。文娱类消费支出相比生存类、发展类弹性更高，在收入约束条件下，理性决策会先满足后两者。另一个原因是劳动年龄人口负担的少儿数量与教育支出成负相关。表面上看，这似乎并不符合直观的理解，通常我们会认为如果一个家庭中子女数量越多，那么用于支持教育的费用支出也应该更多。但现实情况是，在目前的生育政策和现代化的抚育观念的影响下,家庭中孩子的数量显著减少,越来越多的父母开始注重孩子"质量",主张精养孩子,提高单个子女人力资本支出,取代过去孩子"数量"至上的传统观念。家庭规模越来越小,子女数量大都控制在 1—3 个,城镇家庭多是独生子女家庭,农村家庭因"一孩半"的政策也是如此。因此,在孩子数量较少的情况下,父母为了增加子女在就业市场、婚姻市场上的竞争力,不惜花费巨资用于孩子教育、文化等方面的人力资本投资。在中国城镇地区,少儿比重的减轻带来了更高的发展型消费比重。另一个原因可能是文娱消费中教育支出所覆盖的统计口径大多数是义务教育阶段的公立学校支出,并不包括课外辅导或兴趣班的培训辅导费用。

第四节 人口结构影响居民消费的效应分析

一、人口出生率变动对居民消费的影响

人口出生率的变动会直接影响人口总量的变化。在其他条件不变的情况下,出生率越高,人口总量自然也就越高。出生率的变化还会在一段时间之内影响人口年龄结构的分布。出生率越高,少儿抚养系数也就越高,继而长期影响老年抚养系数的高低和劳动年龄人口占比。因此,一个地区的人口出生率不仅会影响人口总量,也会影响人口结构。

人口总量和结构的变动会影响总消费水平和消费结构的变动。一个地区人口总量越高,那么消费需求越高。在其他条件不变的情况下,居民消费的上升会引致该地区人均资本存量的下降,从而在长期影响投资及产出水平,反过来抑制消费水平。当人口总量过多,引起再生产的人均投资、储蓄不足时,如果没有其他渠道的资金支撑,那么长期投资不足会使得该地区经济停滞甚至倒退,进入低水平均衡的陷阱,影响长期的经济可持续发展。

二、劳动年龄人口占比变化对居民消费的影响

劳动年龄人口占比变化通过间接途径影响消费相关变量。除了作为消费主体,劳动年龄人口的这组群体也是主要的生产主体,其占比的变化将通过对投资、生产、劳动报酬等这些中间经济变量间接地影响居民消费总量及结构的

变化。

首先,劳动年龄人口占比直接影响居民消费。劳动年龄人口在总人口中占比高意味着少儿抚养比和老年抚养比都相对下降,人口金字塔呈现中间宽、上下窄的"中年型"阶段人口年龄结构。不同年龄阶段的个体承担的主要经济角色不一样,少儿人口和老年人口更多是经济体中的消费者,而中年人因赡养老人、抚育儿童的需要,不仅是消费者也是储蓄者,因此在总产出既定的前提下,劳动年龄人口的增多意味着居民消费、储蓄或投资水平的提升。根据储蓄投资恒等式 $Y=C+I+G$,如果中年人在退休之前更多地选择储蓄,则用于消费的支出减少,居民消费水平下降;如果劳动年龄人口将产出更多用于投资,短期内,投资的扩大必然带动相关产业上下游的企业的生产扩大,长期也会增加未来人均产出,继而促进居民消费的增加。

其次,劳动年龄人口占比上升会通过社会产出的提升间接提高居民消费水平。因为少儿人口还未进入职场的,老年人口已退出职场,所以劳动年龄人口是经济社会中主要的生产主体。充足的劳动主体有助于提高产出水平,创造出更多的社会财富,推动经济的增长。经济的高水平发展也能改善人们生活质量,带动居民消费的上升。学术界一般认为,在人口转变的不同阶段中,人口金字塔呈现两头窄、中间宽的人口年龄结构是最具有活力和创造性的阶段,可以带来最大生产价值,因此又称作人口机会视窗。人口处于红利期时,劳动年龄人口占比变动也会通过影响劳动力供给间接影响居民消费。改革开放后中国的高速发展受益于国内丰富廉价的劳动力供给。在劳动年龄人口占比较高的情况下,劳动力供给充足,劳动力市场竞争激烈,供大于求时,可能会导致平均工资水平持续走低。劳动年龄人口是消费主体,过低的工资水平不利于通过消费扩大内需,促进经济发展,这也是在经济发展初期中国消费对国内生产总值贡献一直偏低的原因之一。

三、人口老龄化对居民消费的影响

不同年龄阶段的人在经济活动中具有不同的经济行为。不同年龄阶段的人,其消费模式、消费特点也不尽相同。这一代的老年人大都经历过经济困难时期,在消费上更倾向保守、实用等,加剧的老龄化对消费结构会产生越来越明显的影响。

老年人口大部分情况下是纯消费者,但就目前国内的情况来看,一方面随着人均寿命的延长,具备良好身体条件的退休群体可能也在一定程度上以返聘的方式参与社会生产经济活动,但强度低、频率少。

根据生命周期理论,人在少儿、中年和老年时期的消费、储蓄行为不同,老年人口大部分情况下是纯消费者,消费的大多是年轻时的财富储蓄。因此,一般看来,当一个国家处于老龄化社会时,老年人占比上升,可能引致消费总量的上升。这里只是说"可能",因为存在几个因素会抵消这种消费增量的上升。第一,老年人出于遗赠动机反而会加大储蓄,减少消费支出。第二,老年人代际支持消费比例高。为改善子女生活质量,很多老年人会拿出自己的储蓄的很大一部分补贴子女,帮子女应对现代社会高昂的生活成本。第三,目前不健全不完善的社会保障制度,加大了不确定性,减少了老年人的消费信心。老年人倾向于减少非必要支出,加强抵御风险的能力。

更重要的是,从长期来看,如果产出一直维持在既定水平不变,伴随老龄化加剧,考虑到老年人的消费重点,整个社会在养老保健、卫生医疗和娱乐方面的支出也就越多,同时储蓄水平持续下降,长期会引起人均资本存量的相应降低。存量资本的下降在长期会影响产出水平和抑制居民消费。老年抚养系数升高导致劳动年龄人口不足,劳动力供给严重短缺时,产业结构如果没有相应转型升级,人口结构会成为影响产出水平的瓶颈。劳动年龄人口占比下降,廉价丰富的劳动力供给大量减少,也使得支撑高速发展时期的"人口红利"不复存在,经济产出和消费水平都会受到影响。但是老龄化在长期并非一定会带来消费水平的下降,存在其他因素可以抵消以上这几种效应,比如,当技术进步带来的全要素生产率的提高足以弥补劳动力供给和资本存量下降时,从长期来看未必会抑制消费,还可以通过推迟老年人口退休年龄、实现产业结构调整、提高女性就业参与率增加劳动力供给或提高生产效率。

第五节　人口结构影响居民消费的路径分析

从以上的实证分析可以看到,人口结构的演变对居民消费结构的变动存在影响,符合研究假设。接下来的关键问题是如何影响? 又是通过何种路径传导? 从理论角度看,影响居民消费结构的影响因素有很多,诸如收入水平、产业结构、消费文化和技术水平等。人口结构不仅直接引起消费的增减变动,还可能通过以上因素作为中间变量间接影响消费的变动。本节引入结构方程模型,将直接或间接影响居民消费结构的几个主要变量纳入方程模型,试图绘制影响路径图。

一、直接和间接影响路径假设

(一) 直接影响途径

人口结构直接影响消费的路径在此不过多赘述,此部分在本书文献综述部分已经作了详细阐述。该部分的结构方程模型的设定以"生命周期理论"为理论基础,认为人口年龄结构对居民的消费结构会产生直接的影响效应。生命周期假说认为,消费者会对整个生命周期内的收入和消费审慎考虑,决定每个阶段的消费重点和消费水平。而且,不同年龄组的消费结构的选择也不是一成不变的,会随着年龄的推移逐渐发生变化以实现跨期消费的最优化选择。同时,一个国家少儿人口和老龄人口占总人口比例越高,消费需求也越大。持久收入假说、家庭储蓄需求模型也都认为人口年龄结构的变动会影响居民储蓄率或消费水平。

(二) 对间接影响途径提出理论假设

本节尝试从以下几个方面对年龄结构与居民消费的中间路径提出假设。

理论假设 H1:人口年龄结构—收入分配—居民消费

人口年龄结构(抚养比)通过收入分配作为中间变量影响居民消费。经典消费函数中,消费受个体的收入影响最大。从生命周期理论来讲,个体年龄变化带来的知识和经验曲线变化导致收入曲线变化。年轻时,面临买车、买房,生活负担高,作为职场新人工资收入相对不高;中年时,知识和经验曲线达峰值,一般来说,收入也达最高的阶段;老年时,步入退休周期,收入来源减少。人口年龄结构变化将影响一个经济体中的储蓄,进而影响生产的资本集约程度。劳动和资本存在替代关系,而资本集约程度提高会降低劳动收入份额。即抚养比增大,人均收入将会降低,居民消费随之降低。

理论假设 H2:人口年龄结构—经济增长—居民消费

人口年龄结构利用经济增长作为中间路径影响居民消费。劳动年龄人口是人口中最主要的消费者和储蓄者,因此在总产出既定的前提下,劳动年龄人口的增多意味着居民消费、储蓄或投资水平的提升。根据储蓄投资恒等式$Y=$

$C+I+G$，如果中年人在退休之前更多地选择储蓄，则用于消费的支出减少，居民消费水平下降；如果劳动年龄人口将产出更多用于投资，充足的劳动主体有助于提高产出水平，创造出更多的社会财富，推动经济的增长。经济增长带来的高水平发展也能改善人们生活质量，带动居民消费的上升。一国劳动力年龄人口多，创造的经济产值越高，从而推动经济增长。抚养比与经济增长呈反向关系，经济增长与消费呈正向关系。

理论假设 H3：人口年龄结构—产业结构—居民消费

人口年龄结构会带动产业结构的调整，并通过产业结构间接影响居民消费总量的增减和消费结构的调整。社会抚养比的变化会带来第一、二、三产业产值占比格局的变化。以老年抚养比为例。伴随老龄化的加剧，一方面，老年人口占比增多，劳动年龄人口占比相对减少，人口红利衰退，劳动力不再丰富廉价，传统的劳动密集型成本升高，因此企业想要在激烈的竞争中不被淘汰，必须转型升级，提高技术附加值或转向发展用工少的第三产业，这也是目前劳动力结构调整的内在要求。另一方面，人口老龄化也会带动老年类相关产业的兴盛，养老保健、家庭服务、个性服务娱乐等银色经济的发展也会带动产业结构的调整，产业结构变化带来的市场上消费和产品结构的变化最终影响到居民消费结构的改变。

理论假设 H4：人口年龄结构—经济增长/产业结构—收入分配—居民消费

人口年龄结构通过经济增长或产业结构调整之后的收入分配影响居民消费。本节中为体现收入分配的二元差异，并未对城镇和农村的可支配收入作加权平均处理，因此将两个变量都纳入了结构方程模型。首先，城乡收入差距扩大，会抑制农村居民的消费倾向，弱化居民消费需求，不利于国民经济的健康可持续发展。其次，农村的老龄化问题比城镇更严重。2014 年农村老年人口总量高达 1.1 亿，占老年人口总数的四分之三。农村养老、医疗制度仍不健全可能会导致农村老人挤压其他高层次的消费需求来满足自身基本的养老保健和医疗需求。因此我们假设人口年龄结构通过经济增长或产业结构调整后的收入分配影响居民消费。人口抚养比越高，收入差距越大，则居民消费越低。

二、结构方程模型及路径

结构方程模型(SEM)是一种基于统计学的分析方法,用于探究变量之间的关系、模型验证和参数估计等问题。该方法将多元回归分析与因子分析相结合,可以分析多个自变量和因变量之间的关系,同时考虑测量误差和隐变量的影响。核心思想是通过建立一个观察不到的潜在变量(Latent Variable)来解释观察到的变量之间的关系。它通过测量多个指标变量来确定一个潜在变量或概念的存在,并且可以分析这些潜在变量之间的关系。SEM 在研究复杂的关系网络时非常实用。SEM 的优势包括:可以同时估计多个变量之间的关系,更加全面地探究数据内在结构;能够考虑测量误差和隐变量的影响,提高模型的解释力与预测能力;可以通过模型拟合指标(如 RMSEA、CFI 等)来评估模型的拟合效果,帮助研究者进行模型选择和修正;具有较强的可解释性,可以将观察到的变量通过潜变量进行解释,从而更好地理解变量之间的关系。在经济学中,SEM 适用于探究变量之间的关系,因此对于因果机制探索也有一定的适用性——通过建立潜在变量来解释观察到的变量之间的关系,可以更全面地探究经济变量之间的因果关系。此外,SEM 也可以考虑测量误差和隐变量的影响,提高模型的解释力和预测能力,从而更好地揭示经济变量之间的因果机制。鉴于此,本部分尝试采用结构方程模型厘清人口结构对消费结构的影响路径。

结构方程模型的路径图是模型图示的一种方式,用于展现模型中各变量之间的关系和路径。路径表示变量之间的直接或间接关系,箭头指向的变量为因变量。路径图可以用于展示模型中的因果关系,帮助研究者理解变量之间的作用机制。在路径图中,潜变量通常用椭圆形表示,观察变量通常用矩形表示,路径用箭头表示。路径图中的参数估计值用箭头上的数值表示。

为进一步研究人口年龄结构是通过何种路径影响居民消费,本节选取主要变量构建路径分析模型。我们依然使用少儿抚养比 cdr 及老年抚养比 odr 来表示人口年龄的变动,两者的加总也就是总抚养比 $totrat$。收入分配区分城乡二元经济结构,其中包括城镇人均可支配收入 $incm$ 和农村人均纯收入 $rincm$。经济发展或经济增长采用人均国内生产总值 $pergdp$ 指标来代替;为简化模型,产业结构采用了第二产业比重用 $inds$ 来表示。居民消费水平选取的是人均消费水平 $consm$,该指标由城镇居民人均消费与农村人均消费两项加权平均所得。为保持统计口径一致，本研究选取的所有数据及区间与上文相同。

方程模型如下：

$$incm = \lambda_1 \, totrat + \lambda_2 \, cdr + \lambda_3 \, odr + \lambda_4 \, pergdp + \lambda_5 \, indst + e_1$$
$$rincm = \lambda_1 \, totrat + \lambda_2 \, cdr + \lambda_3 \, odr + \lambda_4 \, pergdp + \lambda_5 \, indst + e_1$$
$$pergdp = \lambda_6 \, totrat + \lambda_7 \, cdr + \lambda_8 \, odr + e_2$$
$$indst = \lambda_9 \, totrat + \lambda_{10} \, cdr + \lambda_{11} \, odr + e_3$$
$$consm = \lambda_{12} \, totrat + \lambda_{13} \, cdr + \lambda_{14} \, odr + \lambda_{15} \, incm +$$
$$\lambda_{16} \, rincm + \lambda_{17} \, pergdp + \lambda_{18} \, indst + e_4$$

这里 $\lambda_i (i=1 \cdots 18)$ 表示各变量间的路径系数，也就是各潜变量与相应观测变量之间的影响效应程度值；e_i 定义为模型中相应变量的异质性因素，即随机影响因素。在对数据作平稳化处理之后，利用最大似然估计法，对结构方程模型进行调试、识别、检验，最终得到显著结果。

图6-1提供了观测变量之间的路径系数，因数据量纲差异大，我们可重点关注参数估计值的正负方向。以下几条路径从统计上看是显著的：

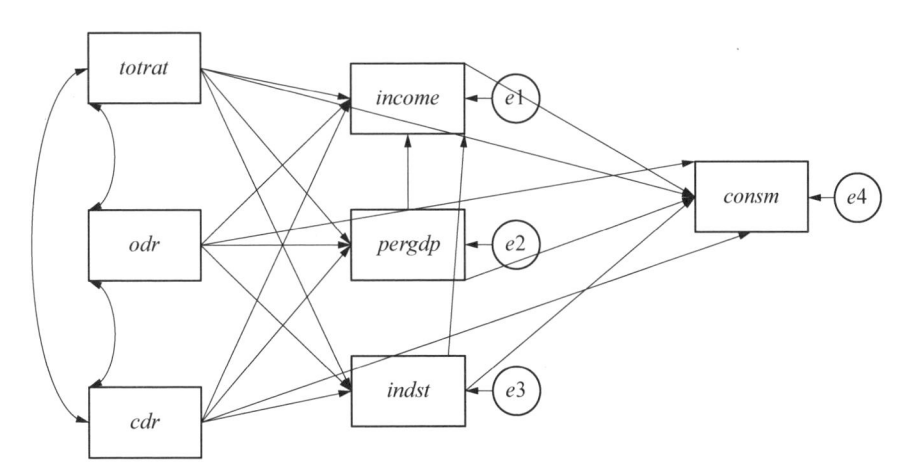

图6-1 人口年龄结构影响消费结构的路径分析

(1) 人口年龄结构→居民消费。其中，总抚养比与居民消费正向相关（影响系数为1.78），老年抚养系数、少儿抚养系数均与居民消费负相关（影响系数为-1.65、-1.82),且少儿抚养比更明显地表现出对消费的抑制作用。

(2) 人口年龄结构→收入分配→居民消费。在路径图中,城镇和农村收入这两个变量与居民消费的影响效应不同。城镇收入对居民消费的影响为负值-0.3,而农村收入对居民消费的影响系数为0.7,可以理解为农村地区收入越高,则消费增加的幅度会越高。

(3) 人口年龄结构→经济增长→居民消费。老年抚养比对经济增长在统计上的影响不显著。这里的人口结构主要针对总抚养比与少儿抚养比两类年龄结构指标。总抚养比对经济增长效应为正,系数为6.74。少儿抚养比对经济增长效应为负,为-5.64。模型中体现经济增长的变量是人均国内生产总值,这个指标和居民消费的影响系数是负值,为-0.58。在加入中间变量收入分配之后,能看到国内生产总值和收入分配两个变量间有显著影响。前者对后者的影响是0.68,而收入分配与居民消费的系数为1.87,支持原假设。

(4) 人口年龄结构→产业结构→居民消费。老年抚养系数对居民消费的影响路径并不包括产业结构、收入分配。总抚养比与产业结构的相关系数为正值(12.00),少儿抚养比与产业结构的相关系数为负值(-11.97),产业结构与居民消费正向相关。在模型中,第二产业产值作为产业结构的代理变量。这可以理解为第二产业产值的增加,尤其是制造业的增长,往往伴随着居民消费水平的提升。

由结果可见,路径分析实证结果基本支持原假设。间接影响路径中,老年抚养系数通过收入作为中间变量对居民消费产生影响;少儿抚养系数则通过三大中间路径,即先实现经济增长,然后传递到产业结构,最后再通过收入分配对居民消费产生影响。

少儿抚养系数与居民消费负向相关,并且其与主要变量的间接影响系数比直接影响系数更高,说明间接途径的影响更显著。总抚养比的间接影响系数更高,说明总抚养比更多地间接影响居民消费。总抚养比的影响路径和少儿抚养比相似,也主要是通过收入分配、经济增长和产业结构影响居民消费水平,传递顺序也是从经济增长、产业结构到收入分配的路径,且在经济增长、产业结构影响系数更高。

老年抚养系数与居民消费呈负向相关,意味着老年人口占比越高,直接导致的消费水平可能越低,这是直接影响。间接影响通过人均收入这个渠道发挥作用,但也呈现为负向效应。这表明尽管在最初的假设中老年抚养比的变化原本被认为能通过促进价值创造和消费结构调整来提高居民消费,但实际数据显示这种间接影响在统计上不显著。路径分析揭示了人口年龄结构对居民消费的直接和间接影响，其中间接影响通过经济增长、收入分配和产业结构等因素发挥作用，并且这种间接影响在效应上超过直接影响。简言之，老年抚养系数的增加直接导致消费下降；其间接影响，尽管存在，但在当前数据上不足以显著改变居民消费模式。

本部分以2001—2020年中国人口年龄结构对居民消费结构的影响效应作为研究对象，在综述主要相关的人口经济学和消费理论的基础上，结合实证分析及理论分析，对中国人口年龄结构（少儿抚养比和老年抚养比）与居民消费结构的变化关系进行了研究。在实证分析中，本章收集了2001—2020年中国人口宏观变动数据及消费结构数据。考虑到本章非平衡短面板数据的特点，选定固定效应面板回归分析作为主要模型回归方法。通过以上研究发现：在社会发展的不同时期，社会消费主力所处的人口年龄段将随着人口年龄结构的变动而发生变化，同时带来社会消费水平、消费结构的变化。因此，研究引入人口年龄变量的居民消费函数，探究人口结构的变动对消费产生的影响效应，能够帮助政府更好地优化调整人口结构，以促进消费升级，进一步提高消费水平，从而更好地满足不同层次居民的消费需求。

第七章 老龄化背景下的消费结构与碳排放影响效应

第一节 问题提出和研究假设

一、问题提出

自 2000 年以来，中国的人口结构发生了许多重大变化。其中，老龄化现象最为显著，中国人口年龄结构逐渐趋向老龄化。据统计，截至 2020 年底，中国 65 岁及以上老年人口已经达到 2.54 亿，占总人口比重的 18.1%，60 岁及以上老年人口比重更是高达 17.3%。

除了老龄化，中国的区域人口结构也发生了变化。随着城市化的不断推进，人口逐渐向城市聚集。截至 2020 年底，中国城市人口已经达到 8.13 亿，占总人口比重 58.5%。与此同时，农村地区人口数量不断减少。截至 2020 年底，中国农村地区人口数量已经降至 5.66 亿，占总人口比重的 39.5%。

在消费结构方面，中国正在经历从生活必需品消费向高品质商品和服务消费的转变。随着国内国际双循环的提出，中国正在形成新的消费重点。在内循环中，扩大内需，增加高质量消费和绿色低碳消费，推动消费结构的升级愈加成为内循环中消费的重点。在此背景下，如何在推动消费结构升级的同时兼顾双碳目标，实现经济可持续发展是一个亟待厘清的问题。中国的双碳目标任重道远。尽管中国的碳排放总量得到了高度重视和有力控制，但依然形势严峻。截至 2022 年，中国的碳排放总量为 121 亿吨，是 2010 年的 1.5 倍。此外，中国消费结构不断演变，消费者对品质和服务的要求越来越高，高品质、高附加值的商品和服务需求不断增加。

消费结构的升级会如何影响碳排放呢？消费与碳排放的关系结论并不一致。虽然大多数研究表明消费对碳排放有显著影响（蒋青松，2023；Zha et al.，2010），消费方式是居民生活碳排放的主要驱动因素。消费方式的变化，如食品消费的变化，是导致碳排放增加的主要原因之一（安玉发等，2014）。

但是，在影响效应的方向上，现有研究结论并不一致。有研究认为消费升级对家庭碳排放存在抑制作用（李国志，2018）。类似地，在针对农户家庭碳排放的研究中发现消费升级能够减少农户家庭碳排放，这是因为农户家庭的碳排放主要来自农业生产，而消费升级可以提高农业生产的效率和品质，从而减少碳排放（王亚红、蔡亚平，2023）。对立的观点认为，消费升级可能会增加家庭碳排放量。有研究发现食品最终消费的快速增长是拉动间接碳排放上升的主要原因（安玉发等，2014）；消费升级会增加家庭碳排放量，尤其是在碳排放较高的城市地区（赵昕等，2021）。也有研究认为消费对碳排放的促进或抑制效应可能都存在，取决于不同的消费方式（徐和清等，2016）。该研究发现政府消费需求会对碳排放产生抑制作用，城镇、农村和国外消费需求则会增加碳排放。消费结构升级和碳排放之间的交互影响非常复杂，取决于多种因素。研究消费结构升级和碳排放之间的交互影响具有重要的现实意义，可以为制定有效的低碳发展战略提供参考。

综上可知，先前的文献为本节的研究奠定了基础，但仍有一些不足之处，具体表现为：(1)已有文献对于消费结构升级与碳排放的研究考察不足，且结论存在矛盾；(2)未考虑人口特征的影响，特别是人口结构方面的因素，以及交互考察不同类型的消费结构变动对碳排放量产生的效应。因此，本章可能具有以下边际贡献：首先，在先前的研究基础上，进一步从人口、消费端分析三个层次的消费结构变动与碳排放量之间的关系；其次，将消费结构变动、老龄化、产业机构、城乡人口结构和碳排放量纳入环境效应的分析框架，并从异质性角度分析不同城镇化水平的碳排放影响效应。

二、研究假设

随着国民经济的发展，消费者的需求越来越趋向于高档次、高品质、高附加值的商品和服务，这导致了消费结构的升级。消费结构的升级对碳排放强度会产生影响。一方面，消费结构的升级可能导致碳排放量的降低。高档次、高品质、高附加值的商品和服务可能会摆脱过去粗放式能耗发展的工业模式，减少能源和原材料的需求,减少碳排放量。另一方面,消费结构升级背后的绿色文化也可能促进碳排放量的降低。随着消费结构的升级,人们对环保和节能的意识也在提高,消费者倾向于选择低碳、环保的商品和服务,从而促进了低碳经济的发展。

基于此,提出假设H1:高层次的消费结构会显著抑制地区碳排放总量,即享受型、发展型消费结构比重越高的地区,碳排放量越低。

消费结构变化对碳排放影响的研究需要从消费行为、人口结构和产业结构来分析(见图7-1)。消费结构变化影响碳排放是通过消费者行为直接产生的。消费者偏好的变化、环保意识的提高等因素会影响消费行为,从而影响碳排放量。消费行为的偏好变化可能导致不同类型能源的消耗量变化。如果消费者倾向于选择低碳、环保的商品和服务,则可以促进低碳经济的发展。例如,消费者更倾向于购买使用环保材料制造的家具和家居用品,这些产品的碳排放量通常较低。消费行为的偏好变化可能导致不同类型能源的消耗量变化。

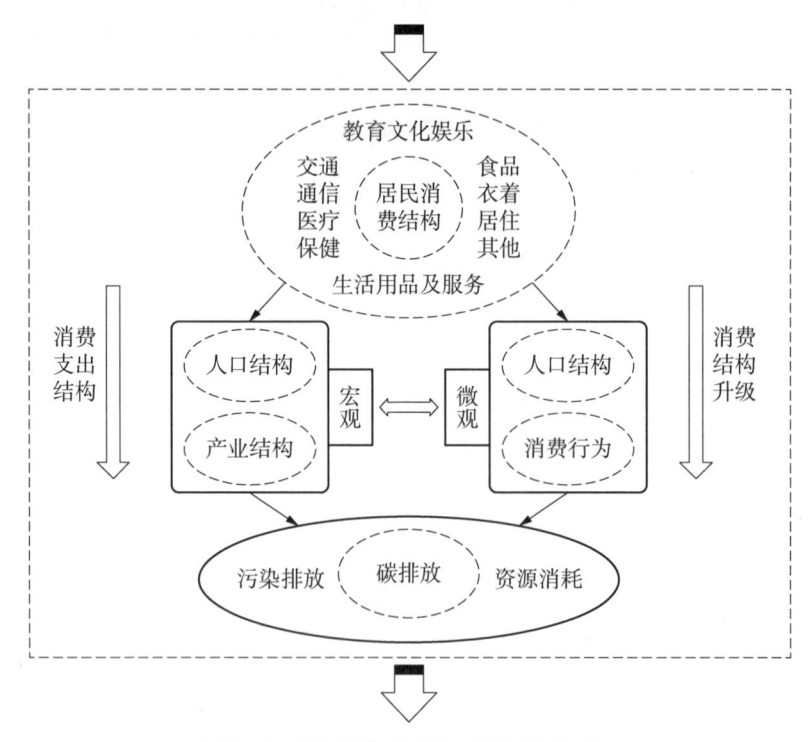

图7-1 居民消费结构影响碳排放的逻辑

可以看出,人口的系统性变化会对经济社会产生持续深远的影响,这些影响包括但不限于碳排放和环境变化。人口结构的变化,如老龄化和城乡人口结构的加速变动,可能会影响碳排放的增长和社会的可持续发展。老龄化可能导致碳排放的增加。随着老年人口比例的增加,社会医疗保健和社会保障的成本将大幅度增加,这可能会导致碳排放的增加。此外,老年人口通常比年轻人口更需要能源和资源的供应,这也可能导致碳排放的增加。

基于此,提出假设 H2:老龄化程度的增加可能会强化消费结构对碳排放产生的影响效应。

产业结构的优化可以促进经济结构的优化和转型升级,从而减少碳排放量。一方面,通过加大环保产业、节能降耗产业等低碳产业的投资和扶持,可以提高这些产业的比重,促进产业结构向低碳方向转型。另一方面,推动高能耗、高污染的传统产业转型升级,减少其碳排放量,也是产业结构升级的重要手段。具体来说,首先,低碳产业拉动经济增长。低碳产业具有高附加值、高技术含量和高创新性等特点,能够提高经济效益和社会效益。通过大力发展低碳产业,可以拉动经济增长,实现经济效益和环境效益的双赢。其次,随着产业结构的调整和优化,传统高碳产业的比重逐渐降低,低碳产业的比重逐渐增加,从而减少了全社会的碳排放量。此外,产业结构的优化有利于提高资源利用效率。产业结构升级可以促进资源的合理利用和循环利用,从而减少资源的浪费和消耗。这不仅可以降低碳排放量,还可以提高经济效益和社会效益。

基于此,提出假设 H3:产业结构水平的优化可能会强化消费结构对碳排放产生的影响效应。

此外,城乡人口的结构的变动也会对碳排放产生影响。城镇人口比重越高的地区,则城镇化水平越高。城镇化加速建设可能会导致碳排放的增加。城市化过程中,大量的资源和能源将被用于交通、建筑和基础设施的建设,这些都可能导致碳排放的增加。此外,城市化可能会导致人口密集的城市地区的能源和资源的供应压力增加,这个过程也会推升碳排放量。

基于此,提出假设 H4:在不同的城乡人口的结构或城镇化水平,消费结构对碳排放影响效应也不同。

第二节 模型设定

本部分的模型由扩展的 STIRPAT 模型而来。在扩展 STIRPAT 模型中,主要解释变量为人口年龄结构(少儿抚养比、老年抚养比)、消费结构(生存型消费占比、享受型消费占比、发展型消费占比)。这三种消费结构方式借鉴陈建宝和李坤明(2013)归类方法,将城镇居民八大类消费支出中食品、衣着、居住、交通通信归为生存型消费,家庭设备及服务、医疗保健、其他用品服务归为享受型消费,文教娱乐归为发展型消费。被解释变量能源消费为地区碳排放总量。每种能源转化为标准煤的系数来自《中国能源统计年鉴》。计算每种能源碳排放量的排放因子来自政府间气候变化专门委员会(IPCC)。在本书的第五章已详细介绍了计算方式,在此不再赘述。

为探讨不同消费结构对碳排放的影响,在保留主要控制变量的基础上依次将刻画不同消费结构的变量逐次引入扩展 STIRPAT 模型,得到如下三个基准模型:

$$Carbont_{i,t} = a_0 + a_1 clive_{i,t} + a_2 controls_{i,t} + \varepsilon_{i,t} \quad 式7-1$$

$$Carbont_{i,t} = a_0 + a_1 cenjoy_{i,t} + a_2 controls_{i,t} + \varepsilon_{i,t} \quad 式7-2$$

$$Carbont_{i,t} = a_0 + a_1 cdvlp_{i,t} + a_2 controls_{i,t} + \varepsilon_{i,t} \quad 式7-3$$

其中,省级碳排放量 $Carbont$ 是被解释变量。核心解释变量包括三个指标,分别是生存型消费结构($clive$),享受型消费结构($cenjoy$)和发展型消费结构($cdvlp$),也就是三种由低到高不同层次的消费结构;控制变量全部纳入 $controls$ 这个代理指标。通过对已有文献的梳理(李洪心、高威,2008;邵帅等,2022),选定的主要控制变量包括地区经济发展水平、产业结构、人力资本水平、城镇化水平、对外开放程度、研发强度、能源强度、政府干预程度。变量的下标 i 指代地区,t 则代表时间,ε 为随机扰动项。

同时,在基准模型的基础上我们还设置了两个调节效应模型(式7-4、式7-5),调节变量分别为老年抚养比,即衡量老龄化程度的代理指标,以及产业结构水平。

$$Carbont_{i,t} = \beta_0 + \beta_1 clive/cenjoy/cdvlp + \beta_2 odr + \beta_3 clive/cenjoy/cdvlp \times odr + \beta_4 controls_{i,t} + \varepsilon_i$$

$$式7-4$$

$$Carbont_{i,t} = \beta_0 + \beta_1 clive/cenjoy/cdvlp + \beta_2 ind + \beta_3 clive/cenjoy/cdvlp \times ind + \beta_4 controls_{i,t} + \varepsilon_i$$

$$式7-5$$

以上资料来源于《中国统计年鉴》和各类相应的省级年鉴,①样本数据选取的时间跨度为 2001—2020 年,样本为年度中国省级面板数据。具体的变量描述如下:

表 7-1　　　　　　　　　　主要变量描述

英文	变量描述
odr	老年抚养比:65 岁以上人口数/劳动年龄人口数×100%
cdr	儿童抚养比:0—14 岁人口占 15—64 岁劳动年龄人口比重
$clive$	生存型消费结构
$cenjoy$	享受型消费结构
$cdvlp$	发展型消费结构
$lngdp$	经济发展水平
ind	产业结构:第三产业产值/第二产业产值
人力资本水平	高等学校在校学生人数/地区总人口
城镇化水平	城镇人口/地区总人口
对外开放程度	(货物进出口总额×美元对人民币汇率)/地区生产总值
研发强度	R&D 经费内部支出/地区生产总值
能源强度	地区电力消费量/全国电力消费总量
政府干预程度	财政支出/地区生产总值

第三节　模型结果讨论

对数据的相关性结果简单分析可以看出,碳排放与老年抚养比和生存型消费呈正相关关系,与少儿抚养比和享受型消费呈负相关关系。这表明,初步来看,老年抚养比和生存型消费的增加会导致碳排放的增加,而少儿抚养比和享受型消费的增加会导致碳排放的减少。

从相关性统计来看,碳排放与能源结构、城镇化水平和 GDP 呈正相关关系,与政府干预程度和产业结构呈负相关关系(表 7-3)。这表明,碳排放水平与地区经济发展水平和城镇化水平也息息相关。地区经济发展水平越高,碳

---

① 包括《中国能源统计年鉴》《中国科技统计年鉴》《中国教育统计年鉴》和《中国人口和就业统计年鉴》。

表 7-2 核心变量相关性分析

	碳排放	少儿抚养比	老年抚养比	总抚养比	生存型消费	享受型消费	发展型消费
碳排放	1.000						
少儿抚养比	-0.100**	1.000					
老年抚养比	0.233***	-0.297***	1.000				
总抚养比	0.009	0.889***	0.173***	1.000			
生存型消费	0.213***	0.152***	0.076***	0.194***	1.000		
享受型消费	-0.223***	-0.155***	-0.132***	-0.223***	-0.884***	1.000	
发展型消费	-0.036	-0.035	0.085***	0.005	-0.477***	0.010	1.000

注：* 表示 $p<0.1$，** 表示 $p<0.05$，*** 表示 $p<0.01$。

表 7-3 相关性分析：主要控制变量

	碳排放	经济水平	产业结构	城镇化水平	人力资本水平	对外开放程度	政府干预程度	研发强度	能源结构
碳排放	1.000								
经济水平	0.108***	1.000							
产业结构	-0.194***	0.470***	1.000						
城镇化水平	0.124***	0.778***	0.508***	1.000					
人力资本水平	0.061	0.616***	0.382***	0.754***	1.000				
对外开放程度	-0.033	0.788***	0.360***	0.528***	0.340***	1.000			
政府干预程度	0.019	-0.186***	0.146***	-0.065	-0.054	-0.290***	1.000		
研发强度	-0.031	0.738***	0.644***	0.719***	0.673***	0.627***	-0.193***	1.000	
能源结构	0.556***	0.284***	-0.219***	0.073*	-0.063	0.344***	-0.446***	0.132***	1.000

排放越高；城镇化率越高，碳排放量也就越高。碳排放的增加还与高城镇化水平和高能源结构有关，而政府的干预和经济结构的调整可以减少碳排放。在碳排放水平的控制变量中研发强度、能源结构、人力资本水平显示强相关，解释力较高。这反映出一个国家或者区域的研发技术水平的高低、能源结构具体配置和劳动力受教育水平高度相关。

表7-4 描述性统计

	(1) count	(2) mean	(3) sd	(4) min	(5) p50	(6) max
碳排放量	581	10.154	0.839	6.305	10.182	11.956
少儿抚养比	581	24.982	7.224	9.640	25.155	44.650
老年抚养比	581	13.311	3.352	6.950	12.725	25.480
总抚养比	581	38.293	7.004	19.270	38.665	57.786
生存型消费	581	0.584	0.038	0.484	0.583	0.731
享受型消费	581	0.310	0.033	0.204	0.309	0.406
发展型消费	581	0.106	0.018	0.055	0.106	0.152
经济发展水平	581	9.191	0.525	7.898	9.113	10.760
产业结构	581	1.050	0.579	0.500	0.889	5.297
城镇化水平	581	0.514	0.157	0.139	0.504	0.896
人力资本水平	581	0.016	0.007	0.003	0.016	0.041
对外开放程度	581	0.305	0.371	0.008	0.131	1.722
政府干预程度	581	0.218	0.131	0.077	0.192	1.334
研发强度	581	0.014	0.011	0.002	0.011	0.064
能源结构	581	0.034	0.024	0.001	0.026	0.110

注：其中考虑到数据平稳，经济发展水平、碳排放量数值取对数处理。

我们先对数据做初步的描述性统计，由描述性统计可以看出：(1)碳排放量的最高值11.956，最低值6.305；说明各省份之间在不同年度、不同区域碳排放存在较大差异。(2)总抚养比平均值为38.293，说明目前中国各省份的抚养比加总，少儿抚养比加老年抚养比还处在相对较高的水平。其中老年抚养比均值为13.311，少儿抚养比为24.982。(3)三类不同的消费类型中，生存型消费占比0.584，享受型消费为0.310，发展型消费仅为0.106。这说明目前国内的消费整体上依然处在生存型消费为基础消费类型的社会阶段。这也说明在经济发展过程中需要考虑环境和人口等方面的因素，以实现可持续发展。

其他如产业结构、人力资本水平、城镇化水平、对外开放程度、研发强度、能源结构等也存在较大区域差异。

产业结构的平均值为 1.050，标准差为 0.579。城镇化水平的平均值为 0.514，标准差为 0.157，这表明在样本中，各地区的城镇化水平差异较大。各地区的对外开放程度和政府干预程度差异较大，比如政府干预程度的平均值为 0.218，标准差为 0.131，因此政府在制定经济政策时需要充分考虑市场需求和政府干预的平衡，以促进经济的健康发展。此外，各地区的能源结构差异较大，能源结构的平均值为 0.034，标准差为 0.024。这表明在样本中，各地区的能源结构差异较大，应该加强能源结构的调整和优化。

为了对上述的研究问题和研究假设进行检验，接下来基于 2001—2020 年的省级面板数据，先使用双固定效应模型实证检验三种不同类型的消费结构对地区碳排放量的影响效应。之后，运用调节效应模型，分别将老龄化和产业结构加入交互效应模型，设置交互项，分别检验是否存在以上两个变量对主效应的调节作用。最后，在异质性分析上还对城镇人口结构水平进行四分位数回归分析，观察不同城镇化水平分组存在的异质性。

一、基准回归

表 7-5　　生存型消费结构碳效应回归结果

	(1) lncarb	(2) lncarb	(3) lncarb
生存型消费结构	4.0282*** (3.98)	4.0147*** (3.98)	4.3297*** (5.56)
老年抚养比		0.0278** (2.40)	
少儿抚养比			
经济水平			0.0985 (0.92)
产业结构			−0.3050*** (−4.21)
城镇化水平			0.5886* (1.86)
人力资本水平			−24.3351*** (−3.39)

续表

	(1) lncarb	(2) lncarb	(3) lncarb
对外开放程度			−0.2708** (−2.03)
政府干预程度			0.5202** (1.97)
研发强度			3.1781 (0.69)
能源结构			19.6262*** (12.03)
_cons	7.2923*** (10.13)	6.9317*** (9.47)	5.8512*** (5.57)
N	581	581	581
adj. R^2	−0.007	0.001	0.475
F	15.8404	10.8723	61.4503

表7-6　　　　发展型消费结构碳效应回归结果

	(1) 碳排放量	(2) 碳排放量	(3) 碳排放量
发展型消费结构	−9.8824*** (−6.05)	−9.4184*** (−5.65)	−8.8312*** (−7.17)
老年抚养比		0.0271** (2.25)	
少儿抚养比		0.0038 (0.76)	
经济水平			0.1189 (1.12)
产业结构			−0.2703*** (−3.88)
城镇化水平			0.5811* (1.87)
人力资本水平			−21.7810*** (−3.14)
对外开放程度			−0.1997 (−1.52)

续表

	(1) 碳排放量	(2) 碳排放量	(3) 碳排放量
政府干预程度			0.5491** (2.12)
研发强度			−2.2267 (−0.50)
能源结构			19.3374*** (12.11)
_cons	11.3450*** (56.93)	10.8318*** (32.03)	9.7874*** (11.20)
N	581	581	581
adj. R^2	0.028	0.033	0.493
F	36.6359	13.9702	65.7773

为了保证结果的稳健性并克服多重共线性带来的分析误差，本部分进行了多次检验，先在运行最小二乘法 OLS 回归初探后，逐次添加固定效应模型和随机效应模型再次进行检验，并在其间进行 F 检验、过度识别检验和 Hausman 检验。检验结果均在 1% 水平上显示固定效应面板回归结果是最稳健的，结论比较可靠，因此本部分报告的是双固定效应的回归结果，表 7-7 列 1 是未添加任何控制变量的情况下的回归结果，列 2 是加入少儿抚养比和老年抚养比之后的结果，列 3 是加入全部控制变量的结果呈现。因模型涉及三个层次的消费结构，所以本章汇报的结果都是三类消费结构单独进行模型拟合的结果。

表 7-7　　　　　享受型消费结构碳效应回归结果

	(1) 碳排放量	(2) 碳排放量	(3) 碳排放量
享受型消费结构	−0.9152 (−0.56)	−0.6431 (−0.39)	−2.3765* (−1.85)
老年抚养比		0.0354*** (2.88)	
少儿抚养比		0.0095* (1.85)	

续表

	(1) 碳排放量	(2) 碳排放量	(3) 碳排放量
经济水平			0.0680 (0.62)
产业结构			−0.2423*** (−3.24)
城镇化水平			0.5538* (1.71)
人力资本水平			−18.4573** (−2.50)
对外开放程度			−0.3373** (−2.48)
政府干预程度			0.6403** (2.36)
研发强度			0.6709 (0.14)
能源结构			21.0401*** (12.73)
_cons	10.3084*** (37.28)	9.5548*** (25.18)	9.4460*** (10.12)
N	581	581	581
adj. R^2	−0.035	−0.022	0.449
F	0.3176	3.2129	55.6628

综上可以得出以下结论：享受型消费结构对碳排放量有负面影响，即享受型消费结构越高，碳排放量越低；生存型消费结构对碳排放量有正面影响，即生存型消费结构越高，碳排放量越高；发展型消费结构对碳排放量有负面影响，即发展型消费结构越高，碳排放量越低。此外，除消费结构类型之外，还有一些其他因素对碳排放量也有影响，如产业结构、城镇化水平、人力资本水平、对外开放程度和政府干预程度。在享受型和发展型消费结构下，产业结构对碳排放量有显著的负面影响；在发展型消费结构下，城镇化水平对碳排放量有正面影响，而对外开放程度对碳排放量有负面影响。在生存型消费结构下，人力资本水平对碳排放量有显著的负面影响，而政府干预程度对碳排放量有正面影响。因此，在制定减少碳排放量的具体政策时，需要根据不同的消费结构

类型和具体的影响因子进行分析和制定。

二、老龄化的调节效应

上文中,基准回归结果表明消费结构升级正向发展总体上有利于降低区域碳排放量。具体来说,生存型消费结构与区域碳排放量正向相关,加入控制变量之后依然显著正相关;发展型和享受型与区域碳排放量负向相关。享受型与区域碳排放量负向效应更强,系数绝对值更大,添加控制变量之后,在多种回归模型中都呈现非常显著的抑制效应。可以推测更高质量的消费结构类型更有利于碳减排目标的实现。

但是这种碳减排效应在不同人口结构性特征下是否具有普适性呢?本部分先通过老龄化的调节效应,观察到老龄化对这三类消费结构的碳效应在原有的方向上存在不同的效应,对低层消费结构的碳促进效应存在强化效应,即生存型消费结构与区域碳排放量正向相关。在解释变量中加入生存型消费结构与老龄化变量的交互项后,发现之前的正向相关系数更大了,且主效应方向不变,但削弱了更高层次的消费结构产生的碳抑制效应。发展型和享受型消费结构原有的负向相关系数,在加入交互项后,交互项的系数为正,发展型和享受型消费结构的主效应方向不变(见表7-8)。

表7-8　三类消费结构对碳影响效应中老龄化的调节作用

	(1)碳排放量	(2)碳排放量	(3)碳排放量
$clive$	3.530***		
	(0.819)		
$T×J$(交互项)	0.043***		
$cenjoy$		−4.430***	
		(1.448)	
$T×J2$(交互项)		0.174***	
		(0.058)	
$cdvlp$			−11.307***
			(1.519)
$T×J3$(交互项)			0.218***
			(0.079)

续表

	（1）碳排放量	（2）碳排放量	（3）碳排放量
控制变量	控制	控制	控制
效应固定	是	是	是
N	581.000	581.000	581.000
r2	0.508	0.484	0.524
r2_a	0.482	0.457	0.499

注：* 表示 $p<0.1$，** 表示 $p<0.05$，*** 表示 $p<0.01$。

这表明调节变量老龄化水平削弱了发展型和享受型消费结构对碳排放的抑制效应。这和我们的日常观察也基本一致。随着老龄化的不断加剧，老年人的能耗需求可能更高，这是由于老年人在居住、交通和医疗保健方面的需求更高（见图7-2）。老年人的健康和生活质量的保障需要更多的资源支持。具

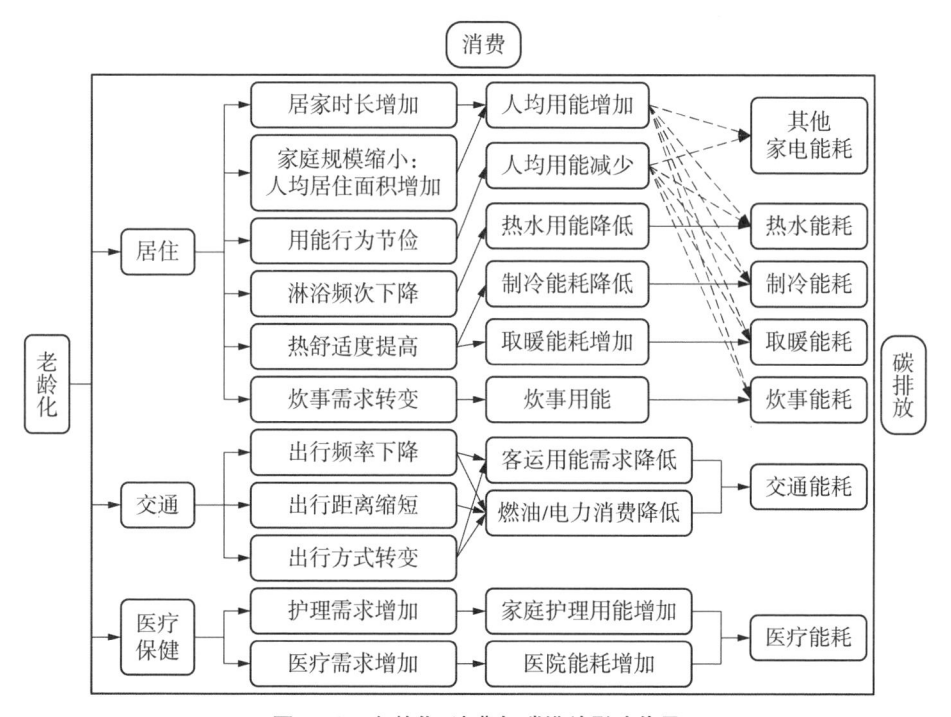

图7-2 老龄化、消费与碳排放影响传导

体来说,老年人在居住方面,家庭规模更小,人均居住面积增加,人均耗能增加;一般保暖需求更高,小规模需要更多的暖气和空调来保持室内舒适温度,耗能量更高。在交通方面,自理老人一般出行多选择公共交通,能耗不高,但介助老人和介护老人这两类群体可能需要更多的辅助出行服务,如专门的接送服务或公共交通工具的改进,这也需要更多的能源支持。此外,老年人通常需要更多的医疗保健服务和资源,包括更频繁的医疗检查和治疗,医疗类设备、医疗建筑空间的扩张和家庭护理器械的增长需求扩张也带动相关行业产生更多的能源消耗。

三、产业结构的调节效应

研究表明(见表7-9),生存型消费结构与碳排放呈正相关,但在调节变量地区的产业结构程度加入后,交互项系数为负。这表明产业结构的升级可以削弱生存型消费结构为主的地区对碳排放的促进作用。相反,产业结构的高水平发展可以缓解低层次消费结构为主的碳排放效应,揭示了产业升级对碳排放的显著的负向调节效应。

表7-9　三类消费结构对碳影响效应中产业结构的调节作用

	(1) 碳排放量	(2) 碳排放量	(3) 碳排放量
clive	4.788*** (0.811)		
ind(交互项)	−0.431*** (0.101)		
cenjoy		−0.947 (1.246)	
ind2(交互项)		−1.151*** (0.430)	
cdvlp			−6.301*** (1.299)
ind3(交互项)			−2.527*** (0.599)
控制变量	控制	控制	控制
效应固定	是	是	是

续表

	(1) 碳排放量	(2) 碳排放量	(3) 碳排放量
N	581.000	581.000	581.000
r2	0.501	0.473	0.520
r2_a	0.476	0.446	0.495

注：$^{*}p<0.1$，$^{**}p<0.05$，$^{***}p<0.01$。

对于享受型消费结构和发展型消费结构来说，它们的主效应为负，而发展型消费结构还表现出显著的负相关效应。尽管从统计上来说，享受型消费结构并不显著，但其方向也是负相关的。在这种情况下，我们发现两者与产业结构的交叉项系数均为负，表现出显著的负相关性，这说明调节变量产业结构程度强化了中高等的消费结构变动升级对碳排放总量的抑制效应。总之，可以推出产业结构程度对主效应的碳减排效应具有显著的强化或促进作用。

合理优质的产业结构可以缓解低层次消费结构为主的碳排放促进效应，促进经济可持续发展。产业升级的高级化水平有助于实现碳减排，而且经济发展效应和科技进步效应可以形成绿色发展的良性循环。一方面，当地区的产业结构升级时，第三产业等高附加值产业的增加，一般以服务业为主，能耗相对少，生产效率高的同时还可以提高地区的经济发展水平，从而减少低层次消费结构所带来的碳排放。另一方面，第三产业等产业的发展也带来更多的就业机会，提高居民的收入水平，居民消费结构得以优化，从而缓解低层次消费结构所带来的碳排放。此外，第三产业等高附加值产业的发展还有助于带动科技进步和创新，全要素生产率的提高可以推动地区经济的高效低能耗发展，进一步降低碳排放。

不同产业结构对碳排放的影响显著不同。不同类型的产业对环境的影响差异较大，因此不同的产业结构会带来不同程度的碳排放量。一般来说，重工业和能源消耗型产业的碳排放量通常是其他产业的数倍甚至数十倍。这些产业包括钢铁、水泥、化工等，这些行业往往需要大量的能源和原材料，因此其碳排放量也就相应地增加。服务业和轻工业对环境的影响相对较小，因此其碳排放量也相对较低。服务业包括医疗、教育、金融等行业，轻工业则包括纺织、食品、家具等行业。因此优化产业结构、促进环保型产业发展、减少能源消耗型产业的发展是减少碳排放的有效途径。

四、基于城乡人口结构水平的异质性分析

在异质性分析部分,本章通过对城镇人口结构水平进行四分位数回归分析,发现结论与基准回归的结论相互呼应。通过观察 Panel A、Panel B、Panel C,四分位数划分为三组:低城镇化人口结构、中高城镇化人口结构和高城镇化人口结构。对比三个层次消费结构在三大组之间的回归结果,可以发现在城镇人口结构水平低的区域,不同消费结构呈现的碳排放影响效应越明显。不管是生存型、享受型还是发展型消费结构,在低城镇人口结构水平这一组都存在显著的统计关系。生存型消费结构的促碳排放效应更强,在基准效应中不分组的情况下为 4.028 2%,而在低城镇人口结构水平的一组中,为 7.126%(见表 7-10)。另外两种更高级的消费结构也是如此,在低或中高城镇人口结构水平呈现出更强的抑制效应。因此,碳减排对城镇人口结构水平低的影响具有更大的边际效用。

表 7-10　城镇化人口结构分位数分组回归结果

Panel A.

	低城镇化人口结构 碳排放量	中高城镇化人口结构 碳排放量	高城镇化人口结构 碳排放量
clive	7.126*** (1.283)	1.295 (1.070)	−1.617 (2.265)
控制变量	控制	控制	控制
效应固定	是	是	是
N	146.000	290.000	145.000
r2	0.674	0.626	0.645
r2_a	0.606	0.587	0.563

Panel B.

	低城镇化人口结构 碳排放量	中高城镇化人口结构 碳排放量	高城镇化人口结构 碳排放量
cenjoy	−3.521* (1.794)	0.611 (1.766)	4.612* (2.726)
控制变量	控制	控制	控制

续表

	低城镇化人口结构碳排放量	中高城镇化人口结构碳排放量	高城镇化人口结构碳排放量
效应固定	是	是	是
N	146.000	290.000	145.000
r2	0.756	0.641	0.667
r2_a	0.703	0.603	0.586

Panel C.

	低城镇化人口结构碳排放量	中高城镇化人口结构碳排放量	高城镇化人口结构碳排放量
$cdvlp$	−14.211***	−3.757**	−0.382
	(1.915)	(1.685)	(3.569)
控制变量	控制	控制	控制
效应固定	是	是	是
N	146.000	290.000	145.000
r2	0.719	0.631	0.644
r2_a	0.660	0.593	0.561

注：* 表示 $p<0.1$，** 表示 $p<0.05$，*** 表示 $p<0.01$。

城镇人口结构水平直接反映了地区的城镇化水平。城镇化水平低的地区更倾向于依赖传统的生存型消费模式，这种消费结构通常能耗高、能源利用效率低，因此碳排放量较大。相反，城镇化水平高的地区经济发展水平相对较高，居民收入也相应增加。尽管消费结构会更加优化，但中高层次的消费结构总体占比仍相对较低。此外，城市化进程背后存在许多因素促进碳排放，很难被抵消。高水平的城市化往往伴随着高碳排放量。城市化背景下，大量基础设施建设消耗大量城市能源和资源；城市建设过程中的各种工程如道路、桥梁、地铁等也需消耗大量能源和材料，进而增加碳排放；城市内的交通流量增加，各类交通工具的增加也直接导致二氧化碳排放量的增加；城市人口密度大、人口流动性强，商业和办公活动等对能源消耗和碳排放水平也有显著影响。因此，城镇人口结构水平低的地区，消费结构的影响效应会更加显著。

接下来是稳健性检验。为了使得结果更加稳健可靠，采取了以下三种方法进行检验：首先，替换被解释变量。将被解释变量由省级碳排放替换为省级碳排放强度指标,结果依然显著且具有稳健性。其次,为降低模型可能存在的内生性问题带来的影响,对碳排放量进行一阶滞后处理,然后再次使用原计量模型回归。最后,替换核心解释变量。使用熵值法建构新的消费结构变量,并借鉴冯树辉和朱平芳(2022)的研究对八大支出项目正向和负向的设定,随后运用新解释变量对模型进行重新检验。以上检验结果与主效应结论一致。

第四节　结论与政策启示

通过以上实证分析,可发现消费结构变化对碳排放量的影响是复杂的,需要从多个角度进行分析。在消费结构变化对碳排放影响的研究中,需要充分考虑人老龄化背景下的消费行为、产业结构的合理化程度和城镇化人口结构格局等因素,以制定有效的碳减排政策和措施。

其一,优化消费结构升级,助力经济可持续发展和碳减排目标。随着经济全球化和市场化的深入发展,中国经济正处在从高速增长阶段向高质量发展阶段转变的过程中。在这个转变的过程中,双循环模式是中国经济转型升级的重要引擎之一。以国内大循环为主体的发展模式,其重点是通过提高消费结构来升级和扩大内需。消费结构升级可以促进经济的转型升级,提高经济的质量和效益。在推动消费结构升级的过程中,需要注重发展低碳经济,推广低碳生活方式,提高环保意识。消费者在推动消费结构升级方面具有重要作用,他们的购买行为对市场需求和供应产生直接影响,进而影响生产和服务的方式。因此,为实现消费结构升级,需要加强低碳生活方式教育宣传,提高公众对低碳的认识和意识。同时,推广低碳产品,鼓励居民选择低碳消费,并健全绿色低碳产品生产和推广机制,加强对绿色低碳产品的质量监管。积极发展绿色低碳消费市场,提高绿色低碳消费的市场占比,倡导绿色低碳出行,完善公共交通基础设施,加强对节能低碳建筑的支持和引导。引导消费者形成理性消费、绿色消费、低碳消费的消费观念和行为习惯,倡导节约集约的绿色生活方式。消费者提高环保意识,积极选择低碳、环保的产品和服务,改变个人生活方式,就能够参与推动消费结构升级的过程,共同实现经济的可持续发展。

其二,关注老年人的消费结构,优化老年群体的耗能结构,提前考虑和部署人口结构变动产生的建筑、交通两大直接用能领域的能源需求增长。推进老龄化社区周边绿色低碳保障性功能区建设,保障老龄化社区周边配有完善的保障性基础设施建设,例如商场、银行、健身和娱乐设施等配套设施;同时要加强交通基础设施建设,提高公共交通的便利性;完善基层社区卫生保健服务,关注医疗行业能耗提升。为了应对老龄化对居民用能习惯和需求的影响,需要加强建筑保温和取暖能效提升。在城镇化建设方面,应考虑到人口结构变动因素,推行绿色城镇化、可持续发展导向的城镇化建设,尤其在能耗强度较高的建筑和交通领域,关注新的建筑和交通公共基础设施建设带来的工业生产和耗能需求。

其三,在产业结构方面,优化产业结构,大力发展低碳产业。减少传统高碳产业的比重,加强节能减排技术的应用,提高资源利用效率,实现经济可持续发展和环境可持续发展的双重目标。首先,大力发展低碳产业可以拉动经济增长,实现经济效益和环境效益的双赢。低碳产业具有高附加值、高技术含量和高创新性等特点,能够提高经济效益和社会效益。通过加大环保产业、节能降耗产业等低碳产业的投资和扶持,可以提高这些产业的比重,促进产业结构向低碳方向转型。其次,通过调整产业结构,传统高碳产业的比重逐渐降低,低碳产业的比重逐渐增加,从而减少了全社会的碳排放量。同时,推动高能耗、高污染的传统产业转型升级,减少其碳排放量,也是产业结构升级的重要手段。加强节能减排技术的应用,也是减少碳排放量的重要手段。再者,产业结构升级可以促进资源的合理利用和循环利用,从而减少资源的浪费和消耗。这不仅可以降低碳排放量,还可以提高经济效益和社会效益,实现经济发展和"双碳"的目标。

第八章 数字经济、人力资本结构与碳排放:基于门槛效应回归

第一节 问题提出和研究假设

一、问题提出

数字经济作为一种向上的新产业、新业态、新模式,正在重塑世界经济格局。《数字中国发展报告(2020年)》发布的数据显示,2020年中国数字经济核心产业增加值占GDP比重达到7.8%,成为中国经济增长的新动力和引擎。数字经济的快速发展,给人们生产、生活和生态带来了一场革命性变革,信息的传播以数据为载体,深度颠覆传统的经济范式。同时,数字经济领域成为吸纳就业的重要渠道。据该报告统计,仅2020年人力资源社会保障部等相关部门就向社会发布了智能制造工程技术人员、区块链工程技术人员和工业互联网工程技术人员等25个新职业。

数字化、智能化和绿色化已成为数字经济发展的重要趋势,这种转型将为中国未来的发展带来巨大的机遇,也对中国当下新人口特征的格局下带来了新的挑战。新技术浪潮的涌现为中国经济带来了前所未有的发展机遇。随着人工智能、大数据、云计算等新兴技术的快速发展,这些新技术的应用需要大量的技术人才和管理人员,以实现企业生产效率提升、优化资源配置和拓展市场规模,给中国的人力资本结构带来了重大的变革。同时,高等教育的普及也为中国的人力资本结构带来了深刻的变化。随着中国经济的发展和城市化进程的加速,高等教育蓬勃发展。这些受过高等教育的人才在中国经济和企业的转型升级中扮演着重要的角色,他们的知识和技能正在成为中国经济发展

的重要动力。这些人口结构的变化给中国的经济、社会和环境带来了深远的影响。随着老年人口比重的增加,城市化和劳动力人口加速老龄化也给中国的经济发展带来了挑战。如何应对这些挑战,如何实现新人口结构下的数字经济,是中国未来发展的重要议题。

自"双碳"目标提出以来,碳减排问题一直是被关注的热点。关于碳减排的影响因素,现有文献已经做了丰富探讨。多数学者通过实证研究发现,环境规制的实施(徐盈之等,2015)技术进步(张兵兵等,2015)和创新水平的提高是降低碳排放的有力手段。也有研究发现,城市经济集聚水平的提高有助于降低碳排放强度。相对于低经济密度城市,高经济密度城市的经济集聚可以更有效地降低碳排放。经济集聚不仅直接影响碳排放强度,还可以通过环境规制和城镇化水平对碳排放强度产生间接影响(任晓松等,2020)。目前,在碳排放驱动因素研究中,有关人口的研究,多数研究集中于人口规模或老龄化的影响上,对人口结构尤其是人力资本结构这个变量的关注度不足。鉴于此,本章采用2012年至2019年中国省级面板数据,深入探究数字经济的碳排放影响效应,以及人力资本结构的门槛效应。

本章可能的贡献主要体现在两个方面。第一,本章将人力资本结构这一人口变量纳入框架,设为门槛变量,运用门槛回归,从而更加深入地探究人力资本水平对数字经济的碳排放影响效应。第二,本章考虑了数字经济对碳排放的影响的中介机制,即数字经济通过产业结构高级化、创新技术这两个中介变量对碳排放产生影响,从而更加准确地评估了数字经济发展与碳排放的作用机制。此外,本章也考虑了数字经济在不同地区的碳排放影响效应,考虑了地区经济发展水平的异质性因素,为碳排放驱动因素研究提供进一步的证据。

二、研究假设

(一) 数字经济与碳排放

从现有文献上看,大多数文献支持数字经济与碳排放之间的显著关系(杨刚强等,2023)。有研究者观察到数字经济可以减少碳排放量,这种碳减效应还具有空间溢出特征,主要实现中介路径是通过技术创新和能源结构优化来实现(胡昊,2022)。此外,有文献认为,数字经济在本质上属性上具有环境友好效应,基于省级层面的数据发现,数字经济可以通过改善能源消费结构和加速新能源开发来促进技术进步,并降低碳排放强度的影响效应。研究者还发现,数字经济对于本市和邻市的碳排放影响呈现不同的趋势:对本市影响呈倒U形,而邻市呈正U形(李治国、王杰,2022)。总的来说,数字经济的发展可以提高能源利用效率、改善能源结构,从而减少总的区域碳排放总量。

数字经济的发展具有降碳效应主要是以下几个原因:第一,数字经济模式下生产和消费的方式更加高效,能够减少能源的消耗和废弃物的产生,从而减缓碳排放的增长。数字经济的发展能够优化能源的利用效率,降低能源消耗,从而减少温室气体的排放,降低碳排放。因此,数字经济是一种环保、可持续的经济发展模式,对于全球可持续发展具有重要的推动作用。第二,数字经济能够促进资源的优化配置,提高资源的利用效率,从而降低生产经营活动中的能源消耗和碳排放,能够增强经济体的整体竞争力。第三,数字经济中的信息技术发展能够降低市场信息的信息不对称程度,提高市场的透明度和效率,从而促进资源的高效利用。此外,数字技术的应用能够提高市场的效率和便捷性,促进市场的创新和变革。总之,数字经济具有高效、绿色、可持续等特点,因此可以在一定程度上减少碳排放量。

基于以上分析,提出研究假设 H1:数字经济的发展有助于降低区域碳排放量。

另一方面,也有相反的观点认为数字经济也可能会增加碳排放,带来负面的环境效应,存在绿色盲区。数字经济模式的不合理引导及管理可能引发数字鸿沟、能源消耗和废弃物管理等方面的问题,这些"绿色盲区"也会对环境产生负面影响。

有研究发现,数字经济快速发展的背后需要大量的电力支撑,而电力消耗往往会导致碳排放的增加(Walsh,2013)。并且,数字技术的广泛应用在采矿业中导致稀有金属和矿产的开采规模增大。数字技术能够帮助采矿业实现更高效、更精准的开采,从而增加开采量和开采深度。然而,这些新技术的应用也可能导致更多的矿产资源被开采,从而加剧资源的过度消耗和环境问题。数字技术在采矿业中的应用也可能会增加工人的安全风险和环境污染。再者,数字经济需要大量的电力资源支持,而中国煤电比例较高,这意味着在电力消费上升的情况下,会增加煤炭的消费,从而增加碳排放的产生(蒋金荷,2020)。目前煤电在中国电力供应中占据重要地位,煤炭是生产电力的主要燃料。随着数字经济的快速发展,对电力的需求也在不断增加,这会导致煤炭消费的攀升,进而加剧碳排放的增长。此外,数字经济的快速发展也可能带动其他高碳行业的增长,导致能源消耗的增加,进一步加剧碳排放的增长。最后,数字经济的技术进步将推动企业在经济发展初期重置生产设备,通过增加对资源和能源的开采和消耗来提高产量,从而加剧碳排放的增长(Li 等,2021)。这是因为数字技术的应用能够提高生产效率,从而增加产量,而为了提高产量,企业往往会增加对资源和能源的消耗,从而进一步加剧碳排放的增长。

基于以上分析,提出假设 H2:数字经济的发展水平正向增加区域碳排放量。

以上讨论反映了两种对立的观点,因此推测数字经济和地区碳排放量之间可能存在非线性的 U 形关系,即地区数字经济的发展前期推进中可能会在一定程度上增加碳排放量,但在达到一定阈值后,会出现抑制效应。原因如上述讨论,在数字经济起步阶段,数字经济需要大量的能源和资源支持,这些资源的获取和运输过程会产生大量的碳排放,对地区的碳排放量产生了明显的促进效应,导致碳排放量上升。数字经济的进一步发展,可以提高能源和资源的利用效率,从而减少碳排放量,其碳排放量的抑制效应逐渐显现。随着数字经济的深化,数字化设备和技术在更新换代后,会产生更少的碳排放。此外,数字经济还可以促进物流、生产和消费等方面的优化和效率提升,从而减少碳排放量。

基于以上分析,提出假设 H3:数字经济和地区碳排放量之间存在非线性的倒 U 形关系,即先促进后抑制的效应。

(二)数字经济与人力资本结构

地区的人力资本结构对碳排放有重要的影响。人力资本是指人类在身体、智力、技能、知识等方面的资本,是经济发展的重要基础。在技术要素快速发展的背景下,实际经济活动中也可以观察到地区的碳排放水平受到人力资本结构程度的影响。具体来说,人力资本结构水平的差异会影响地区经济发展的模式和碳排放的水平。一个地区的人力资本水平越高,其经济发展的模式就越可能向数字化、智能化和绿色化方向转型,从而减少碳排放;反之亦然,如果一个地区数字经济水平越高,也越有可能吸引到高科技人才加入。

相反,如果一个地区的人力资本水平较低,其经济发展的模式就越可能停留在传统的领域,碳排放水平可能相对较高。在一些传统领域中,如农业、制造业等,如果人力资本结构不合理,会导致生产效率下降,碳排放增加。此外,低人力资本水平也可能导致较低的技术创新和研发能力,从而限制地区经济的发展和减少碳排放的潜力。人力资本结构的改变可以推动经济发展的模式向数字化、智能化和绿色化方向转型,从而减少碳排放。

基于以上分析,我们提出假设 H4:人力资本结构会强化数字经济对碳排放的影响效应。

(三) 数字经济与创新发展、产业结构

现有文献已经证明数字经济发展程度和碳排放水平至少存在关联,那么其中的机制效应又是如何的呢？接下来从创新发展和产业结构这两个潜在的中介变量来探索。其一,从创新发展视角,知识的累积效应通过技术更新的扩散和迭代而产生,从而促进碳排放减少的技术创新。有研究表明,技术创新可以改善环境污染,无论技术本身是不是清洁技术。同时,数字经济的发展可以促成或搭建知识共享的平台,实现数据资源的高效流通,提升地区创新水平。其二,从资源配置视角,数字经济能够增加有效信息供给,降低市场信息的不透明程度,降低交易成本,减少供需双方无效或低效磋商活动,尤其降低了线下交易成本,也因此有助于完善价格机制、转变传统交易形式、改善资源总体的配置效率。其三,在产业结构升级的背景下,数字经济的发展有助于改变原有的市场结构,突破资源配置的边界,进而推动产业结构的转型,即由原有的劳动密集型和资本密集型为主,转变为技术密集型和环保型产业为主的发展模式。一般来说,劳动密集型产业也属于碳密集型产业,因此产业结构的升级也是减碳的契机之一。此外,数字经济还具有规模经济的效应,即随着生产规模的扩大,每单位产品所需的平均成本呈下降趋势,成本的压缩有助于推动产业结构升级优化。优化后的产业结构,其资源要素从传统的第一产业转向效能更高的第三产业,能耗低、效率高,从而实现碳排放量的降低。基于以上分析,数字经济的发展可以通过促进技术创新、升级产业结构和提高资源配置效率来减少碳排放。

基于以上分析,提出假设 H5:数字经济的发展通过产业结构高级化、创新发展降低区域碳排放量。

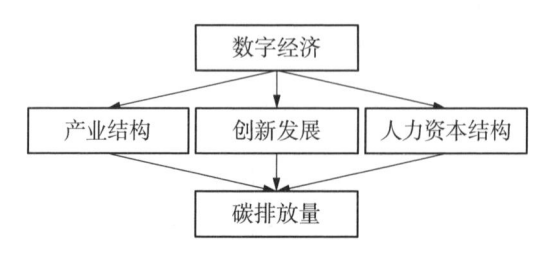

图 8-1 数字经济的发展与产业结构、创新发展、人力资本结构效应逻辑

第二节 模型设定

为探讨不同数字经济对碳排放的影响,在保留主要控制变量的基础上依次将刻画数字经济的变量逐次引入扩展 STIRPAT 模型,得到如下基准模型:

$$lncarbont_{i,t} = a_0 + a_1 digtsh_{i,t} + a_2 controls_{i,t} + \varepsilon_{i,t} \quad \text{模型 8-1}$$

模型 8-1 为本章的基准回归模型。被解释变量 $lncarbont$ 为碳排放量;核心解释变量 $digtsh$ 为地区的数字经济发展水平;为求稳健,本章采用了熵值法构建的两种数字经济指标,第一个数字经济指标 $digtsh$ 参考现有文献构建(谢云飞,2022),第二个数字经济指标 $digtzh$ 采用财新数联的数字经济指数(cxdei)。该指标在研究中认可度较高,用于后半部分的稳健性检验。$controls$ 为本模型的控制变量。参考已有文献,本章的主要控制变量设定为地区经济发展水平、城乡收入差距、外贸依存度、产业结构高级化、产业结构合理化、城乡人口结构(城镇化水平)、人口教育结构、市场化指数、创新发展和人口规模。变量的下标 i 指代地区,t 则代表时间,ε 为随机扰动项。

以上资料来源于《中国统计年鉴》和省级各类年鉴。[①] 样本数据选取的时间跨度为 2012—2020 年,样本为年度中国省级面板数据。为保证结果稳健,减少量纲差异和数据过大波动,本章对非比值型指标比如经济水平、地区人口规模和碳排放量均按取对数处理。具体的变量描述如下:

表 8-1　　　　　　　　　主要变量设置

变量类型	变量名称	变量符号	变量定义
被解释变量	碳排放量	lncarbon	省级碳排放量
解释变量	数字经济	digtsh	谢云飞(2020)的熵值法
		digtzh	财新数联的数字经济指数(cxdei)

---

① 注:包括《中国科技统计年鉴》《中国教育统计年鉴》和《中国人口和就业统计年鉴》。

续表

变量类型	变量名称	变量符号	变量定义
控制变量	经济水平	$lngdp$	GDP 取对数
	城乡收入差距	$theil$	泰尔指数
	外贸依存度	$foreign$	进出口总额/GDP（使用年度平均汇率转化进出口总额单位）为人民币后测算得到
	产业结构高级化	$high$	冯素玲(2022)的产业结构高级化
	产业结构合理化	rat	产业结构合理化泰尔指数倒数
	城乡人口结构（城镇化水平）	urb	城镇人口/总人口
	人口教育结构	edu	人均高校在校生人数
	市场化指数	$mrktindx$	王小鲁(2011)的市场化指数
	人口规模	$lnpop$	地区人口规模
	创新发展	$Innov$	人均专利数量
中介变量	产业结构高级化	$Indus$	冯素玲(2022)的产业结构高级化
	产业结构合理化	$indurat$	产业结构合理化泰尔指数倒数
	创新发展	$Innov$	人均专利数量

表8-2　　　　　　　　　数字经济测度指标

目标	一级指标	二级指标	评价指标	数据来源
数字经济发展水平	数字产业化	电子信息制造业规模	计算机及其他电子设备制造业主营业务收入	中国工业统计年鉴
		电信业规模	电信业务总量	中国统计年鉴
		软件业规模	软件业务收入	中国电子信息产业统计年鉴
		信息服务业规模	信息技术服务收入	中国电子信息产业统计年鉴
		互联网发展	互联网普及率	中国统计年鉴
			电子商务销售额	中国统计年鉴
	产业数字化	农业	农业增加值	中国农村统计年鉴
			农业个人固定资产投资	中国农村统计年鉴

续表

目标	一级指标	二级指标	评价指标	数据来源
		工业	工业增加值	中国统计年鉴
			规模以上工业企业新产品销售收入占工业企业主营业务收入的比重	中国科技统计年鉴
			规模以上工业企业技术改造经费支出	中国科技统计年鉴
		第三产业	第三产业增加值	中国统计年鉴
			快递数量	中国统计年鉴
			人均交通和通信支出	中国统计年鉴
		数字金融普惠	数字普惠金融指数	郭峰等编制的数字普惠金融指数

同时,在基准模型的基础上还设置了两个中介效应模型。中介变量分别为产业结构水平和创新发展水平。验证过程采用经典分布回归法,先进行主效应回归模型 8-2。其次运行模型 8-3,将本章的中介变量,即产业结构设定为被解释变量,解释变量保持不变,进行回归估计。最后一步以碳排放量作为被解释变量,数字经济为核心解释变量,产业结构为中介变量,按照模型 8-4 进行回归估计。具体方法参考温忠麟和叶宝娟(2014)。

$$lncarbont_{it} = \pi_0 + \pi_1 dige_{it} + \pi_2 digtsh_{it} + \gamma control_{it} + e1_{it}$$
模型 8-2

$$indus = \theta_0 + \theta_1 digtsh_{it} + \theta_2 digtsh_{it} + \gamma control_{it} + e2_{it} \quad 模型\ 8-3$$

$$lncarbont_{it} = \pi_0 + \pi_1 digtsh_{it} + \pi_2 digtsh_{it} + \varphi ie_{it} + \gamma control_{it} + e3_{it}$$
模型 8-4

在此基础上,本章还设置了以人力资本结构水平为门槛的门槛效应模型。

$$lncarbon_n = a_0 + a_1 digtsh_n \cdot I(edu_n \leqslant \gamma_1) + a_2 digtsh_n \cdot I(\gamma_1 \leqslant edu_n \leqslant \gamma_2) + \cdots + a_n Dec_{it} \cdot I(\gamma_{n-1} < edu_{it} \leqslant \gamma_n) + \varphi_k control_{it} + u_i + u_t + \varepsilon_{it}$$

在上式中,edu 表示人力资本水平,$\gamma 1 \cdots \gamma n$ 为门槛值,α 表示相应的回归系数。$I(\cdot)$ 表示指示函数。该函数表示人力资本水平小于等于临界值 γ 则取值为 1,否则取值为 0。变量的描述性统计和相关性分布如表 8-3 所示。

表8-3　　　　　　　　变量描述性统计分析

	count	mean	sd	min	p50	max
digtsh	240	0.237	0.182	0.049	0.178	1.000
lncarbon	240	5.653	0.779	3.785	5.619	7.438
theil	240	0.089	0.038	0.019	0.085	0.197
lngdp	240	9.792	0.872	7.332	9.895	11.590
foreign	240	0.271	0.282	0.013	0.139	1.354
high	240	2.395	0.122	2.132	2.381	2.834
rat	240	10.876	11.680	1.312	6.184	78.626
urb	240	0.590	0.120	0.363	0.572	0.896
educ	240	0.198	0.052	0.085	0.191	0.389
innov	240	0.001	0.001	0.000	0.001	0.006
mrktindx	240	7.956	1.853	3.360	8.155	11.490

第三节　模型结果与讨论

一、基准回归结果

为了确保结果的稳健性并克服多重共线性可能带来的分析误差,本研究进行了多次检验(见表8-4)。首先,使用了最小二乘法(OLS)回归进行初步探索。然后,逐步添加固定效应模型和随机效应模型,再次进行检验。在此过程中,进行了F检验、过度识别检验和Hausman检验。检验结果显示,在10%的显著性水平下,固定效应面板回归模型表现最为稳健。因此,本研究报告的是基准模型双固定效应的回归结果。为了提供更可靠的统计结果,依次报告了混合最小二乘、固定效应和随机效应模型的结果。

双固定效应是指控制地区和时间变化因素,因此重点来看第3、第4列回归结果。列3中未添加控制变量,列4中加入了控制变量,可以看到数字经济的系数均在10%水平下显著为负,其他列的OLS和随机效应回归结果显示系

第八章　数字经济、人力资本结构与碳排放：基于门槛效应回归

表 8-4　变量相关性分析

	lncarbon	digtsh	theil	lngdp	foreign	high	rat	urb	edu	innov	mrktindx
lncarbon	1.000										
digtsh	−0.232***	1.000									
theil	0.010	−0.614***	1.000								
lngdp	0.517***	0.285***	−0.431***	1.000							
foreign	−0.158**	0.830***	−0.657***	0.379***	1.000						
high	−0.273***	0.807***	−0.552***	0.234***	0.715***	1.000					
rat	−0.225***	0.785***	−0.696***	0.307***	0.763***	0.717***	1.000				
urb	−0.125*	0.807***	−0.852***	0.301***	0.806***	0.807***	0.776***	1.000			
edu	−0.060	0.321***	−0.584***	0.187***	0.318***	0.438***	0.293***	0.588***	1.000		
innov	−0.093	0.795***	−0.660***	0.514***	0.729***	0.758***	0.824***	0.764***	0.379***	1.000	
mrktindx	0.117*	0.509***	−0.757***	0.735***	0.666***	0.486***	0.594***	0.677***	0.490***	0.708***	1.000

注：* 表示 $p<0.1$，** 表示 $p<0.05$，*** 表示 $p<0.01$。

数均在5%水平下显著为负,可以稳健地得出数字经济发展有助于降低地区碳排放量的结论,即支持研究假设 H1。

表8-5　　　　　　　　　　　　基准回归结果

	OLS(1) lncarbon	OLS(2) lncarbon	Fe(3) lncarbon	Fe(4) lncarbon	Re(5) lncarbon
$digtsh$	−1.0085*** (−3.67)	−1.3595*** (−3.02)	−0.4387* (−1.78)	−0.6300** (−2.48)	−0.7726*** (−3.01)
$theil$		5.2344** (2.52)		−6.3018*** (−2.94)	−4.8126** (−2.32)
$lngdp$		0.2710 (1.16)		−0.5751*** (−3.62)	−0.4457*** (−3.04)
$foreign$		−1.2880*** (−4.09)		0.2336 (1.56)	0.0185 (0.13)
$high$		−1.5905*** (−2.61)		0.6561* (1.67)	0.4314 (1.15)
rat		−0.0034 (−0.66)		−0.0006 (−0.36)	0.0005 (0.31)
urb		9.5574*** (8.80)		−0.4683 (−0.55)	0.9490 (1.17)
$mrktindx$		−0.2626*** (−6.47)		−0.0032 (−0.22)	−0.0078 (−0.53)
$lnpop$		0.8698*** (3.42)		2.5865*** (5.83)	1.2893*** (6.15)
_cons	5.8656*** (37.92)	−3.4268** (−2.25)	5.7322*** (95.31)	−10.6117*** (−3.61)	−1.4904 (−1.02)
N	240	240	240	240	240
adj. R^2	0.023	0.621	−0.114	0.133	
F	1.6981	25.4444	1.5589	5.1088	

注:* 表示 $p<0.1$,** 表示 $p<0.05$,*** 表示 $p<0.01$。

从主要的控制变量来看,人口规模的系数显著为正,说明人口规模会显著加剧碳排放水平的提升。这主要因为人口规模的扩张会引起能源需求的增加,进而导致化石能源的消耗增加,最终促进二氧化碳的增加。城乡收入差距的系数显著为负,说明城乡人口收入差距越大,碳排放量反而越低。这可能是因为城乡收入差距越大,城市居民更有可能拥有更大和更高效的生活设施,如

第八章　数字经济、人力资本结构与碳排放：基于门槛效应回归 / 175

公共交通、能源效率更高的建筑和设备等，从而减少了对碳排放的依赖。地区经济水平（人均GDP）系数显著为负，说明人均收入越高的地区，碳排放量越低。这可能是因为人均收入越高，人们更注重环保，更有钱购买环保设备，如太阳能、风能等，从而降低了对化石能源的消耗并减少了对环境的影响。

在基准模型加入 $digtsh$ 的平方项后未发现有显著统计结果，数字经济和地区碳排放量之间可能并不存在非线性的倒 U 形关系，即先促进后抑制的效应，假设 H3 在本研究中未能得到支持。

接下来是稳健性检验（见表 8-6）。为了使得结果更加稳健可靠，采取了以下三种方法进行检验：首先，将被解释变量由省级碳排放替换为省级碳排放强度指标，结果依然显著且具有稳健性。其次，为降低模型可能存在的内生性问题带来的影响，对碳排放量进行一阶滞后处理，然后再次使用原计量模型回归。最后，替换核心解释变量。我们采用财新数联的数字经济指数（cxdei），随后运用新解释变量对模型进行重新检验，结果依然和基准回归一致。

表 8-6　　　　　　　　　稳健性检验结果

	(1) $lncarbon$	(2) $lncarbon$	(3) $lncarbon$	(4) $lncarbon$	(5) $lncarbon$
$digtzh$	−3.9054***	−3.0984***	−2.1904**	−2.6299***	−4.1482**
	(−3.28)	(−3.12)	(−2.27)	(−2.74)	(−2.37)
$theil$			−5.9579***	−4.5768**	5.0846**
			(−2.79)	(−2.20)	(2.43)
$lngdp$			−0.6373***	−0.4877***	0.1477
			(−4.14)	(−3.38)	(0.65)
$foreign$			0.1982	−0.0476	−1.4419***
			(1.30)	(−0.33)	(−4.64)
$high$			0.5553	0.4088	−1.6654***
			(1.41)	(1.09)	(−2.69)
rat			−0.0007	0.0006	−0.0044
			(−0.44)	(0.38)	(−0.86)
urb			−0.8649	0.5970	9.7810***
			(−1.03)	(0.75)	(8.83)
$mrktindx$			−0.0013	−0.0052	−0.2596***
			(−0.09)	(−0.35)	(−6.25)
$lnpop$			2.6916***	1.3249***	1.0040***
			(6.15)	(6.33)	(4.06)

续表

	(1) lncarbon	(2) lncarbon	(3) lncarbon	(4) lncarbon	(5) lncarbon
_cons	7.7603*** (11.67)	7.3200*** (13.52)	−9.4187*** (−3.08)	0.0937 (0.06)	−1.3040 (−0.89)
N	240	240	240	240	240
adj. R^2	0.012	−0.080	0.129		0.615
F	1.3622	2.4193	5.0205		24.8482

注:* 表示 $p<0.1$,** 表示 $p<0.05$,*** 表示 $p<0.01$。

二、中介效应检验

表 8-7 为中介变量的中介效应检验结果。观察表 8-7 第 1、第 4 列可知,数字经济发展水平对地区碳排放量具有负向抑制作用;观察表 8-7 可知,数字经济与产业结构升级(列 2)正相关,创新发展(列 5)的中介作用统计上不显著。运行中介模型第三步,在分别纳入技术创新与产业结构升级后,发现数字经济对碳排放的负向抑制作用增强,且在 10% 的显著水平上。这表明产业结构升级对数字经济与碳生产率的正向关系起到部分中介的作用,即中介效应假设 H5 部分成立。

这和日常观察一致,数字经济作为新业态,带动了大量的云计算和大数据等需要技术支持和服务的行业,而这些行业多为服务业,产业结构优化升级时,数字经济的碳减排效应更明显。

表 8-7 中介效应检验

	(1) lncarbon	(2) indu	(3) lncarbon	(4) lncarbon	(5) innov	(6) lncarbon
digtsh	−0.5986** (−2.35)	0.501* (1.11)	−0.6406** (−2.52)	−0.8481*** (−3.24)	0.0005 (0.84)	−0.8637*** (−3.29)
inov		−0.0081 (−1.56)	0.2134 (0.74)			30.4138 (1.00)
indu			6.8861* (1.74)			

续表

	(1) lncarbon	(2) indu	(3) lncarbon	(4) lncarbon	(5) innov	(6) lncarbon
控制变量	控制	控制	控制	控制	控制	控制
N	240	240	240	240	240	240
省份固定	是	是	是	是	是	是
年份固定	是	是	是	是	是	是
adj. R^2	0.125	0.882	0.131	0.125	0.882	0.131
F	5.2153	114.3455	4.8291	5.2153	114.3455	4.8291

注：* 表示 $p<0.1$，** 表示 $p<0.05$，*** 表示 $p<0.01$。

三、门槛效应检验

在以人力资本结构为门槛变量的效应检验中，从设定最高三个门槛依次检验，只有单门槛效应具有显著性，门槛值为 0.0918（即 γ=0.0918）。人力资本结构水平高于 0.0918 时（γ=0），数字经济对碳排放为显著正向影响，系数为 1.104243，在 5%的水平上显著。这也就是说当人力资本结构水平高于 0.0918 的地区，数字经济发展程度越高，碳排放量就越高。当人力资本结构水平低于 0.0918 时（γ=1），数字经济对碳排放为负向影响，系数为 −0.8630034，在 10%的水平上显著。这也就是说当人力资本结构水平低于 0.0918 的地区，即人口受教育结构程度不高的地区，数字经济发展程度对碳排放量存在明显的抑制效应。综上可知，人力资本结构对数字经济与碳排放量的关系具有非线性调节作用，假设 H4 成立。

在以人力资本结构为门槛变量的门槛回归模型中，发现了一个有趣的现象：当人力资本结构指数较低时（<0.0918），接近于其最小值（M=0.085）时，数字经济发展与地区碳排放量呈现出显著的负相关关系。数字经济发展程度能够有助于降低碳排放量。这可能是因为人力资本结构指数低的地区，其经济发展水平一般不高，人才外流，这种地区多非产业和能源聚集区，所以数字经济发展在这种地区展现出更大的减排效应。

表 8-8　　　　　　　　　门槛效应回归结果

Threshold estimator (level=95)：

model	Threshold	Lower	Upper
Th-1	0.0918	0.0888	0.1438

自抽样	门槛个数	F值	P值	门槛值	γ=0	γ=1
bootstrap=300	单门槛	29.83	0.0367	0.0918	1.104243***	−0.8630034**

以上通过以人力资本结构为门槛变量的门槛回归模型,揭示了数字经济发展与地区碳排放量之间的复杂关系。这表明,在推动数字经济发展和减少碳排放的过程中,需要针对不同地区的实际情况,采取相应的政策和措施。中国数字经济的蓬勃发展为中国经济增长提供了新的动力,也为社会提供了更多的便利和福利。数字技术在医疗、教育、金融等领域的应用也在不断拓展。电子商务已经成为中国数字经济的重要组成部分。随着消费者线上购物消费习惯逐渐养成,电子商务平台的规模不断扩大,带动了整个数字经济的增长。这些领域的数字化进程为中国的数字经济带来了新的增长点。数字经济的发展也促进了中国人口就业结构的转型。随着数字技术的应用,许多传统的制造业和服务业岗位已经被自动化和数字化替代,同时数字领域的就业机会不断增加。数字经济不仅提供了更多的就业机会,也为中国经济的发展提供了新的动力。

四、异质性分析

经过基准回归分析,本研究发现数字经济的发展有助于降低地区的碳排放强度。但是数字经济的碳减排效应这个结论具有普遍性吗? 本研究进行了分区域回归分析,并得出结论:回归结果显示回归的主效应系数在中西部地区显著为负,数字经济只对中西部地区产生了显著的碳排放减少效应。这可能是由于中西部地区经济发展缓慢、传统资源依赖度较高、能源利用效率较低等。数字技术带来的碳减排边际效用在相对落后的地区更大,数字经济的发展促进了数字技术的应用和普及,有助于市场经济主体更好地了解能源市场趋势和价格趋势,从而提高能源要素配置效率。

数字经济发展水平本身在东中西部地区存在一定的差异(见表8-9)。从2013年、2019年数字经济发展地区分布来看,东部地区数字经济发展较为成熟,数字化程度高,数字产业链完整。中部地区数字经济发展次之,数字化程度相对低一些,省级分布不均匀。西部地区数字经济发展更为落后,数字化程度更低,数字产业链不完善。数字经济的碳减排效应对于具有较强后发优势的中西部地区有更大的边际效用,有助于实现双碳目标。中国可以利用这种边际效用的比较优势,提前布局部署西部地区的碳减排项目。总之,数字经济对于碳排放强度较低的地区的抑制作用不显著,但对于碳排放强度较高的地区具有显著的碳排放减少效应,这与先前的整体回归分析结果一致。

表8-9 分地区异质性分析

	东部 *lncarbon*	中西部 *lncarbon*	中部 *lncarbon*	西部 *lncarbon*
digtsh	0.1865 (0.40)	−1.2038** (−2.58)	−1.4191 (−1.35)	−1.5158** (−2.89)
theil	−23.1995*** (−3.50)	−6.5225* (−1.78)	−21.8775** (−3.22)	−9.7432* (−1.93)
lngdp	0.0311 (0.11)	−0.7074*** (−2.97)	−0.5062 (−0.66)	−1.1695*** (−6.80)
foreign	0.2932** (2.46)	0.4644 (1.26)	−0.9501 (−1.08)	0.6109 (1.42)
high	0.2276 (0.24)	0.6655 (0.85)	0.4587 (0.42)	0.0748 (0.06)
rat	−0.0013 (−0.81)	0.0117 (1.44)	0.0095 (0.86)	0.0049 (0.14)
urb	−3.4888** (−2.29)	0.0451 (0.02)	−5.9386 (−1.26)	2.3708 (0.90)
mrktindx	−0.0138 (−0.79)	0.0252 (0.83)	0.0273 (0.67)	0.0019 (0.04)
lnpop	1.4481 (1.56)	2.7637*** (4.55)	4.0893 (1.48)	3.2258** (2.58)
_cons	−3.4502 (−0.41)	−11.1514*** (−2.94)	−19.9325 (−1.29)	−9.2180 (−1.02)
N	88	152	64	88
adj. R^2	0.578	0.275	0.186	0.324

第四节 政策建议或启示

实证研究的结论显示数字经济对碳排放量存在异质性作用,数字经济的发展可以与环境保护有机结合,促进数字经济的可持续发展和环境保护目标的实现。

第一,加快发展数字经济,增加和完善数字技术和平台的新型基础设施建设。全面推进经济数字化转型。避免粗放增长,重点发展和应用节能减排技术普及,提高节能意识和能源利用效率,推动数字经济内涵式增长。加强人力资本水平建设,重视数字化人才的培养。通过开设相关专业,培养全民数字意识,为中国未来数字经济的可持续发展注入更多人才。加强人才培养和引进,提升产业发展的智力支撑。政府可以加大对人才培养和引进的支持力度,吸引更多高层次人才加入数字经济发展升级的事业,为产业发展提供更有力的智力支撑。树立"低碳经济""绿色发展"等战略,鼓励数字经济和传统产业的绿色发展。

第二,注重创新发展,优化产业结构的合理化升级。科学规划,合理高效配置,确保创新投入。提升技术创新转化率,降低投入产出损耗,形成宏观治理与微观实施的高效运行机制。政府层面应发挥好管理、监管和控制职能,提高政府部门的宏观调控效率,建立健全创新效率转化机制,完善与企业的沟通协作机制。同时,推动绿色产业发展,加快传统产业转型升级。加大对绿色产业的支持力度,鼓励企业加大投入,推动绿色技术的创新和应用。加强对传统产业的监管,推动其向清洁生产和节能减排方向转型升级。促进跨界融合发展,推动数字经济与实体经济深度融合。鼓励数字经济企业与传统产业企业合作,推动数字经济与实体经济的深度融合,加快产业结构升级。改善环境治理,提高生态环保水平。制定更加严格的环境保护法规,推动企业加强环保投入,加强环境治理力度,控制污染排放,提高生态环保水平。

第三,注重数字经济在中西部地区的碳减排影响。本章探讨了数字经济对减少碳排放的影响,并考虑了不同地区的异质性差异。实证结果表明,数字经济在中西部地区具有更显著的碳排放减少效果。尽管中西部地区的碳排放强度较高,但由于数字基础相对落后,数字经济带来的环境效益具有更强的边际效用,中西部地区也可以在环境问题上提早下手布局,实现帕累托改进和中国整体双碳的目标,如鼓励企业采用低碳技术、实施碳税等,促进地区的可持续发展,并减少碳排放。一方面可以制定更加严格的环境保护法规,另一方面加强环保投入和资源倾斜,加强环境治理力度,控制污染排放,提高生态环保水平。

第九章 碳减排的国际经验借鉴

第一节 概述

本章聚焦于碳减排的国际经验探讨与借鉴，特别关注美国、欧盟和日本这三大经济体。这个选择主要基于以下原因。

首先，美国、欧盟和日本不仅积累了丰富的碳减排经验，而且还实施了一系列前瞻性和创新的政策、技术和方法来应对气候变化的挑战。美国、欧盟和日本作为全球经济体的领导者，其碳减排经验具有广泛的影响力。作为全球制造和经济体量的重要参与者，这三大经济体在碳减排方面的政策和经验对于全球碳减排目标的达成也具有示范效应。通过借鉴这些经济体的成功实践，其他国家，尤其是发展中国家，可以更好地规划和执行自己的碳减排战略，为全球应对气候变化作出贡献。

其次，这三个经济体的类型和发展特点各异，美国是发达国家的代表，欧盟是跨国合作的典型，而日本则代表了亚洲发达国家，通过比较这些不同类型的经济体，可以更全面地理解碳减排对于各种经济背景的适用性和挑战。美国、欧盟以及日本作为经济发展较成熟的经济体（见图9-1），都经历了长期的工业化进程和经济增长，其工业体系在全球经济中占据着举足轻重的位置。由于工业活动是碳排放的主要源头，这些经济体在降低碳排放上遇到了相似的挑战，如提升生产效率、采纳清洁技术和向可持续生产模式转变。美国和欧盟具有广阔地理范围和庞大人口，同样具有广阔地理范围和庞大人口的中国可以借鉴这些经济体如何实现碳减排目标与能源需求、环境保护之间的平衡。中日之间的文化和历史相近性使得日本在技术创新、绿色消费及国际合作等方面的经验对中国尤为具有借鉴意义。

最后，美国、欧盟和日本在国际层面参与全球气候治理和合作中扮演着重

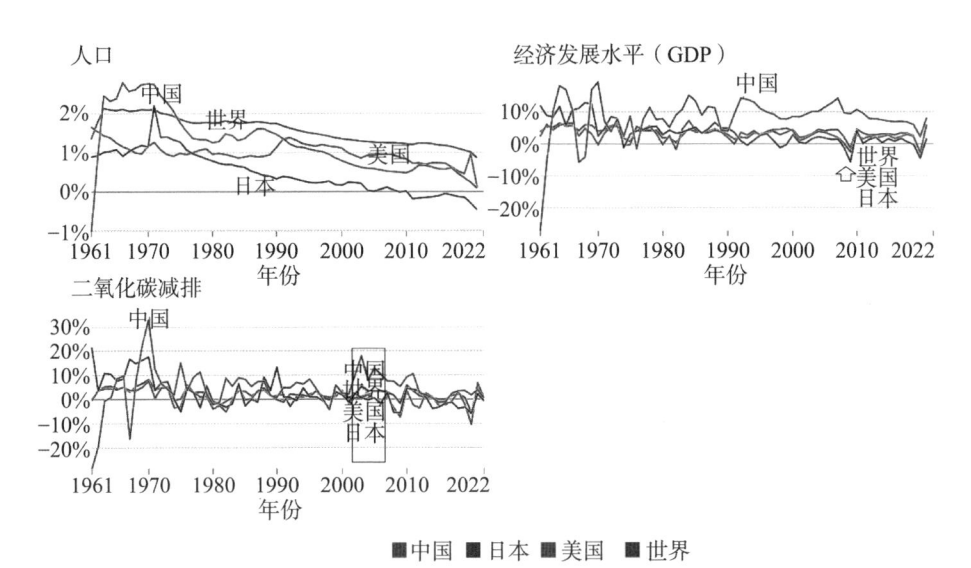

图 9-1　1961—2022 年美国、欧盟、日本与中国的人口、经济与碳排放情况对比

资料来源：United Nations Population Division and others（vis World Bank）；World Bank and OECD；Global Carbon Budget（2023）

注：GDP 数据经通胀调整。

要角色。它们都制定了具有雄心的国家气候政策，并在国际气候谈判中做出承诺，致力于减缓气候变化。例如，欧盟提出了"绿色新政"和 2050 年碳中和目标，美国重新加入《巴黎协定》并提出"美国零碳"计划，日本则设定了 2050 年达到碳中和的目标。特别是，欧盟在碳减排方面实施了包括碳交易体系、能源效率标准，以及碳边境调整机制等一系列综合政策。这些措施既考虑到了国际合作的需要，也致力于推动内部的系统性改革，为中国参与国际碳减排合作提供了实践路径和管理经验，对搭建全球碳减排合作框架和共同应对气候变化危机，也展现了重要的示范效应。总之，深入分析美国、欧盟和日本的碳减排实践，有助于中国在跨国比较的视野下学习有效的政策、科技创新和国际合作方式，以更好地应对碳减排挑战。

第二节　美国碳减排经验与启示

美国是全球最大的经济体。由于早期工业化和城镇化的启动，美国在经济发展阶段累积了大量碳排放。尽管如此，美国以其密集人口和发达的经济体系,在实现碳排放峰值之后的减排措施上取得了显著进展,这对中国的碳减排策略具有一定的借鉴价值。从图9-2中,可以看到美国1995—2020年碳强度整体上呈现下降趋势。碳强度呈现下降趋势通常表示一种积极的环境变化,即单位能源产生的二氧化碳排放在时间内逐渐减少。根据美国环境保护署的数据[①],从1990年到2007年,美国的温室气体排放量与人口增长基本保持同步,人均排放量相对平稳。然而,2007年到2009年间,受到金融危机的影响,美国经济活动减缓,导致排放总量和人均排放量同步下降。进入2010年至2012年,美国的温室气体排放量持续减少,这一变化主要得益于在发电领域更广泛地采用天然气和可再生能源,以替代传统的高碳能源。从2010年开始,美国的温室气体排放呈现出显著的下降趋势,其中2011年至2019年,碳排放量每年平均降低了0.7%。根据Rhodium Group(RHG)的初步评估,2023年美国尽管实现了2.4%的经济增长,其碳排放却下降接近1.9%,相比2005年减少了17.2%。这个显著的排放减少归功于两个核心因素:生产端能效的显著提高和能源消耗结构的优化。除此之外,消费端采取的各项环保政策也对美国碳排放的大幅下降发挥了重要作用。

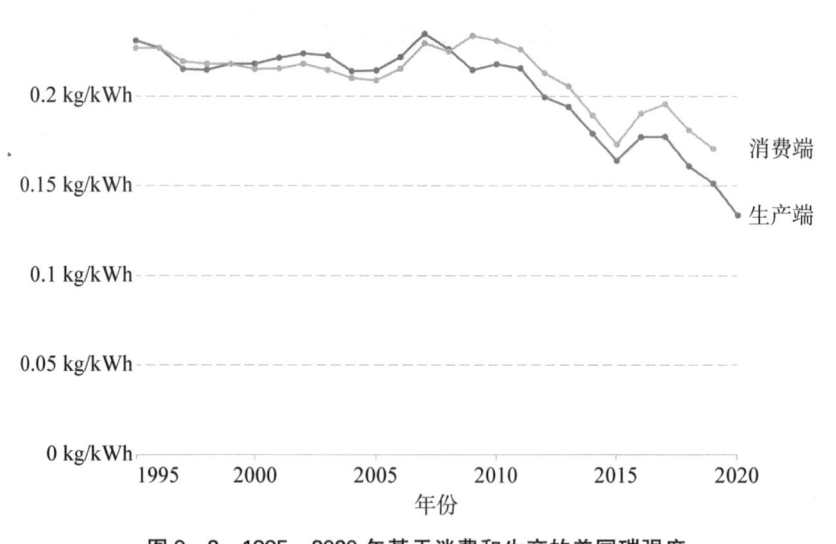

图9-2 1995—2020年基于消费和生产的美国碳强度

资料来源:Calculated by Viktoras Kulionis, based on the EXIOBASE v3.8.2 database.

---

① https://www.epa.gov/ghgemissions/inventory-us-greenhouse-gas-emissions-and-sinks.

一、加强清洁能源开发

美国在碳减排上尤其注重升级和优化能源系统,以减少对高碳能源的依赖。通过系统优化现有能源性能或转向更为清洁的能源来源(如太阳能、风能等)实施能源效率的提升措施,成为基本的脱碳选择,也是当前最具成本效益的减排手段。能源系统升级有助于降低工业过程中的碳排放,并使能源使用更为可持续。美国通过市场机制充分推动核电、太阳能、风能、生物质能和地热能等可再生能源的发展和技术进步,推动能源结构不断调整与优化。

2017年,美国国内能源消费比重排序为石油、天然气、煤炭、核能以及可再生能源。在2005—2017年,美国煤炭和石油的消耗比例持续下降,而天然气的消耗比例则持续上升,在美国清洁能源转型中发挥了中心作用。此外,美国联邦政府推出一系列财税支持政策(包括生产税抵免等),各州政府也实施了以配额制为主的可再生能源支持政策,共同促进可再生能源的发展。例如,美国的风力发电量在2008年至2017年从5万吉瓦时增长到25万吉瓦时,占总发电量的比例也从1.5%提升到6.9%。同时,核电在美国总发电量中占比达到20%,使美国成为全球核电装机容量最大的国家。此外,加利福尼亚州推行的"百万太阳能屋顶计划"极大促进了太阳能发电的增长,贡献了全国太阳能发电总增长的43%。

2019年,是美国能源消费结构发生最显著变化的一年。可再生能源(包括水电、风能、太阳能、地热、生物质等)首次超越煤炭,成为美国能源结构中排名第三的主要能源来源。这标志着美国在采用更清洁、可持续能源方面取得了明显进展。同时,结合核能的使用,非化石能源在美国总一次能源消费中的占比已经达到20%。电力生产中煤炭使用的急剧下降为美国的碳达峰提供了强大的推动力。2007年至2019年,煤炭排放的二氧化碳减少了超过50%,总计超过10亿吨,其中2019年较2018年减少了15%,减排量为1.84亿吨。同期,电力生产部门减排了54.74亿吨,其中有33.51亿吨来自天然气替代煤炭。

二、低碳技术助力工业脱碳

美国人口众多、产业密集,庞大的工业体系每年消耗巨额能源并排放大量温室气体。根据美国环境保护署(EPA)的数据,工业部门是美国温室气体排

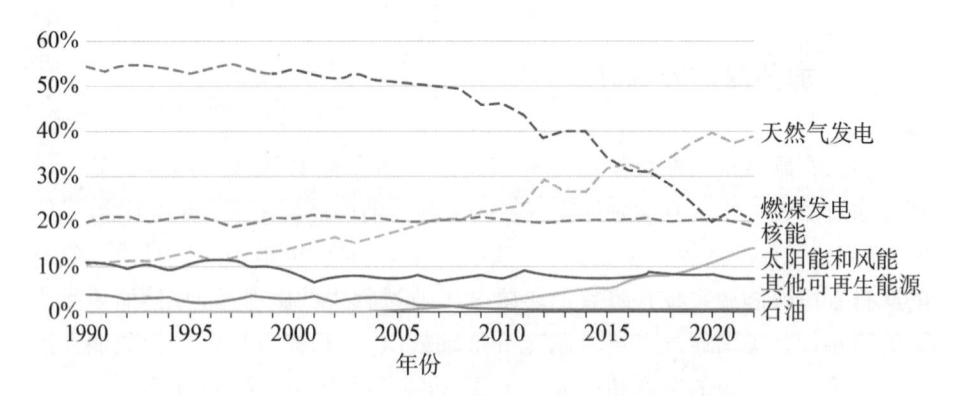

图 9-3　1990—2020 年美国电力产量按能源来源年度百分比

资料来源：U.S. Energy Information Administration, *Monthly Energy Review*, October 2023.

放的主要来源之一。因此，工业脱碳对美国整体碳减排目标的实现有着直接且显著的影响。工业脱碳是一个综合性的过程，涵盖了对能源系统的结构性改变和对生产和工业技术的不断创新与改进。实现碳减排的核心路径在于优化能源结构和提升能源效率。

美国能源部（DOE）发布《工业脱碳路线图》[①]，确定了美国制造业碳减排的四个关键路径，包括能源效率，工业电气化，碳捕捉、利用和封存（CCUS），以及低碳燃料、原料和能源（LCFFES）。这个战略通过情景分析对未来的碳减排潜力进行了预测。根据预测，到 2030 年，四个核心路径将共同促成 29％的碳减排；到 2040 年，碳减排目标将提高至 58％。到 2050 年，这四个关键路径预计将协同作用，共同实现 87％的碳减排。

美国的工业脱碳体现在采用和推动新的技术，以降低生产过程中的碳排放，尤其是通过碳捕捉、利用和封存技术、低碳燃料和原料的研发应用，以及其他创新技术，极大助力美国实现工业生产过程的低碳化。长期以来，美国低碳技术发展迅速。1972 年，美国就开始研究整体煤气化联合循环（IGCC）技术，配合燃烧前碳捕集技术，目前美国已基本实现清洁煤发电。碳捕捉、利用和封存技术是美国气候变化技术项目战略计划框架下的优先领域，全球 51 个二氧化碳年捕获能力在 40 万吨以上的大规模 CCUS 项目中有 10 个在美国。美国低碳城市建设采取的行动包括节能项目、街道植树项目、高效道路照明、填埋气回收利用、新能源汽车以及固体废物回收利用等，对碳减排起到了良好促进作用。

---

① https://www.energy.gov/eere/doe-industrial-decarbonization-roadmap.

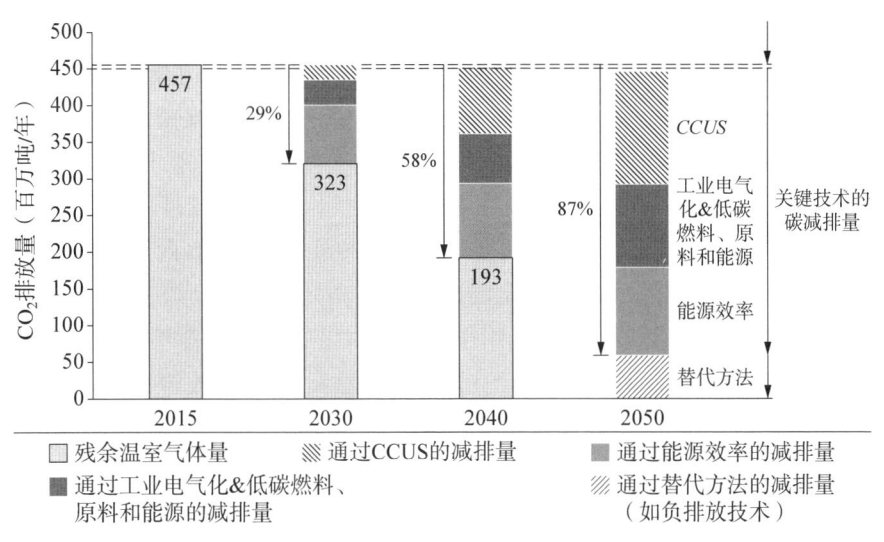

图 9-4 至 2050 年美国四个关键技术路径碳减排潜力预测

表 9-1　美国的工业脱碳核心路径

脱碳路径	具体实施方法
能源效率	1. 系统级优化工业过程性能的战略能源管理方法；2. 制造过程加热、锅炉和热电联产（CHP）的热能系统管理和优化；3. 智能制造和先进的数据分析
工业电气化	1. 使用感应、辐射加热或先进的热泵对过程热进行电气化；2. 工业高温过程的电气化；3. 用电化学过程代替热驱动过程
碳捕捉、利用和封存	1. 燃烧后 CO_2 的化学吸收；2. 开发先进 CO_2 捕捉材料以提高效率并降低捕捉成本；3. 开发利用捕捉的 CO_2 制造新材料的工艺
低碳和无碳燃料、原料	1. 开发灵活的燃料工艺；2. 将氢燃料和原料整合到工业应用中；3. 使用生物燃料和生物原料

三、美国联邦与各州政策协同演进

20 世纪 70 年代以来，美国自上而下地陆续推出了多项与能源和减排相关的法案，逐渐形成了完整的碳减排政策体系。例如，2009 年通过的《美国清洁能源与安全法案》规划了提高能源效率、减少温室气体排放途径、建立碳交易市场机制的方式，并提出了发展可再生能源、清洁电动车辆和智能电网的计划,成为一段时期内美国碳减排的核心政策。2014年颁布的《清洁能源计划》旨在到2030年将电厂二氧化碳排放量从2005年水平至少削减30%,首次对美国现有和新建煤电厂的排放设定了限制。一系列应对气候变化的顶层设计导致了美国碳排放在达到峰值后的迅速下降。尽管在2017年6月1日,特朗普宣布美国退出《巴黎协定》,但前几届政府在气候变化领域打下了扎实的基础,基本上未能影响到美国的长期气候绩效。2021年通过的《两党基础设施法案》为清洁能源项目拨款数亿美元,包括75亿美元用于电动车充电设施,390亿美元用于大众交通,650亿美元用于升级电网以更好地传输可再生能源并抵御火灾等灾害。2022年夏天签订的《通胀削减法案(IRA)》被誉为美国史上规模最大、最具影响力的气候投资法案。该法案通过增税、降低成本和扩大投资等措施来应对美国的高通胀问题,同时推动美国在接下来的10年对能源安全和应对气候变化的产业进行重大投资。该法案预计将投入3690亿美元于电动汽车税收减免、可再生能源和电池生产等领域。

除了美国联邦政府在应对气候变化方面采取的多项政策和法案,包括表9-2中的《美国复苏与再投资法案》《美国清洁能源领导法》等,美国各州在碳减排方面拥有较高的政策自主权,通过内生动力推动低碳发展。加利福尼亚州作为领头者,2006年通过AB32法案,提出了将2020年温室气体排放量降至1990年水平的目标,并实施了一系列环保项目,包括总量限制与交易计划、低碳燃油标准、可再生电力强制措施和低排放汽车激励措施等。俄勒冈州、华盛顿州、纽约州等纷纷采取措施,通过支持可再生能源、改善能源效率、制订清洁交通计划等方式取得了显著成果。这些地方行动不仅在碳减排方面取得了实质性的进展,也为美国整体的低碳发展奠定了基础,形成了各州协同合作的局面。

表9-2   美国碳减排和能源类相关的部分法案

年份	法案/计划	主要目标和内容
2007	《美国能源独立与安全法案》(Energy Independence and Security Act)	推动可再生能源和能源效率的发展,对燃油标准提出要求,引入可再生能源
2009	《美国复苏与再投资法案》(American Recovery and Reinvestment Act)	用于新能源开发与利用,加强能源生产和利用效率,计划投资7870亿美元

续表

年份	法案/计划	主要目标和内容
2009	《美国清洁能源领导法》(Clean Energy Leadership Act)	提升能源利用效率,明确新能源标准,发展智能电网技术
2010	《美国电力法》(American Clean Energy and Security Act)	设定2050年减排80%以上的目标,要求提高传统化石能源能效;要求2020年相比2005年减排17%,发展智能电网技术
2010	《电动汽车促进法》(Promoting Electric Vehicles Act of 2010)	推广电动汽车;国家插电式电驱动车辆部署计划
2012	《清洁能源标准法案》(Clean Energy Standard Act of 2012)	要求逐年增加清洁能源发电比例
2013	《总统气候变化行动计划》(President Obama's Climate Action Plan)	发展清洁能源、开发燃油标准、减少能源浪费、解决地方气候变化影响
2013	《清洁能源刺激法案》(Clean Energy Stimulus)	通过提供财政刺激,促进清洁能源和能效项目的发展
2015	《清洁电力计划》(clean power plan 2015)	要求提高燃煤电厂热效率,扩大天然气发电量,促进可再生能源发电
2021	《美国能源基础设施法案》(Infrastructure Investment and Jobs Act)	通过基础设施投资,支持清洁能源项目,包括电网升级、电动汽车充电基础设施等
2021	《气候融资行动计划》(Climate Finance Action Plan)	通过财政和金融手段,推动私营部门投资于气候可持续发展项目,加速低碳经济过渡
2022	《通胀削减法案》(Inflation Reduction Act-IRA)	被誉为"美国历史上最大、最重要的气候投资法案",旨在通过"提高税收、降低成本、增加"等手段解决美国的高通胀问题,引导美国在未来十年内投资于能源安全和气候变化产业,其中包括3690亿美元用于支付电动车税收抵免、可再生能源和电池制造

四、美国消费侧政策推动碳减排

美国在消费侧推动的低碳政策涵盖了多个领域,旨在减少碳排放、促进可持续发展。以碳标签制度为例,美国提供了一种直观的产品环保信息,让消费者更有意识地选择对环境影响较小的商品。这个制度涵盖食品、无碳产品和气候意识标签,以全生命周期的碳足迹评估为依据,为消费者提供详尽的环保信息。美国推行碳标签制度始于2007年。这是一项旨在提供产品环保信息的举措，由三大非营利机构负责推广。这个制度涵盖了食品碳标签、无碳标签和气候意识标签，其数据基础是产品碳足迹，通过对产品全生命周期的评价计算而得。食品碳标签由加利福尼亚碳标签公司推广，主要应用于保健品和有机食品。这种标签的核心是对产品的全生命周期进行评估，计算出碳足迹的大小。这为消费者提供了关于食品的环保信息，使其能够更有意识地选择环境友好型的产品。无碳标签由碳基金公司推广，适用于碳中和产品，包括饮品、食品、服装和组合地板等。这种标签的推广旨在强调产品碳中和的特点，为消费者提供了一个识别环保产品的工具，促进对低碳生活方式的认知。最后，气候意识碳标签由气候保护公司推广，产品贴有该标签表示其生命周期内的温室气体排放符合公司设定的标准。这类碳标签更多地应用于食品、日用品等商品。这种标签的推广不仅提高了消费者对产品环保性的认知，也鼓励企业在生产过程中减少温室气体排放。本质上碳标签是一个以市场为导向的工具，用于减缓温室气体排放。标签的有效性在很大程度上取决于顾客的利他主义和愿意为标有碳标签的商品支付溢价的程度。

在消费侧领域，美国还通过提升能源效率标准、实施可再生能源激励政策，以及进行能源消费者教育等措施，共同助推更加环保的能源消费模式。美国通过推广新能源交通、支持电动化等手段，积极引导消费者选择低碳交通方式。美国采取了电动车发展政策，加速推广零排放车辆。国家制定了《迈向2050年净零排放长期战略》等计划，并制定相应政策，致力于推动新能源和清洁能源在交通运输领域的替代。具体目标包括：到2030年，超过50%的新轻型汽车为零排放汽车；在2050年实现新能源的全面替代。此外，美国的基建计划中提到了充电网络的建设和对电动汽车行业的投资，预计到2030年将建设至少50万座充电站。美国正在推动航空业实现净零碳排放目标，引领低碳航空发展。截至2021年，美国十大航空公司联合宣布与政府合作，共同致力于航空技术、可持续航空燃料（SAF）、运营和基础设施的发展，为实现2050年的航空净零排放目标努力。美国政府也承诺到2030年将航空碳排放量降低20%。

除了以上措施，美国在碳披露报告、可持续产品认证等方面进一步鼓励和监督企业更加负责任地管理碳排放，为消费者提供更多低碳产品信息。总体而言，这些政策和措施构成了一个综合的框架，促使消费者在日常生活和购物中更加注重环保，为推动社会朝着更可持续的方向迈进发挥着积极的作用。

第三节　欧盟碳减排经验与启示

作为积极应对全球气候变化的倡导者,欧盟一直将环境治理作为应对气候变化的出发点。随着全球气候变化问题日益严峻,欧盟努力解决能源依赖问题,建立技术优势,早在1990年就实现碳达峰,碳排放与经济增长开始脱钩。欧盟致力于引领全球低碳经济发展,加强内部一体化,并在国际政治舞台上赢得更多利益。在这个过程中,欧盟一直积极推动碳排放的减少,不仅在内部采取行动,也在国际社会中发挥着重要的引领作用。总之,欧盟在碳减排方面的经验提供了一个全面而多层次的模型,可供其他国家参考。

一、搭建多层次的碳市场、碳交易体系

欧盟在碳减排方面采取了多层次的碳市场体系,主要通过欧盟碳排放交易体系(ETS)、碳减排分担条例(ESD)、土地利用变化和林业条例(LULUCF)等手段来实现不同行业和领域的减排目标。

首先,欧盟碳排放交易体系针对电力、能源密集型工业、国际航空等排放较大的行业,建立碳排放权交易市场,通过市场化手段减少碳排放。这个体系覆盖了欧盟40%的碳排放量,通过设置碳排放总量,促使相关行业采取减排措施。2020年底,欧盟碳市场覆盖的电力和工业设施排放量相比2005年下降了43%。其次,碳减排分担条例覆盖了碳市场之外的行业,如建筑、废物管理、农业、小型工业和运输等排放较分散的领域。欧盟各国可以根据自身情况,考虑减排目标、技术能力、经济水平等因素,制定适合自身的减排政策,以实现《碳减排分担条例》中为各国设置的减排责任。最后,土地利用、土地利用变化和林业条例(LULUCF)关注林业和土地部门的温室气体净吸收目标。通过这个条例,欧盟在2018年为成员国设定了2030年的温室气体净吸收目标,强调了林业和土地的重要性。

这种多层次碳市场的设计模式结合了区域和行业分解,使得欧盟在不同层面实现了碳排放的监管和减少。这种模式具有清晰的责任分工,便于指标的设定和管理,为碳中和目标的实现提供了多方面的支持。

在碳排放权交易机制方面,欧盟通过限制碳排放,使碳排放权成为稀缺资

源,为其赋予了流通性和市场交易的基础。碳排放交易体系允许企业通过免费分配、拍卖或混合方式获取碳排放配额(见图9-5),并根据自身碳排放情况进行交易,实现了碳排放的市场调节。企业可以卖出多余的配额获取经济利益,或购入配额满足碳排放需求。这种机制通过奖惩机制将减排责任与企业经济利益相结合,推动企业积极开发碳减排项目,达到欧盟碳减排目标。

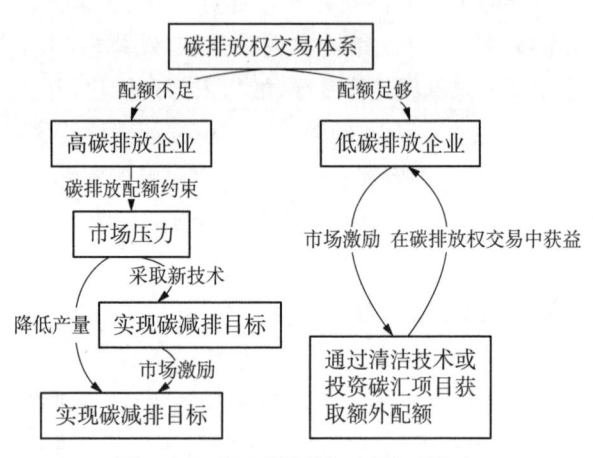

图9-5 欧盟碳排放权交易机制框架

在碳排放权交易的执行过程中,高碳排放企业面临碳排放配额约束和市场激励,可能采取降低产量、采用新技术或投资碳汇项目等方式实现碳减排。对于配额充足的低碳排放企业,碳排放权交易体系主要作为市场激励,通过开发清洁技术或投资碳汇项目获取额外配额,以获取经济利益。欧盟在过去的实践中取得了显著的减排效果,2018年碳排放量相较1990年减少了约22%,清洁能源占比逐步提高,化石能源占比逐渐降低,煤炭使用减少,天然气占比增加,为实现碳减排目标奠定了基础。

二、欧盟内部密集出台新能源和节能减排政策

欧盟已经制定了一系列政策(见表9-3),考虑到自身状况和经济特点,其关键措施包括不断创新新能源技术、扩大碳排放交易体系、为各行业产品制定严格的碳排放标准、发展碳汇项目、全面推动能源税等政策,全面促进各个领域的碳减排,重点减少能源、建筑和交通行业的碳排放。同时,辅以创新负排

放技术、应用财政政策、发展绿色金融、增加碳汇等政策。实现上述政策措施的主要途径仍然是利用碳排放权交易、财政补贴、环境税等手段,鼓励企业等微观经济主体采取自愿的碳减排措施,逐步实现欧盟各个领域的脱碳,推动欧盟整体碳减排。

表9-3 欧盟部分新能源和绿色发展政策

年份	政策	主要内容与作用
2018	《欧盟2050战略性长期愿景》	从能源、建筑、交通、土地利用与农业、工业、循环经济等多方面入手,推动欧盟全面低碳化发展。设置2030年减排目标和2050年气候中和目标,调整能源结构等为主线
2019	《欧洲绿色新政》	提出政策以法律形式推动欧盟碳中和,要求欧盟从能源、工业、金融等领域入手,构建可持续发展模式
2020	《欧洲气候法》	以法律形式推动碳中和目标的实现,帮助欧洲工业向气候中和及数字化转型
2020	《欧洲新工业战略》	旨在提高氢能技术与氢能产量,将未来欧盟工业提升全球竞争力和战略自主性
2020	《欧洲氢能战略》	将欧盟氢能发展分为三个阶段,以提高氢能技术和氢能产量为主线
2020	《欧盟森林战略2030》	制定了30亿棵树的植树目标,推动生物多样性恢复的同时增强基础设施
2021	《欧盟适应气候变化战略》	旨在提升欧盟应对气候变化的能力,提出实施措施与路径,包括创新、数字化发展、碳减排财政政策等
2021	《Fit for 55》计划	要求欧盟推进产业转型、碳定价、发展可再生能源、能源税等,进行碳排放交易体系第四阶段的改革
2022	《企业可持续发展报告指令》《欧洲可持续发展报告准则》(ESRS)	强调企业需披露范围一、二、三的碳排放,并规定了强制性的鉴证规定,并将相关要求推广至国际企业

欧盟通过2019年发布的《欧洲绿色协议》提出了一系列转型政策,以实现2050年碳中和的目标。在诸多措施中,节能减排成为最为直接、经济的手段之一。重点领域包括发展产业清洁循环经济、推动高能效建筑、实现可持续智慧交通。通过这些举措,欧盟旨在优化产业结构、提高建筑和交通领域的能效水平,实现碳中和目标,并确保经济增长与资源消耗的有效脱钩。这个综合性的

战略不仅有助于环境的可持续性,也为经济的可持续发展奠定基础。2020年初,欧盟委员会发布了《欧委会2020年工作计划》,将重心放在推动绿色和数字化转型。该工作计划明确六大施政重点,其中"欧洲绿色新政"备受关注,被视为新的增长战略,旨在提升全球竞争力、创造更多就业。欧委会计划制定《欧洲气候法》《2030年削减温室气体计划》等,强调2050年实现"碳中和"目标。该工作计划还包括利用离岸可再生能源、发展循环经济、生物多样性保护、绿色投资和金融等方面的发展规划。这份综合性计划旨在推动欧洲经济社会朝着更绿色和数字化的方向发展。

以欧盟成员国德国为例,德国政府于2020年6月通过了一项总价值1300亿欧元的经济复苏计划(2020—2021年),重点致力于"气候转型"和"数字化转型"。该计划中的"未来方案"(future package)总额达500亿欧元,专注于应对气候变化和数字化转型的影响。具体举措包括加大对电动交通的支持,将电动车销售补贴提高至每辆6 000欧元,对插电式和混合动力车提供总计22亿欧元的补贴。此外,德国政府拟投入70亿欧元用于氢能基础设施建设,额外提供50亿欧元用于增加德国联邦铁路股本,另有20亿欧元用于建筑节能改造和气候适应措施。该计划还明确要求到2030年,将德国海上风电容量从15吉瓦扩充至20吉瓦。同时,太阳能光伏产能的限制已在几周前取消。这个经济复苏计划旨在促进绿色技术和可持续发展,彰显了德国对气候和数字化领域的明确投资方向。

三、欧盟对外制定并推动国际能源规则的制定

欧盟通过推动国际能源规则展现在多个方面,特别是在碳披露标准、欧盟碳边境调节机制和碳足迹认证方面。在碳披露标准方面,欧盟制定了一系列法规,例如2022年11月推出的企业可持续发展报告指令(CSRD)和欧洲可持续发展报告准则(ESRS),强调企业需披露范围一、二、三的碳排放,并规定了强制性的鉴证规定。这不仅适用于欧盟大型公司,还包括在欧盟监管市场上市的所有公司,以及在欧盟内运营且年销售额超过一定数额的非欧盟公司,将相关要求推广至国际企业。

此外,欧盟引领了碳边境调节机制(CBAM)的实施,该机制于2023年5月17日正式生效。CBAM旨在对出口到欧盟的产品中的隐含碳排放量征收碳关税,通过推动进口商品的碳排放透明度,加强了全球碳市场的规范。

CBAM对水泥、钢铁、铝、化肥、电力和氢等六大商品的具体化碳排放量进行报告,并在2026年1月1日正式起征,其价格与欧盟排放交易体系的每周平均拍卖价格保持一致。这个措施在全球范围内推动了碳市场的规范化和透明度。

在碳足迹认证方面,欧盟的电池与废电池法规要求自2025年2月18日起,在欧盟市场上投放的动力电池必须提供碳足迹认证,进一步加强了能源产品的可持续性认证。该要求对电池生产企业的全球供应链产生了影响,推动了相关企业更加积极地关注和管理其产品的碳足迹,形成了全球碳足迹认证的标准和趋势。

作为积极应对全球气候变化的倡导者,早在气候中和的概念提出时,欧盟就积极参与联合国气候变化谈判,并在联合国气候大会上发挥领导作用。欧盟一直致力于推动全球气候行动,通过联合国气候变化框架公约(UNFCCC)等渠道与其他国家合作,共同制定全球减排目标和政策。在这个过程中,欧盟不仅在内部采取了积极行动,还通过国际合作拓展影响力。欧盟在推动可持续发展方面与国际社会密切合作,尤其是与发展中国家分享清洁技术和提供财政支持,以实现联合国可持续发展目标(SDGs),其中包括清洁能源和气候行动。近期欧盟在推动碳披露标准、碳边境调节机制和碳足迹认证等方面的举措,也表明其意图稳固自身在国际能源规则领域的引领地位。

四、欧盟消费侧打造绿色消费的社会生态环境

欧盟在推动绿色消费方面采取了一系列有力措施,通过可持续投融资机制和碳标签制度实现了生态和经济的双赢。在投融资方面,各成员国积极增加气候领域的投入。欧洲投资银行承诺在未来十年支持1万亿美元的气候行动和环境可持续性投资,将投融资中与气候和可持续发展相关的比例提升至50%。德国更是通过制定《复兴银行促进法》,为碳减排企业提供融资激励和信息服务。这些机制的建立旨在推动可持续发展,为碳中和目标提供财政支持。欧洲投资银行与法国领土银行2021年1月宣布,将分别投资1亿欧元,建立清洁公交共享投资平台,资助法国境内公交能源转型。

碳标签制度是欧洲绿色消费的另一重要方面。由世界自然基金会、应用生态研究所和气候影响研究所合作推动,碳标签被广泛运用于食品、生活用品和电信产品等多个领域。欧盟成员国德国的碳标签注重产品的整体碳足迹,

参考国际标准 ISO14067,倡导全生命周期评价法。德国的环境标志认证制度——"蓝色天使"认证始于 1978 年,对产品原材料、生产流程、产品使用、回收及处置实施全过程监控,大约每 3—5 年会对标准以及生态标签产品进行修订和更新,引领和带动了产品和服务的绿色化水平提升,加速了绿色市场的形成。这个系统的建立使公众更容易了解产品的环保性能,促进了绿色消费的普及。

为激励消费者购买绿色产品,德国实施了一系列政策,例如对购买电动汽车的消费者给予最高 6 000 欧元的补贴,并对新购买的燃油车征收基于公里的碳排放车辆税。这旨在引导消费者向更环保的选择转变,加速向绿色交通过渡。为了降低低收入者承担的转型成本,德国在政策设计中考虑了为低收入者增加通勤津贴等措施,构建了公平的税收制度,使更多人能够参与到绿色消费的行列中。

为解决交通运输的碳排放问题,欧盟也采取了一系列措施。首先,为了降低汽车碳排放,各成员国制定了严格的排放标准,并设立 2035 年停售新的传统燃油车型的计划。在"Fit for 55"提案中,欧盟规定 2030 年新款轿车和货车的排放量需分别降低 55％和 50％。其次,欧盟发布《气候中和的欧洲氢能战略》,计划通过在货运通道建设加氢站和布局氢能源基地,推动氢能源在交通领域的广泛应用。此外,将海运业和航空业纳入碳排放交易体系,着力推进可持续海运和航空燃料的发展。为实现 75％的公路运输转移到铁路和水路运输的目标,欧盟提出了覆盖整个欧洲的多式联运网络计划,并计划在 2030 年建成一站式电子票务系统。最后,通过智慧交通的发展,欧盟旨在实现 5G 网络在各个交通运输网络的全面覆盖,为智能交通系统和自动驾驶等技术的应用提供技术支持。这些综合而有序的举措将有助于欧洲实现交通运输的碳减排和可持续性目标。

综上,通过这些绿色投融资机制和绿色消费促进措施,欧盟致力于推动可持续的生产和消费,为应对气候变化贡献力量,构建一个可持续发展的生态系统。

第四节 日本碳减排经验与启示

日本位于东亚的岛国,东海和太平洋环抱,邻近中国、韩国等国。日本作为岛国,通过先进的节能理念和领先技术,一定程度上突破了能源困境,计划在2050年实现零碳排放。中日文化存在很多相似性,日本的碳减排经验为包括中国在内的其他国家实现碳达峰、碳中和目标提供了有益的参考。

一、注重新能源技术创新和能源结构调整

日本的碳减排政策侧重于新能源创新和能源结构调整。在20世纪80年代之后,面对气候变化问题,日本着手协调能源、环境和经济这三个方面,并将能源安全、环境保护和经济发展确立为核心政策。这个时期,日本提出了旨在平衡上述三个关键领域的政策框架,以实现可持续发展。具体而言,日本通过制定《地球温室化对策推进大纲》和《新国家能源战略报告》等文件,推动了对能源结构的调整,以减缓由化石燃料消耗引起的温室气体排放。这些政策文件为实现低碳经济奠定了基础,明确了日本在能源、环境和经济方面的长远发展目标。2010年颁布的《气候变暖对策基本法案》规定了日本的碳排放目标,要求在2020年相对于1990年水平实现25%的减排,而到2050年则要实现80%的减排。该法案包含了一系列措施,涵盖核能、可再生能源、交通、技术发展以及国际合作等方面,以推动碳减排工作。2021年10月22日,日本政府确定了一系列涉及能源转型的政策文件,包括第六版《能源基本计划》《2030年能源供需展望》,以及《巴黎协定》下的长期战略。其中每三年修订一次的《能源基本计划》是最为关注的焦点。该计划首次提出了以可再生能源政策为"最优先"的发展方向。日本政府预计到2030年,太阳能将从先前的占比7%目标调整至占比14%—16%,风能将从占比1.7%提高至占比5%,氢能将从占比8.8%—9.2%增至占比11%。与此相比,煤炭的目标将从之前的占比26%减少至占比19%,液化天然气(LNG)将从占比27%减至占比20%,原油将从占比3%减至占比2%。

表9-4　　　　　　　　　　2018—2020年日本新能源相关政策

年份	政策	主要内容与作用
2018	第五版《能源基本计划》	着眼于燃料电池技术、氢供应链与电解技术三大领域,确定10个项目作为优先领域中的优先项目,推动新能源技术与储能技术的发展与应用
2019	《氢能及燃料电池战略发展路线图》	专注于氢能技术的发展,实现氢能社会
2020	《革新环境技术创新战略》	提高绿色技术的应用,促进绿色技术发展

续表

年份	政策	主要内容与作用
2020	《2050年碳中和绿色增长战略》	在能源、运输与制造、家庭与办公三个类目下,对14个产业进行战略规划
2021	第六版《能源基本计划》	以可再生能源政策为"最优先"的发展方向,大幅度提高清洁能源比例

资料来源:日本经产省官网,https://www.enecho.meti.go.jp/。

以最近年日本在能源与环保领域的主要政策为例,也可以看出日本尤其关注创新技术和新能源。2018年的《能源基本计划》明确了对燃料电池技术、氢供应链和电解技术等三大领域的重点发展,通过确定10个优先项目,着力推动新能源技术和储能技术的应用。2019年的《氢能及燃料电池战略发展路线图》进一步突出了对氢能技术的专注,旨在实现氢能社会。2020年的《革新环境技术创新战略》强调提高绿色技术的应用,促进绿色技术的发展。同年的《2050年碳中和绿色增长战略》则对14个产业进行战略规划,覆盖了能源、运输、制造、家庭和办公等多个领域,显示了日本全方位的碳中和规划。这一系列政策体现了日本政府在全球环保领域的引领地位,以及对未来可持续发展的坚定承诺。

日本2023年的能源政策十大目标体现了其对国内能源结构优化的承诺和对节能措施的重视(见表9-5)。这些目标从确保资源和环境的稳定性出发,覆盖了从核能政策的制定、化石燃料的高效使用,到加强能源供应网络安全的各个方面。日本还致力于发展国际能源合作,推动节能社会和智能能源消费的发展,同时积极利用可再生能源,如氢气与氨气,来减少对传统能源的依赖。此外,日本重视战略性技术的研发,以及提高公众对能源状况的理解和交流,旨在建立一个更加可持续和节能的社会。这些目标致力于提升日本能源安全和经济效益,减少环境影响,推动日本未来向更清洁、更高效的能源转型。

表9-5　日本2023年能源政策十大目标

序号	政策目标	主要内容与作用
1	确保资源大环境的安定	着眼于维护整体资源环境的稳定和可持续性
2	制定核能政策	制定明确的核能政策,可能包括核能的安全、发展和管理等方面

续表

序号	政策目标	主要内容与作用
3	高效使用化石燃料	提倡化石燃料的高效利用,以减少对有限资源的依赖并降低碳排放
4	强化能源供能网络安全	加强能源供应网络的安全性,以确保能源的稳定供应
5	发展国际能源合作	推动与其他国家的国际能源合作,促进能源技术和资源的共享与交流
6	实现节能社会和智能消费	力争实现更加节能的社会结构,并推动智能能源消费的发展
7	实现地区共生,利用可再生能源	倡导地区共生理念,加强对可再生能源的利用,以促进可持续发展
8	扩大氢气与氨气的引入	推动氢气与氨气等清洁能源的更广泛应用,以减少对传统能源的依赖
9	促进战略性技术开发	加大对战略性技术的研发力度,推动新技术在能源领域的应用
10	加深民众对能源状况的理解和交流	通过加强对能源问题的宣传教育,提高公众对能源状况的理解,促进社会交流

资料来源:《日本能源白皮书 2023》,https://www.enecho.meti.go.jp/about/whitepaper/2023/pdf/。

为了应对能源挑战,日本不仅致力于国内能源结构的优化和强调节能,还通过国际合作来确保能源进口的多元化。以日本高度重视的氢能产业发展为例,一方面促使丰田、川崎重工等大型企业提升技术水平、降低成本,另一方面建立全球供应链,推动氢能的大规模应用。2022 年 2 月,川崎重工研发的 Suiso Frontier 成功将液态氢从澳大利亚运送至日本神户,这是世界首次实现的液态氢远距离海上运输。川崎重工的主要目标和愿景是建立全球氢能供应链。2022 年 6 月,日本和阿联酋达成合作协议,共同发展两国之间的氢能供应链。阿布扎比国家石油公司、新日本石油公司和三井签署了联合研究协议,评估在阿联酋和日本之间建立清洁氢能供应链的可行性。

日本采用政策引导和市场机制推动企业技术创新,以持续发展绿色产业并全方位促进碳排放的减少。在《碳中和型绿色增长战略 2050》的指导下,日本着力推动 14 个领域的绿色产业发展。为此,日本通过税收、补贴等手段调动市场机制,引导企业保持绿色技术创新。在各国实现碳达峰和碳中和的技术层面上,清洁能源的开发和利用是其中的主要方向之一。2010 年至 2016

年,日本企业的绿色技术发明数量占日本总量的97%。日本充分发挥企业作为市场参与者的作用,利用企业创新获取核心技术,并推动绿色产业的发展,以保持日本在各个领域的主导地位。

二、环保法规全面且具体,责任主体到位

日本在环保立法体系建设方面全面而具体,形成了一套覆盖面广泛的法律框架(见表9-6)。首先,从《环境基本法》到《气候变暖对策法案》,再到《绿色增长战略》,这些法规不仅在广度上涵盖了多个关键领域,如资源循环、气候变化应对、新能源发展等,而且在深度上具有具体的实施措施。例如,《低碳城市法》推动地方政府在城市规划中考虑碳排放因素,引导城市采取更环保的措施。城市是碳排放的主要来源,也是低碳发展政策实施的关键层面。因此,日本通过中央政府设定法规、提供信息咨询与指导等手段,积极推动低碳城市的建设。日本政府采取了一系列措施,包括设立环境示范城市和环境未来城市项目,对每个城市进行绿色低碳发展规划。这些规划又涵盖了能源清洁、低碳交通、低碳建筑、低碳生活、低碳产业等多个方面,以全面推进低碳城市的建设。同时,政府还通过市场化机制引导政府、高校、企业等多方面的合作,为低碳城市的发展注入内生动力。

表9-6　　　　　　　　1993—2016年日本环保法规体系

年份	政策	主要内容与作用
1993	《环境基本法》	倡导可持续发展模式,推动构建环境负担小、能够可持续发展的社会
1994	第一个《环境基本计划》	以提高能源效率、改进生产技术、降低交通排放、明确各社会主体职责等途径推动可持续发展
1997	《新能源法》	推动新能源发展
1998	《全球气候变暖对策推进法》	要求从节能、新能源、交通、建筑、居民生活等途径应对气候变化
2002	《地球温室化对策推进大纲》	对日本社会各主体的职责进行明确,将应对气候变暖作为国家基本对策
2003	《环境教育法》	利用法律法规帮助企业、居民树立起环保理念
2005	资源排放交易计划	制定了排放权交易系统,利用财政补贴手段推动企业参与减排项目

续表

年份	政策	主要内容与作用
2006	《新国家能源战略报告》	制定了核电、节能、新能源和能源运输计划,推动日本的能源结构调整
2008	核证减排计划	构建碳信用交易系统,鼓励企业参与碳汇、减排项目
2010	《气候变暖对策基本法案》	利用可再生能源、技术开发、国际合作等方面的措施推进碳减排
2012	《低碳城市法》	推动地方政府制定城市低碳发展规划,从交通、能源、建筑、碳汇等方面推动城市低碳发展
2012	《绿色增长战略》	推动环保产业发展,推进蓄电池、环保汽车、海上风能发电发展,推动能源从核能转向绿色能源
2014	《战略能源计划》	发展新能源,使能源供给结构多元化
2016	《全球变暖对策计划》	规定了温室气体的减少和消除目标,企业和市民、国家和地方自治团的义务和责任

资料来源:日本经产省官网,https://www.enecho.meti.go.jp/。

其次,责任主体的到位也是日本环保法规的显著特点。日本政府环境治理的主要法律基础——《环境基本法》,起源于1967年的《公害对策基本法》并于1993年经过全面修订颁布。该基本法以"建立低环境负荷、可持续发展的社会""享受和继承环境的恩惠""积极推进国际协调框架下的地球环境保护"为基本理念。该基本法规定了政府的主要职责,包括建立环境标准、制订计划和处理环境纠纷。具体而言,该基本法要求政府通过专家协商建立涉及大气、水质、土壤和噪声污染的环境标准,实施检测。此外,该基本法规定了环境基本计划和防公害计划的制订,明确了中央和地方政府之间的职责分工。在纠纷处理方面,该基本法设定了政府支援居民与排放方之间环境争端的具体事项,并通过专家委员会提供调解服务,由政府承担实际费用。以《全球气候变暖对策推进法》为例,该推进法要求各社会主体承担明确的责任,通过法律明确了企业、居民、国家和地方自治团等在应对气候变化中的义务和责任,形成了社会各方共同参与的良好格局。这个法律体系的建设为日本在环保领域取得显著进展提供了坚实的法治基础。

最后,为促使各类主体树立环境保护法律意识,提高政府环境监控效率,日本鼓励全社会各种主体,特别是媒体参与环境保护工作。为协调企业生产与生态环境保护,日本推出了《环境基本法》的下位法,包括《大气污染防治法》

等,对企业生产活动进行规制。这些规定包括制定生产型企业的排放标准,进行行政指导,鼓励采用先进环保技术并提供相应资金补贴,以及对企业生产活动进行实时监测等。为确保企业生产符合法律要求,降低企业恶意污染环境的成本,日本在《大气污染防治法》和《水质污浊防止法》中引入了"无过错责任制度",即"由于大气污染和水质污浊导致居民健康受到损害的,无论其有无过错,均认定污染物质排放方需承担赔偿责任"。从实践来看,"无过失责任"在审判公害受害者起诉污染企业的案件中最具威慑力,原告通常能胜诉。这些措施有效地强调了社会各方在环保中的责任和义务,推动了更为全面的环境保护措施的实施。整体而言,该法为日本在环境治理方面提供了系统而具有针对性的法律框架。

三、激励绿色消费:日本创新的积分制度和市场激励政策

第一,建立健全绿色消费领域法律制度。日本围绕产品制造、原材料采购、商品流动、回收与处理等各环节建立了法律体系,包括《循环型社会形成推进基本法》《绿色采购法》《促进包装容器的分类收集和循环利用法》等。这些法律明确了政府、企业、消费者等在绿色消费中的责任和义务,助力日本实现"低碳""循环型"社会。日本消费端的环保政策也体现在个人层面的立法上。比如日本颁布了《环境教育法》,通过法律手段促使公众形成环保意识。这些综合性的政策和法规措施,使得日本在碳减排和可持续发展方面取得了显著的成就。

第二,建立完善绿色产品和服务标准认证体系。日本不断完善绿色产品标准、认证、标识体系,促进绿色产品供给的提质增效。例如,通过碳标签制度,日本鼓励消费者明确了解商品的温室气体排放量,展现了日本在低碳认证方面的努力。日本对碳标签制度的尝试始于2008年,之后也进行了为期三年的产品碳足迹核算试点。为了帮助消费者在购买商品时明确了解产品的温室气体排放量,日本内阁于2008年7月发布了《建设低碳社会行动计划》。该计划详细地介绍了日本拟进行的产品碳足迹核查项目,是日本对低碳认证尝试的开始。日本积极参与产品碳足迹核算国际标准的研究制定,在国内也积极开展产品碳足迹核算的试点工作,2009—2011年的试点项目,旨在完成建立类别更加全面的产品分类规则(Product Classification Rules,简称PCR)、探索更加完善的产品碳足迹核算方法、建立包含国内各产业的数据库、参与制定国际

标准等工作。日本的碳标签认证、管理等工作均由政府部门直接负责。主要的负责机构是日本经济、贸易和工业部门,这些政府机构的主要工作重点包括核算产品碳足迹、评价产品温室气体排放量,并对通过评价的产品进行碳标签认证和证书颁发等。

第三,培育绿色消费模式。在财政税收政策方面,日本推出了"绿色税制",通过减税和发放补贴等优惠政策推广新能源汽车,同时专项拨款支持地方交通绿化事业。市场化激励方面,日本实施了绿色消费积分制度,如"住宅环保积分制度"鼓励使用环保材料,以及企业开展积分奖励和折扣优惠活动。例如,日本于2008年制定的《建设低碳社会行动计划》提出要普及节能住宅和建筑。2009年推出了"住宅环保积分制度",以确保新建或改建住宅时使用经环保机构认定的节能环保材料,获得的积分可以兑换节能环保型商品或抵充因追加施工而发生的费用。日本最大家电连锁销售商山田电机开设山田电机奥特莱斯店,允许消费者将需要更换的各类金属炊具带到门店,换购新商品时不仅可以获得相应的积分,还可以享受折扣优惠。

在实现节能减排方面,日本采取了多方面的措施。首先,政府在夏季和冬季分别执行《夏日节能工作》和《冬季节能工作》行动方案,通过"新生活"计划等主动措施,加强节能意识。日本政府针对各方面,包括政府办公、日常出行、政府大楼、节能宣传等提出了翔实的节能要求,以具体的行动推动整个社会的能源节约。例如,仅办公室着装的一项要求就有望带来17%的用电量节约,相当于每年可减少155万桶原油消耗。其次,日本社会自发形成了强烈的节能意识,民众积极参与节能行动。据《读卖新闻》的2021年民意调查,71%的日本人认为从自身做起是实现节能减排的关键。媒体报道了许多家庭节能运动的"能人",这些榜样起到了强化国民节能意识的作用。例如,东京都的"节能自愿者联络会"组织实施"定点熄灯活动",每年夏季的某个时间,将东京的著名建筑灯光熄灭。该行动已成为世界性的节能活动。这些举措不仅在国内推动了能源节约,也在国际上树立了榜样。综合而言,政府的引导与社会的自觉相结合,使得日本在节能减排方面取得了显著成就。

总体而言,日本通过法律制度、标准认证体系以及激励政策的创新,为绿色消费提供了多层次的支持,推动了绿色经济和社会可持续发展。

第五节　经验总结与借鉴

美国、欧盟和日本在减排政策上虽然具有相似性,比如都注重对清洁能源的开发,致力于优化能源结构,采用先进技术推动减排,以及建立完善的能源政策体系等方面。然而,这三者的减排政策存在一些侧重点上的差异(见表9-7)。

表9-7　美国、欧盟和日本碳减排政策侧重点

经济体	核心战略	顶层设计文件	重点领域
美国	成本优势＋本土制造	《变革性清洁能源解决方案》《降低通胀法》	氢能、下一代建筑材料、电池储能、CCUS、可再生能源、先进核能
日本	技术优势＋国际合作	《绿色增长战略》	海上风电、氨燃料、氢能、核能、下一代住宅、商业建筑和太阳能、汽车和蓄电池、船舶、碳循环产业等
欧盟	产品领先＋本土制造＋全球规则制定	《欧洲绿色协议》	可再生能源发电技术、电网基础设施与输电技术、氢能技术、高能效建筑、关键技术、超快速充电基础设施、碳产品设计、CCUS

美国追求"成本优势＋本土制造"。美国在制造业重返和供应链自主可控的战略下,强调要通过研发大幅度降低关键清洁能源、氢能等成本,确保这些新技术产品在美国制造,并迅速推动商业化应用。例如,美国能源部2021年发起的"能源地球"计划强调在未来10年大幅降低关键清洁能源技术成本。尤其自2022年8月《降低通胀法》出台以来,该法案就吸引了天量的社会资本,并广泛招纳新能源人才,投资覆盖风能、光伏、电池、电动汽车和储能等项目。美国已有44个州宣布或推进了新能源项目,其总投资额约2780亿美元,预计新创造约17万个工作岗位。仅动力电池就有91个新项目,总投资约777亿美元,预计创造新岗位超过9万个,15个州从中受益。

日本强调"技术优势＋国际合作"。鉴于日本国内市场规模相对有限,该战略注重在国际规则和标准的制定中占据主导地位,致力于推动新技术在全球范围内的普及。以氨与煤炭混燃技术为例,日本计划将其拓展至东南亚,旨在构建由日本主导的国际产业链。在氢能产业方面,日本鼓励企业如丰田、川

崎重工等提升技术水平、降低成本,同时建立全球供应链,以推动氢能的大规模应用。川崎重工成功实现液态氢远距离海上运输,将液态氢从澳大利亚运送至日本神户,展示了日本在氢能技术上的领先地位。为建立全球氢能供应链,日本积极与其他国家展开合作。2022年6月,日本与阿联酋达成合作协议,共同发展氢能供应链,进一步推动清洁氢能的国际合作。这个策略旨在通过国际合作进一步确保日本能源的多元化。

欧盟追求"产品领先＋本土制造＋全球规则制定"。欧盟希望利用较大的本土市场规模和领先的技术优势,大规模鼓励技术在本地的商业化;同时,制定产品碳排放标准,并通过碳边境调节税和产品标准等影响全球供应链。以新能源汽车为例,欧盟2020年12月"新电池草案"对电动汽车电池增加了回收效率和材料回收目标的要求,规定只有满足要求的动力电池才能在欧盟市场销售,并计划到2025年将欧洲打造成全球第二大电动汽车电池供应地。

给中国的启示可概括为:第一,中国工业脱碳的过程中应注重多元化清洁能源发展。尤其值得学习美欧的工业脱碳经验,中国可以在可再生能源、核能、风能、太阳能、天然气等方面进行综合布局,实现能源结构的多元化,提高能源供应的灵活性和可靠性。第二,注重国际合作与技术创新。中国可学习日本在国际合作和技术创新方面的做法,加强与其他国家的合作,共同推动清洁技术的研发和应用,助力全球应对气候变化。第三,所有减排的技术创新来自于人才之争,人才储备是实现碳中和的重要保障。具体而言:

一是工业脱碳方面,尽快完善工业碳减排顶层设计。以上三大经济体的经验都表明,在碳减排的道路上,技术领先和创新是至关重要的。只有技术和创新基础上的能源结构优化和能源效率提升才是碳减排富有成效的核心因素。从图9-6中可以看出,美国、德国左上象限的工业部门已经将其排放与经济增长脱钩——虽然它们的排放量下降了,但它们的经济价值却在增长。中国工业实现碳脱钩的部门却相对较少。工业部门是碳排放的主要来源之一,工业脱碳不仅是环保的需要,也是可持续经济发展的基石。中国已制定《工业领域碳达峰实施方案》,需尽快针对重点行业研究制定碳减排路线图,明确未来分阶段的行业碳减排目标和研发需求,以指导国家相关领域攻关项目部署和相关企业开展技术研发。中国可以通过加强对低碳技术的研发和推广,提升自身在新能源、清洁生产等领域的技术优势,以更高效地实现碳减排目标。中国可以组合推进多种碳减排工艺策略。工业部门的脱碳不仅需要特定技术的创新,例如低碳燃料和原料替代、CCUS等,还需要系统层面的变革;

需要协同推进电气化、核能、可再生能源、氢以及储能技术的研发及低成本应用。

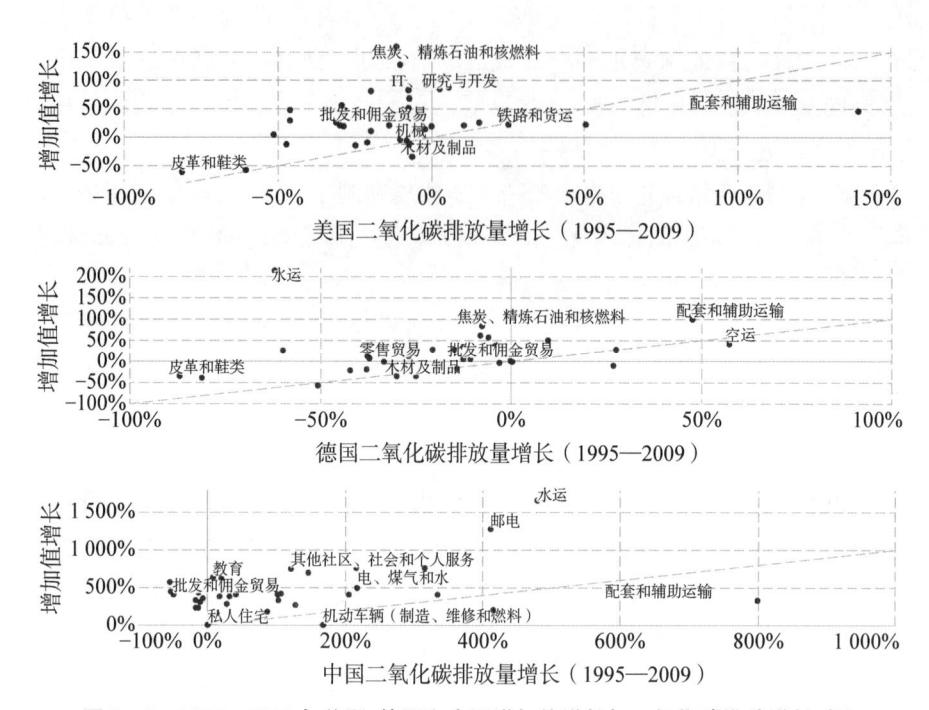

图 9-6　1995—2009 年美国、德国和中国增加值增长与二氧化碳排放增长对比
资料来源：（WIOD）World Input-Output Dataset，https://OurWorldInData.org/shrink-emissions-not-the-economy。

二是国际合作方面，在积极参与国际合作和融入国际产业链的进程中，中国可以智慧地在现有国际合作成果的基础上整合推动"绿色一带一路"倡议，为碳减排领域注入新动力。可以借鉴日本的策略，将国际合作作为促进本土技术输入、输出的途径。通过引领国际规则和标准制定，中国可以推动自身新技术在全球范围内的应用，形成更具竞争力的产业链。通过与"绿色一带一路"沿线国家共同推动绿色基础设施建设，包括清洁能源发电设施和环保城市规划，中国将为"绿色一带一路"沿线国家提供可持续发展的支持。借助"绿色一带一路"框架，中国可将清洁能源技术输出到"绿色一带一路"沿线国家，推动技术的普及和应用。在国际合作中，建设区域碳市场和碳金融机制将是促进碳减排合作的有效手段，有助于吸引更多投资进入"绿色一带一路"项目。通过推进可持续交通和物流体系的建设，中国还可以在"绿色一带一路"的范围内减少碳排放。通过促进区域间的碳减排合作平台的建立,中国致力于成为全球可持续发展和低碳转型的积极推动者。

三是人力资本方面,其对实现气候目标和可持续发展至关重要。专业知识和技能,特别是在绿色技术研发、环境管理和碳市场运作方面,构成了碳减排人力资本的核心价值。这些专业人才是推进清洁能源技术的创新、制定和执行碳减排策略、参与全球碳交易市场的关键。因此,加强产学研合作,深化攻关和人才培养,并通过示范项目促进技术成熟和规模化应用,是加快新兴技术部署并降低投资风险的有效途径。同时,还需关注成熟技术的规模化部署和未来技术的人才储备,确保技术创新和可持续发展的连续性。

第十章 政策与展望

在当前中国背景下,居民生活所需能源的碳排放量成为第二大碳排放来源,重心逐渐从生产侧向消费侧过渡。人口和消费结构性特征、与碳排放的关系成为认识和探索碳达峰、碳中和目标的重要视角。前文通过理论与实证研究,揭示人口和消费对碳排放的影响特征和规律,为实现碳达峰碳中和提供指导,为制定环保政策提供有价值的建议。鉴于此,本章简要总结前文实证和理论研究的主要结论,并基于第九章国际经验的探讨,提出符合中国实际国情的建议和对策。

第一节 主要结论

本书主要研究了数字经济背景下人口结构、消费结构对碳排放的影响。研究发现:(1)人口结构与消费结构有显著影响,少儿抚养比和老年抚养比对消费结构有不同方向的影响;(2)消费结构升级对降低碳排放强度有一定作用,享受型、发展型消费结构在一定程度上抑制碳排放总量,人口老龄化在其间存在调节效应;(3)数字经济发展显著降低了区域碳排放总量,且人力资本结构在数字经济水平与碳排放总量之间存在门槛效应;(4)基于 Lasso 变量选择模型对碳排放驱动因素降维筛选出关键影响因素。

具体来说:其一,在人口年龄结构与消费结构上,生存型消费结构与少儿、老年抚养比呈正效应。当少儿抚养比增加时,生存型消费占比也随之增加。享受型消费结构、发展型消费结构与少儿抚养比呈负相关。少儿抚养比越高时,享受型、发展型消费占比也越低。老年抚养比与享受型消费占比呈负相关,但与发展型消费结构的水平成正相关。人口年龄结构不仅直接影响居民消费,还通过经济增长、产业结构及收入分配影响居民消费的变动,且间接影响效应大于直接影响。其二,消费结构升级有助于降低碳排放强度,其中农村、西部及低收入地区消费结构升级对碳排放强度的抑制作用更强。人口老龄化在消费结构影响碳排放强度的过程中存在显著调节效应。其三,人力资本结构程度在数字经济水平与碳排放之间存在门槛效应。数字经济发展水平对碳排放的影响随着人力资本结构程度的加深呈现出先上升、后下降的趋势。其四,人口老龄化对碳排放量的影响呈现 U 形曲线。在老龄化初期,因老年人的消费减少导致碳排放减少;但随着老龄化加剧,老年人对医疗护理的需求增加,需要更多经济活动支持,导致碳排放增加。老龄化与碳排放之间的关系因城乡人口结构不同而异。当城镇化水平较低时,人口老龄化增加地区碳排放水平。当城镇化水平越过门槛值后,老龄化将有利于抑制碳排放量的增加。

第二节 政策建议

基于前文对中国现实情况的深入讨论和对国际经验的充分探讨,本节旨在提出对策建议,以促进生产端的绿色低碳经济体系与终端消费侧的绿色低碳体系相结合。简单地说,通过人口作为中介因素,构筑一个具有可持续性的低碳经济体的"生产—人口—消费"闭环(见图 10-1),以期为中国经济社会的高质量发展提供一定的参考,助力"双碳"目标的实现。

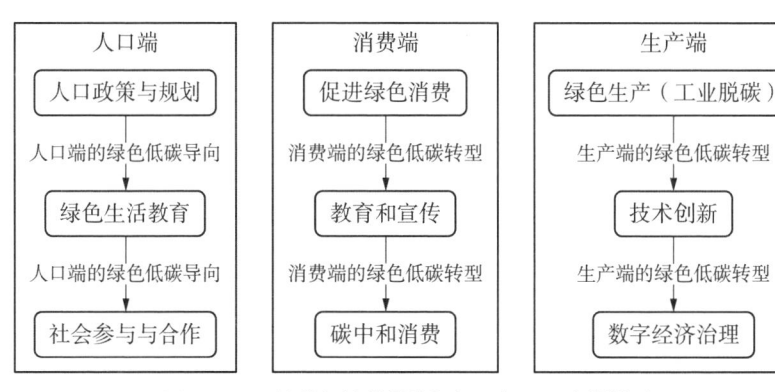

人口端	消费端	生产端
人口政策与规划	促进绿色消费	绿色生产(工业脱碳)
人口端的绿色低碳导向	消费端的绿色低碳转型	生产端的绿色低碳转型
绿色生活教育	教育和宣传	技术创新
人口端的绿色低碳导向	消费端的绿色低碳转型	生产端的绿色低碳转型
社会参与与合作	碳中和消费	数字经济治理

图 10-1 低碳经济体的"生产—人口—消费"框架

一、完善人口端的配套支持政策

（一）完善家庭支持政策，优化人口结构

在人口与消费结构关系的实证研究中，本研究发现少儿抚养比与发展型和享乐型消费结构呈负相关，但与生存型消费结构呈正相关。这也就是说，少儿抚养比越高的家庭，越有可能因为抚育成本太高，挤压了其他"高端"消费，比如娱乐和休闲消费，把更多的钱花在了衣食住行等基本生活上。不断上涨的抚育费用也使更多家庭选择少生或不生孩子，相应地，生育率也在不断下降。从长远看，消费结构失衡、生育率持续下降，不利于消费升级、社会经济可持续发展、居民福利提升。

传统的"多子多福、养儿防老"观念演变至今，越来越多的年轻家庭选择少生甚至不生子女。这个趋势的形成源于多方面原因。第一，高昂的子女抚育成本和生活成本是主要障碍。城市生活成本的上升，尤其是房价的不断攀升，使年轻家庭面临沉重的经济负担。随之而来的教育费用增加，成为家庭负担的一部分。第二，抚育子女与工作时间的冲突日益明显，尤其是夫妻双方都全职工作的情况下。虽然学前教育入园率有所提高，但婴幼儿托育服务严重不足，给家庭带来了矛盾。女性可能因照顾孩子而辞去工作，导致家庭财政压力增大，同时对女性职业发展产生负面影响。第三，政府缺乏配套政策和公共服务供给，特别是在婴幼儿托育、儿科医疗等方面。目前的公共服务体系未能充分满足托幼、育婴需求。

为了解决生育率下降问题，中国可考虑通过税收政策缓解家庭负担，尤其是教育成本。中国可进一步加大个税抵扣政策的力度，同时鼓励建立教育专项储蓄账户；引入"教育券"和"食品券"等形式，有针对性地支持经济困难、特殊情况和低收入家庭，以确保义务教育的资金充足；增加对教育的财政支持，促进优质教育资源的平衡分布。针对0—3岁婴幼儿的照料服务问题，可制定更严格的监管政策，规范服务标准，广泛推进多元托育模式。进一步引入社会力量参与，例如社区提供日托服务，大型企业设立公共托儿所平台。为解决家庭和工作之间的矛盾，人力资源部门可为照顾婴幼儿的女职工提供弹性工作岗位，从而减轻她们的工作压力，提高生育的可行性。此外，解决儿科医疗服务供需矛盾也至关重要。应重视儿科医疗资源建设，提高儿科医生数量。鼓励设立儿童专科医院，提升各级儿科医疗体系，以更好地服务不同年龄段儿童

的医疗需求。

除了少子化的缓解,中国还应重视老年人口资本,深度挖掘银色经济。银色经济指的是以人口老龄化的需求和约束条件为基础,组织生产、分配、流通和消费活动及其供求关系的统称(夏育文,2015)。"银色"经济不仅仅与老年人有关,更是经济领域的一种新的经济和社会常态。中国面临严重人口老龄化问题,劳动力年龄上限偏低,提前退休比例高,制约经济社会发展。引入弹性退休制度,挖掘"银色经济",充分发挥老年人劳动潜力,可借鉴德国等欧洲国家的经验(见图10-2)。现行退休制度导致大量有能力的人提前退出工作,"被老龄化"人群增多。个人差异巨大,应考虑个体决定何时退休,避免固定年龄不符合人力资本规律,减少浪费和人文关怀缺失。不同地区寿命差异大,法定退休年龄应灵活调整,给予选择权,实施"早退逐减"、延迟退休等激励措施。

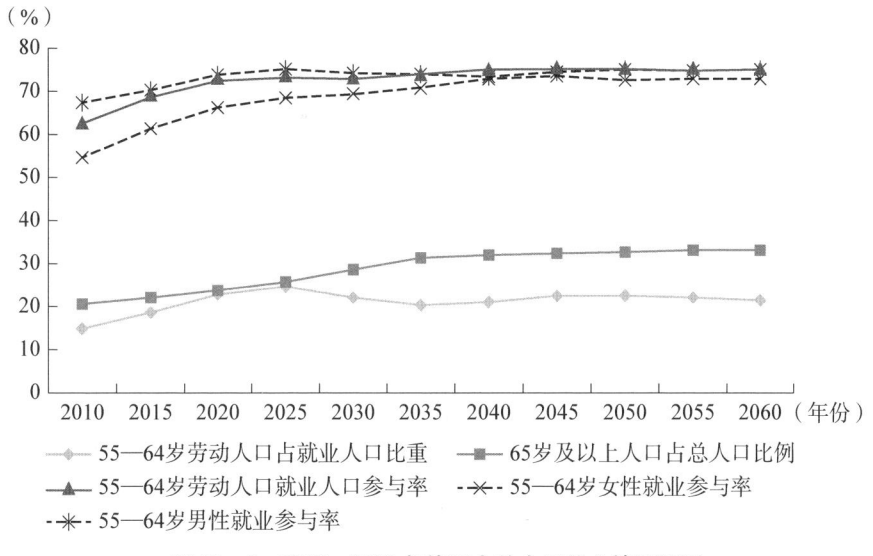

图 10-2 2010—2060 年德国大龄人员就业情况预测
资料来源:转引杨燕绥等(2016 年)。

(二) 提升人力资本水平,助推科技创新发展

目前中国劳动年龄人口短缺,老龄化与少子化并存,"人口红利"减退。如何缓解这种因"人口红利"减退带来的经济减速呢?对一个经济体来说,人口红利终会有消失的时候,不可能一直源源不断地为经济社会供应丰富廉价的

劳动力。依据资本报酬递减的规律,劳动力市场价格会在动态中实现均衡,出现供不应求时价格会上升。人口转变自有其属性,每个年龄阶段的人口结构构成占比不会是一成不变的,人口结构会受到经济发展水平、社会文化和国家政策的影响。按照新古典增长模型的要义,除了资本投入和劳动力,经济实现可持续增长的根本动力和源泉来自全要素生产率的提高。在假定劳动力能够实现持续无限供给的情况下,一个国家或地区的经济增长速度由其资本积累速度所决定,对于资本的投入数量总能有相匹配的劳动力供应,继而实现经济增长。但在中国现阶段,一方面人口年龄结构中结构问题凸显,劳动年龄人口占比持续下降,人口出生率也在下降,少儿人口占比的下降对未来劳动力供应提出了挑战;另一方面以投资拉动经济增长的经济增长结构面临边际效用递减,经济发展方式也需要加快转变。在这种情况下,全要素生产率的提高至关重要,其本质是实现效率的重新配置,以实现更高质量、更可持续的经济发展。

实现经济可持续增长的关键在于创新和全要素生产率提高带来的技术进步,这两个因素背后的核心都是人,唯有人力资本提升才能带来企业的科技创新和技术进步。其一,从人才培养视角看,政府需加大教育培训投入,提高人才素质。企业也要注重员工培训,适应新时代需求。创新人才培养模式需多元化,注重实践和创新能力。国际交流与合作是提升人才水平和促进科技创新的关键。可以通过大力开展国际合作,引入先进技术,推动中国科技水平提升。其二,尽管中国当前面临着老龄化、少子化等问题,但仍有可挖掘的人力资本潜力。在农村地区,存在大量可以转移出来的人力资本,然而,现存的体制藩篱、机制障碍等限制了劳动力的平稳转移。农民工市民化有助于减轻大城市的基本城市服务成本,提高农村人口收入也有助于增加消费需求。其三,老年人口群体中蕴藏着丰富的可利用人力资本。通过合理利用老年人群体在退休前积累的工作经验和知识储备,可以为社会作出更大的贡献。其四,针对当前劳动年龄人口总量难有较大增加的现实,可以通过培训教育来提升劳动年龄人口的创造力和潜力。在数字经济、人工智能等科学技术蓬勃发展的时代,劳动主体应努力提升智能化、数字化应用等专业技能。实现"人机"、人与技术的高效融合,为互联网、物联网、云计算、大数据等技术提供高素质劳动力供应。在技术革新的浪潮中,要抓住有利机遇,不断提升中国劳动年龄人口应用科技和创新就业的能力,推动人力资本与科技创新深度融合,为国家发展提供有力支撑。

(三) 推动居民绿色生活教育，参与低碳节能社会

推动居民绿色生活教育，积极参与低碳节能社会，是实现社会可持续发展的不可或缺的举措。当前，全球环境问题愈加凸显，人们的生活方式与消费习惯直接关系到碳排放和资源消耗。因此，深入进行绿色生活教育，培养居民的环保意识和可持续发展观念，具有重要的战略性和长远性意义。

绿色生活教育的核心在于为居民提供系统性的环境知识，包括能源消耗、碳足迹计算方法、环保产品的选择等方面的专业信息。引导居民深入了解绿色生活的内涵，有助于他们在日常生活中明晰可行的环保行动，形成可持续的生活方式。在德国通过"零废弃村庄"项目，居民接受了包括垃圾分类、可再生能源利用等在内的全方位培训，形成了高度环保的生活方式。在亚洲地区，一些城市通过推广共享单车、建设绿色交通系统等方式，成功促使市民转变出行方式，有效降低了碳排放。在实践中，社区和学校可以充当绿色生活教育的主要平台，通过开展讲座、工作坊、实地考察等形式，向居民普及环保知识。同时，借助科技手段，推广使用碳足迹计算 App 等工具，让居民更直观地了解个人生活对环境的影响。

总体而言，推动居民绿色生活教育需要从知识传递、实践引导以及社会参与等层面进行全方位的推进。通过这个过程，可以逐步形成更为环保、可持续的社会氛围，为实现国内可持续发展目标奠定坚实基础。

二、完善消费端可持续、绿色消费促进政策

(一) 优化消费端绿色消费促进政策

推动居民绿色生活教育，参与低碳节能社会，需要做好消费端政策的设计和实施，以引导人们逐步转向绿色生活方式和消费习惯。在此过程中，中国有很多可借鉴的消费端创新的政策措施(见表 10-1)，其中包括法律标准、绿色产品供给、财税政策和激励机制等多方面的手段。

表 10-1　　　　　　　部分消费端政策总结分析

消费端政策	描述	推出的国家示例	成效评估
碳标签	提供基于产品生命周期的碳足迹信息，指导环保购物	美国、英国、澳大利亚	成效可通过碳标签的广泛采用和消费者购买行为的改变来评估

续表

消费端政策	描述	推出的国家示例	成效评估
能源标签和认证	标示产品的能源效率,鼓励购买节能产品	欧盟、日本、中国	成效可通过节能产品的市场份额和能源效率改善来评估
可持续采购	通过政府或企业采购政策推动可持续产品使用	美国、瑞典、中国	成效可通过可持续产品在采购市场上的份额增加和产业链的绿色化来评估
再循环和垃圾分类鼓励	通过设立回收点、提供垃圾分类设施和实施垃圾分类奖励制度,可以鼓励消费者采取环保的废弃物处理方式,减少对环境的负担	德国、日本、新加坡	成效可通过垃圾回收率的提高和减少对环境的废弃物负担来评估
生态标志认证	产品获得生态标志认证,表示它们在生产和使用过程中对环境影响较小。这种认证有助于消费者更容易识别和选择环保产品	欧洲、澳大利亚	成效可通过生态标志产品的市场份额和对环保标准的广泛认可来评估
可持续消费宣传	通过广告、宣传和教育活动,政府和非营利机构可以促使消费者更加关注环保问题,鼓励他们在购物时做出更可持续的选择	美国、瑞典、日本	成效可通过消费者环保行为的增加和对可持续消费理念的普及程度来评估
税收激励	一些国家通过实施税收激励措施,鼓励消费者购买环保产品。例如,对某些环保设备或能源效率较高产品的购买可能享受税收减免	德国、加拿大、荷兰	成效可通过环保产品销售的增加和税收政策对消费者购物行为的影响来评估

首先,制定健全的产品环保标准是确保产品和服务环保的重要途径。通过建立环境法规、标准和政策,国家能够明确对碳排放、资源利用和可持续生产消费的要求。例如,欧洲联盟对于产品的生态设计指令要求生产商考虑整个产品生命周期的环境影响,促使企业生产更加环保的产品。

其次,通过增加绿色产品供给,政府能够引导企业朝着更环保、低碳的方向发展。政府可以通过采购政策、补贴和奖励等手段激励企业生产绿色产品。中国目前对新能源汽车政策就通过财政补贴鼓励了电动汽车的生产和销售,推动了汽车产业向低碳方向转变。财税政策也是推动绿色消费的重要手段之一。通过创新税收政策,政府可以对环保和低碳产品提供税收优惠,或对高碳产品征收环境税。例如,挪威对传统燃油车征收高额的购车税,而对电动车实行免税政策,鼓励消费者购买环保车型。

最后,激励机制在改变个体行为方面发挥着至关重要的作用。通过实施消费者奖励计划和建立绿色信用体系等措施,可以激励个人采取更环保的生活方式和购物行为。采用碳税、碳补贴和个人碳交易等措施,可以更直接地引导和减少碳排放。碳税是对碳排放较高的产品征税,通过提高高碳产品价格,鼓励企业和消费者选择低碳替代品。相反,碳补贴则是对低碳产品提供财政支持,使其价格更具竞争力,促使市场向低碳方向发展。个人碳交易是一种创新的碳减排机制,通过建立碳交易市场,让个人参与碳交易。个人通过减少碳排放可以得到碳配额奖励,反之则需支付额外的碳排放费用。这种机制通过直接激励个体行为,使每个人都有责任减少碳排放,从而形成全社会的碳减排效应。中国可探索个人碳交易或者碳普惠平台,尽快完善碳交易市场体系建设和运营,同时加大对消费侧碳减排政策的研究力度,探索更为适合中国国情的碳减排方案,引导公众更加积极地参与碳减排工作,共同推动中国的碳减排事业向前发展。

这些消费端政策的协同效应,有助于逐步培养绿色生活方式和消费习惯,推动社会朝着更可持续的方向发展。通过引导企业和个人调整其行为,中国可以在绿色消费的驱动下,构建一个涵盖绿色消费和绿色生产的框架,进一步为实现"双碳"目标提供支持。

(二)优化老年消费配套措施,助力老年绿色消费

优化老年消费结构,支持老年绿色消费,是实现可持续发展和满足老龄人口需求的重要举措。

其一,应加大对养老机构的建设力度。从消费结构来看,当剔除收入效应、地区效应因素时,老龄化将导致医疗保健和休闲娱乐消费和其他商品和服务比重上升,饮食、衣着、交通和通信及居住消费比重下降。因此,有必要从产业层面考虑人口结构变迁引致的需求变化,大力支持养老和健康产业的发展。健全市场机制,使养老服务产品日趋丰富,持续健康地发展养老服务业。通过大力支持和鼓励养老机构的建设,提高其服务水平和设施设备,以满足老年人多样化的生活需求。建设更为智能化、绿色环保的养老设施,不仅有助于提升老年人的居住体验,还能促进环保理念在老年生活中的推广。

其二,应加强居家养老服务网络的构建。通过建立完善的社区居家养老服务网络,覆盖城乡老年人群,为他们提供更便捷、贴心的服务。这包括医疗、健康、文娱等多方面的支持,通过互联网技术,为老年人提供线上健康咨询、远程医疗等服务,促进老年人更好地参与社会活动,陶冶情操。

其三,在推动老年绿色消费方面,可加强健康管理服务产业体系建设。通过医养结合,发展特色医疗健康旅游业和健康管理服务业,为老年人提供个性化、全方位的健康管理服务。建立健全支持和规范相关产业发展的法律法规,为企业提供更明确的方向,激发其在健康服务领域的创新能力。

其四,为解决资金瓶颈问题,政府可制定更有力度的产业扶持政策,包括金融、财税、环保、土地等方面的支持。引导高校增设与老年服务相关的专业,培养更多的专业服务人员,同时通过人社部门举办培训班,提升服务人员的专业水平。这有助于满足老年人对医疗健康服务的不断增长的需求,推动整个养老健康服务业的蓬勃发展。在医药科技创新方面,政府应当加大研发预算,建立更为灵活的激励机制,促使相关企业加大对老年健康产品的研发。同时,加强与高校、科研院所的合作,推动基础性研究和前瞻性研究,确保老年人能够获得更先进、更适用的医疗健康产品。

通过以上综合措施,不仅可以优化老年消费环境,更能助力推动老年绿色消费的发展,使老年人能够享受到更为健康、环保的生活方式。这样的努力不仅有益于老年人的幸福感和生活质量,也有助于构建一个全社会关注老年人群体、鼓励可持续发展的社会环境。

(三) 优化消费结构,警惕消费分层

高层次的消费结构有减少碳排放的效应,发展型消费结构、享受型消费结构都与碳排放负向相关,生存型消费结构正向增加碳排放水平。因此,可以采取以下措施助力消费结构优化。其一,提高居民收入水平。居民收入水平是实现消费结构升级的重要基础。可以通过提高最低工资标准、推进收入分配制度改革等手段,逐步提高居民收入水平,增强居民的消费能力和消费信心,促进消费结构的升级。其二,提高消费品质量。消费品质量是消费者最为关注的问题之一。可以通过加强监管,加强质量检测等手段来提高消费品质量。同时,还可以鼓励企业加大研发投入,推动产品升级换代,提高产品品质。其三,通过开展消费教育活动、提供消费指导等方式,帮助消费者树立正确的消费观念,增强消费者的消费能力和消费意识,引导消费者理性消费和绿色消费。其四,适度调整税收政策、制定消费优惠政策等手段,引导消费者逐步向

中高端消费品、绿色消费转移,实现消费结构的优化。其五,推动创新消费模式。随着科技的发展,新的消费模式层出不穷,如共享经济、线上购物等。可以积极推动这些新的消费模式的发展,引导和刺激消费者购买转化率,实现消费方式的创新。

在分析消费结构时,本研究发现,中国城乡二元消费结构、地区消费不平衡问题并没有随着经济发展而得到缓解。目前中国处在社会转型关键期,尤其值得警惕的是,在消费持续扩大升级的过程中,可能会因社会结构的差别化而出现消费阶层分化的现象。中高收入阶层与底层的消费差距愈行愈远,前者早已走在消费升级的康庄大道上,而后者可能还在最底层温饱线上挣扎。悬殊的消费差距会抑制消费潜能释放,日益分化的消费结构也无法满足消费升级的需要,仅仅是部分阶层的消费升级带来的内需扩大和经济增长是不全面、不均衡的。为了实现消费确实由低水平供需平衡向高水平供需平衡跨越升级,必须实现包容性增长,提高全民福祉。我们需要避免出现消费结构的严重分化,即生存型消费结构为主的消费个体与发展型和享受型消费结构为主的消费个体总量对比在可接受范围内。缩小收入差距是避免消费升级出现严重分化趋势的根本:一靠发展,"发展是最好的平衡器",规范初次分配;二要充分利用好再分配,做好扶贫开发,缩小不同阶层消费升级的速度和能力差异。

三、完善生产端绿色生产促进政策

(一)科技引领绿色生产

科技创新与产业化转化并行,是绿色生产的关键。在全球绿色竞赛中,中国应统筹谋划技术发展方向,率先实现原始科技创新,并主导推动科技成果的转化。要实施绿色技术和制造业立国战略,调动国家战略科技力量,持续加大对颠覆性技术如核聚变、碳循环利用的研发支持。对于技术成熟的领域,如零碳电力、储能技术、零碳工业流程再造等,要发挥国家体制优势,支持研发、试点与推广,争取产业竞争优势。

为推动绿色生产,中国需进一步在能源、交通、建筑和工业等关键领域采取环保组合措施,稳步实施减排政策。在能源方面,应确保新能源的安全、可靠、低成本替代传统能源。在交通领域,要加速汽车电气化,关注氢能和电能在航空、航海领域的应用。在建筑领域,要采取差异化的低碳化策略。尤其在工业领域,应优先推动循环经济和提高能效,展开低碳化和无碳化工艺流程的示范试验。

具体来说,在工业脱碳方面,需尽快完善碳减排顶层设计。中国工业是碳排放的主要来源,因此脱碳工业是环保和可持续经济发展的基石。通过制定碳减排路线图,明确未来分阶段的行业碳减排目标和研发需求,可指导国家相关领域的攻关项目和企业技术研发。中国可通过加强对低碳技术的研发和推广,提升在新能源、清洁生产等领域的技术优势,更高效地实现碳减排目标。此外,工业部门的脱碳需要协同推进电气化、核能、可再生能源、氢能以及储能技术的研发和低成本应用,实现多种碳减排工艺策略的组合推进。

(二)抓住技术革命机遇,壮大数字经济实力

加快数字经济发展,增加和完善数字技术和平台的新型基础设施建设,全面推动经济数字化转型,避免粗放式增长,聚焦节能减排技术的开发和应用,普及提高节能意识和能源利用效率,推动数字经济内涵式增长。

第一,鼓励企业采用数字技术进行生产流程优化,提高效率和灵活性。引导传统产业尤其是制造业采用物联网、大数据分析等技术,实现数字化生产,提高生产过程的透明度和智能化水平。在生产过程中加强对能源的数字化管理,优化能源利用效率,降低生产对环境的影响。

第二,降低企业数字化转型门槛,建设公共工业互联网平台和数字化转型推广中心,鼓励产业领军企业开放数字化资源,为中小企业提供包容性数字化转型服务,加速中小企业数字化赋能专项行动的实施,支持中小企业将数字化转型延伸和拓展到全业务、全流程,大力实施包容性"云和数字智能"服务,推动中小企业接入云和平台,降低其数字化转型的技术和经济门槛。

第三,提高数字治理水平,不断提升数字经济监管公平性、开放性、透明度和法治化水平,充分发挥数字技术在优化经济社会治理中的优势和作用,探索公共数据服务融入公共服务体系,建设统一的国家公共数据开放平台和开发利用口,系统推进政务平台建设的标准化、规范化和集约化。

第四,提高全民数字素质,全面提升人民群众运用数字技术的能力,坚持规制约束和教育引导相结合,不断提高网民文明素质,强化数字社会的道德规范。加强人力资本水平,重视数字人才培养,增强对产业发展的智力支撑。政府可以加大对人才培养和引进的支持,吸引更多高层次人才加入数字经济升级发展的事业,为产业发展提供更为坚实的智力支撑。

第三节 进一步研究展望

本书所选研究主题和数据大多聚焦于宏观层面,探讨了人口结构、消费结构和碳排放水平之间的整体关系,但对于微观机制的深入剖析相对较少。更具体地说,对于个体层面的行为和选择,如不同家庭结构下的生活方式、老年人口的碳排放行为、消费者的实际购买和消费行为,以及数字经济对个体消费、生产和生活方式的具体影响等方面的研究仍较为有限。

未来的研究可更加注重微观层面的调查和分析,以更细致全面地了解人口、消费和碳排放之间的复杂关系,为制定更为个体化和有效的碳减排政策提供更有力的支持。在人口方面,可分析不同家庭结构下的生活方式和能源消费,如单身家庭、多代同堂家庭等,以便更好地了解家庭结构对碳排放的微观影响。在消费方面,可基于消费行为的碳足迹视角,调查不同居民的实际购买和消费行为,深入了解他们的能源消耗、交通方式、食品选择等,以揭示消费结构对碳排放的影响。也可以进一步结合数字经济的背景,研究数字技术在生产过程中的应用,包括工业智能化、物联网等,探讨其对碳排放的影响;或研究数字服务对碳排放的影响,调查数字服务如云计算、在线娱乐等对碳排放的影响,以便优化数字经济发展路径。展望未来,相信数字经济的迅猛发展将在人口结构、消费结构和碳排放水平之间形成更为复杂而深刻的互动关系。

参考文献

阿尔弗雷·索维:《人口通论》,查瑞传,等译,商务出版社1983年版,第3-5页。
蔡昉:《中国的人口红利还能持续多久》,《经济学动态》2011年第6期,第3-7页。
陈波:《不同收入层级城镇居民消费结构及需求变化趋势——基于AIDS模型的研究》,《社会科学研究》2013年第4期,第14-20页。
陈冲:《人口结构变动与农村居民消费——基于生命周期假说理论》,《农业技术经济》2011年第4期,第25-32页。
陈建宝、李坤明:《收入分配、人口结构与消费结构:理论与实证研究》,《上海经济研究》2013年第4期,第74-87页。
陈晓毅:《"老龄化"和"少子化"是否影响了农村居民消费?——基于静态和动态空间面板模型的实证研究》,《北京工商大学学报(社会科学版)》2015年第3期,第118-126页。
樊纲、王小鲁、马光荣:《中国市场化进程对经济增长的贡献》,《经济研究》2011年第9期,第4-16页。
范叙春、朱保华:《预期寿命增长、年龄结构改变与我国国民储蓄率》,《人口研究》2012年第4期,第18-28页。
冯素玲、许德慧:《数字产业化对产业结构升级的影响机制分析——基于2010—2019年中国省际面板数据的实证分析》,《东岳论丛》2022年第1期,第136-149,192页。
耿修林:《不同收入等级下城镇居民消费结构的动态比较》,《统计与信息论坛》2009年第24期第12期,第72-77页。
古惠冬、杨维光、陈文捷:《绿色技术创新对城市碳减排的效应研究》,《学术探索》2022年第3期,第120-132页。
郭承龙、徐蔚蓝:《基于STIRPAT模型的江苏省碳排放影响因素研究》,《中国林业经济》2022年第1期,第89-93页。
郭艺、曹贤忠、魏文栋等:《长三角区域一体化对城市碳排放的影响研究》,《地理研究》2022年第1期。
郭震威、齐险峰、茅倬彦:《人口发展情景分析与政策取向》,载蔡昉主编:《中国人口与劳动问题报告》,社会科学文献出版社,2015年。

国家统计局,《居民消费支出分类(2013)》,http://www.stats.gov.cn/tjsj/tjbz/201310/P020131021349384303616.pdf.

何凌霄、南永清、张忠根:《老龄化、健康支出与经济增长——基于中国省级面板数据的证据》,《人口研究》2015年第4期,第87-101页。

侯文若:《中国人口政策评估》,《人口研究》1988年第6期,第32-37页。

胡昊、刘玉:《数字经济对能源消费结构的影响研究》,《煤炭经济研究》2022年第11期,第26-32页。

黄润龙、陈绍军:《长寿的代价:老龄化对社会经济的影响研究》,社会科学文献出版社2011年版。

黄卫挺:《居民消费升级的理论与现实研究》,《科学发展》2013年第3期,第43-52页。

冷建飞、黄施:《中国人口年龄结构变动对城镇居民消费结构的影响研究》,《消费经济》2016年第6期,第16-21页。

李爱华、成思危、李自然:《城镇居民住房购买力研究》,《管理科学学报》2006年第5期,第8-17页。

李彩弟、燕振刚:《基于LMDI的张掖市农业碳排放影响因素分析》,《生产力研究》2020年第5期,第98-101页。

李承政、邱俊杰:《中国农村人口结构与居民消费研究》,《人口与经济》2012年第1期,第49-56页。

李春琦、张杰平:《中国人口结构变动对农村居民消费的影响研究》,《中国人口科学》2009年第4期,第14-22页。

李洪心、高威:《中国人口老龄化对消费结构影响的灰色关联度分析》,《人口与发展》2008年第6期,第67-72页。

李树茁、姜全保、伊莎贝尔·阿塔尼等:《中国的男孩偏好和婚姻挤压——初婚与再婚市场的综合分析》,《人口与经济》2006年第4期,第1-8页。

李文星、徐长生、艾春荣:《中国人口年龄结构和居民消费:1989—2004》,《经济研究》2008年第7期,第118-129页。

李新安、李慧:《外资引入、技术进步偏向影响了制造业的碳排放吗?——来自我国27个制造行业面板数据模型的实证检验》,《中国软科学》2022年第1期。

李治国、王杰:《经济集聚背景下数字经济发展如何影响空间碳排放?》,《西安交通大学学报(社会科学版)》2022年第5期,第87-97页。

林志鹏、龙志和、吴梅:《中国人口年龄结构对地区居民消费的差异影响——基于空间面板数据的地理加权回归方法》,《广东财经大学学报》2012年第2期,第56-64页。

刘敏、尹向东:《论低碳消费发展与扩大消费需求》,《中国流通经济》2011年第8期,第68-72页。

刘志红:《中国区域能源消费碳排放测算、收敛及脱钩研究》,博士学位论文,江西财经大学,

2018年。

毛中根、孙武福、洪涛:《中国人口年龄结构与居民消费关系的比较分析》,《人口研究》2013年第3期,第82-92页。

茅锐、徐建炜:《人口转型、消费结构差异和产业发展》,《人口研究》2014年第3期,第89-103页。

穆光宗、李树茁:《出生人口性别比异常偏高与生育政策有关吗? 生育政策、男孩偏好与女孩生存:公共政策的取向与选择》,《人口与发展》2008年第2期,第22-27页。

倪红福、李善同、何建武:《人口结构变化对消费结构及储蓄率的影响分析》,《人口与发展》2014年第5期,第25-34页。

彭璐璐、李楠、郑智远等:《中国居民消费碳排放影响因素的时空异质性》,《中国环境科学》2021年第1期,第463-472页。

祁鼎、王师、邓晓羽等:《中国人口年龄结构对消费的影响研究》,《审计与经济研究》2012年第4期,第95-103页。

邱俊杰、李承政:《人口年龄结构、性别结构与居民消费——基于省际动态面板数据的实证研究》,《中国人口·资源与环境》2014年第2期,第125-131页。

任晓松、刘宇佳、赵国浩:《经济集聚对碳排放强度的影响及传导机制》,《中国人口·资源与环境》2020年第4期,第95-106页。

邵帅、范美婷、杨莉莉:《经济结构调整、绿色技术进步与中国低碳转型发展——基于总体技术前沿和空间溢出效应视角的经验考察》,《管理世界》2022年第2期,第46-69页。

申秋红:《基于层次分析法的农村居民消费结构研究》,《财贸研究》2007年第5期,第36-40页。

苏涛永、郁雨竹、潘俊汐:《低碳城市和创新型城市双试点的碳减排效应——基于绿色创新与产业升级的协同视角》,《科学学与科学技术管理》2022年第1期,第21-37页。

孙焱林、李华磊、王春元:《中国贸易开放对碳排放作用机制的实证研究》,《国际贸易问题》2015年第2期,第63-71页。

唐东波:《人口老龄化与居民高储蓄——理论及中国的经验研究》,《金融论坛》2007年第9期,第3-9页。

庹思伟、周铭山:《人口结构、劳动参与率与长期实际利率演变——基于女性劳动文化视角的研究》,《中国工业经济》2020年第12期,第47-63页。

王新玲:《农村信贷可得性影响因素研究——基于 Adaptive Logistic Lasso Regression 回归方法》,《金融发展研究》2017年第11期,第18-23页。

王新玲:《中国人口结构与消费结构变动关系研究》,博士论文,中国社会科学院研究生院,2018年。

王宇鹏:《人口老龄化对中国城镇居民消费行为的影响研究》,《中国人口科学》2011年第1期,第64-73页。

吴忠观:《人口科学辞典》,西南财经大学出版社1997年版。

夏育文:《银色经济有望成为新的增长点》,《中国社会保障》2015年第12期,第25-26页。

向晶:《人口结构调整对我国城镇居民消费的影响》,《经济理论与经济管理》2013年第12期,第14-22页。

谢文倩、高康、余家凤:《数字经济、产业结构升级与碳排放》,《统计与决策》2022年第17期,第114-118页。

新华社:《我国应对气候变化和推动低碳发展取得显著成效》,2020年9月。

杨刚强、王海森、范恒山等:《数字经济的碳减排效应:理论分析与经验证据》,《中国工业经济》2023年第5期,第80-98页。

杨燕绥、陈诚诚:《银色经济条件下的医疗服务体系重构——辨析老年长期照护与医疗服务的关系》,《国家行政学院学报》2017年第2期,第46-51页。

尹世杰:《中国消费结构合理化研究》,湖南大学出版社,2001年。

余东华、张明志:《"异质性难题"化解与碳排放EKC再检验——基于门限回归的国别分组研究》,《中国工业经济》2016年第7期,第57-73页。

余姗、樊秀峰、蒋皓文:《数字经济发展对碳生产率提升的影响研究》,《统计与信息论坛》2022年第7期,第26-35页。

袁志刚、夏林锋、樊潇彦:《中国城镇居民消费结构变迁及其成因分析》,《世界经济文汇》2009年第4期,第13-22页。

张兵兵、徐康宁、陈庭强:《技术进步对二氧化碳排放强度的影响研究》,《资源科学》2014年第3期,第567-576页。

张彩江、李章雯、周雨:《碳排放权交易试点政策能否实现区域减排?》,《软科学》2021年第10期,第93-99页。

张华:《低碳城市试点政策能够降低碳排放吗?——来自准自然实验的证据》,《经济管理》2020年第6期,第25-41页。

张乐、雷良海:《中国人口年龄结构与消费关系的区域研究》,《人口与经济》2011年第1期,第16-21页。

张翼:《当前中国社会各阶层的消费倾向——从生存性消费到发展性消费》,《社会学研究》2016年第4期,第74-97页。

张争妍、李豫新:《数字经济对我国碳排放的影响研究》,《财经理论与实践》2022年第5期,第146-154页。

张志新、黄海蓉、林立:《贸易开放、经济增长与碳排放关系分析——基于"一带一路"沿线国家的实证研究》,《软科学》2021年第10期,第44-48页。

赵佳:《中国居民消费结构变动的环境影响研究》,博士论文,西南财经大学,2021年。

赵玉焕、钱之凌、徐鑫:《碳达峰和碳中和背景下中国产业结构升级对碳排放的影响研究》,《经济问题探索》2022年第3期。

郑长德:《中国各地区人口结构与储蓄率关系的实证研究》,《人口与经济》2007 年第 6 期,第 1-4 页。

郑妍妍、李磊、刘斌:《"少子化""老龄化"对我国城镇家庭消费与产出的影响》,《人口与经济》2013 年第 6 期,第 19-29 页。

朱勤、彭希哲、陆志明:《中国能源消费碳排放变化的因素分解及实证分析》,《资源科学》2009 年第 12 期,第 2072-2079 页。

Cheema, A., Soman, D., "Malleable mental accounting: the effect of flexibility on the justification of attractive spending and consumption decisions", *Journal of Consumer Psychology*, 2006, Vol.16, No.1, pp.33-44.

Chen, H., Rao, A. R., "Close encounters of two kinds: false alarms and dashed hopes". *Marketing Science*, 2002, Vol.21, No.2, pp.178-196.

Cosmas, C. N., Chitedze, I., Mourad, K. A., "An econometric analysis of the macroeconomic determinants of carbon dioxide emissions in Nigeria", *Science of The Total Environment*, 2019, Vol.675:313-324.

Deaton, A., Case, A. *Analysis of household expenditures, Papers 28*, World Bank-Living Standards Measurement, 1988, Vol.58, pp.1-131

Duxbury, D., Keasey, K., Zhang, H., Chow, S. L., "Mental accounting and decision making: Evidence under reverse conditions where money is spent for time saved", *Journal of Economic Psychology*, 2005, Vol.26, No.4, pp.567-580.

Fisher, M. R., "Exploration in savings behaviour", *Oxford Bulletin of Economics and Statistics 18*, 1956, Vol.18, pp.201-277.

Friedman, M., "The permanent income hypothesis", *A Theory of the Consumption Function*. Princeton University Press, 1957, pp.20-37.

Heilman, C. M., Nakamoto, K., Rao, A. G., "Pleasant surprises: consumer response to unexpected in-store coupons", *Journal of Marketing Research*, 2002, Vol.39, No.2, pp.242-252.

Kahneman, D., Tversky, A., "Choices, values, and frames", *American Psychologist*, 1984, Vol.39, No.4, pp.341-350.

Kahneman, D., Tversky, A., "Prospect Theory: An Analysis of Decision under Risk", *Econometrica*, 1979, Vol.47, No.2, pp.263-291.

Kivetz, R., Simonson, I., "Self-control for the righteous: toward a theory of precommitment to indulgence", *Journal of Consumer Research*, 2002, Vol.29, No.2, pp.199-217.

Lin, B. Q., Benjamin, N. I., "Determinants of industrial carbon dioxide emissions growth in Shanghai: a quantile analysis", *Journal of Cleaner Production*, 2019, Vol.217, pp.

776-786.

Shannon, Claude E. "A Mathematical Theory of Communication", *Bell System Technical Journal*, 1948, Vol.27, pp.379-423,623-656.

Sinn, H. W., "Public policies against global warming: a supply side approach", *International Tax and Public Finance*, 2008, Vol.4, No.4, pp.19-29.

Soman, D., Cheema, A., "The effect of credit on spending decisions: the role of the credit limit and credibility", *Marketing Science*, 2002, Vol.21, No.1, pp.32-53.

Soman, D., Gourville, J. T., "Transaction decoupling: how price bundling affects the decision to consume", *Journal of Marketing Research*, 2001, Vol.38, No.1, pp.30-44.

Soman, D., "Effects of payment mechanism on spending behavior: the role of rehearsal and immediacy of payments", *Journal of Consumer Research*, 2001, Vol.27, No.4, pp.460-474.

Thaler, R. H., "Commentary — mental accounting and consumer choice: anatomy of a failure", *Marketing Science*, 2008, Vol.27, No.1, pp.12-14.

Thaler, R. H., "Mental accounting matters", *Journal of Behavioral Decision Making*, 1985, Vol.12, No.3, pp.183-206.

Tibshirani, R., "Regression shrinkage and selection via the lasso", *Journal of the Royal Statistical Society: Series B (Methodological)*, 1996, Vol.58, No.1, pp.267-288.

Tversky, A., Kahneman, D., "Advances in prospect theory: Cumulative representation of uncertainty", *Journal of Risk and Uncertainty*, 1992, Vol.5, No.4, pp.297-323.

Tversky, A., Kahneman, D., "The framing of decisions and the psychology of choice", *Science*, 1981, Vol.211, No.4481, pp.453-458.

Van Dijk, E., Van Knippenberg, D., "Buying and selling exchange goods: Loss aversion and the endowment effect", *Journal of Economic Psychology*, 1996, Vol.17, No.4, pp.517-524.

Van Putten, M., Zeelenberg, M., Van Dijk, E., "Decoupling the past from the present attenuates inaction inertia", *Journal of Behavioral Decision Making*, 2007, Vol.20, No.1, pp.65-79.

Wang, X. G., Yan L., "Driving factors and decoupling analysis of fossil fuel related-carbon dioxide emissions in China", *Fuel*, 2022, Vol.314, p.122869.

Wei S. J., "Sex ratio imbalances stimulate savings rates: evidence from the missing women in China", *NBER working paper*, 2008, No.1, pp.11-29.

图书在版编目(CIP)数据

人口、消费演变与碳排放：中国现实与国际经验 / 王新玲著. — 上海 : 上海社会科学院出版社, 2024.
ISBN 978-7-5520-4517-8

Ⅰ. C924.24;F126.1;X511

中国国家版本馆 CIP 数据核字第 2024Q7J144 号

人口、消费演变与碳排放：中国现实与国际经验

著　　者：王新玲
责任编辑：应韶荃
封面设计：右序设计
出版发行：上海社会科学院出版社
　　　　　上海顺昌路 622 号　邮编 200025
　　　　　电话总机 021-63315947　销售热线 021-53063735
　　　　　https://cbs.sass.org.cn　E-mail: sassp@sassp.cn
照　　排：南京前锦排版服务有限公司
印　　刷：上海颛辉印刷厂有限公司
开　　本：720 毫米×1000 毫米　1/16
印　　张：14.75
字　　数：252 千
版　　次：2024 年 11 月第 1 版　2024 年 11 月第 1 次印刷

ISBN 978-7-5520-4517-8/C · 236　　　　　定价：78.00 元

版权所有　翻印必究